將軍令

中國歷代名將及軍事領袖

黃正一 著

目次

第三篇　戰國名將

第四篇　漢朝名將

第五篇　三國名將

第六篇　南北朝名將

第七篇　唐朝名將

第十篇 清朝名將

第十一篇 對日抗戰名將

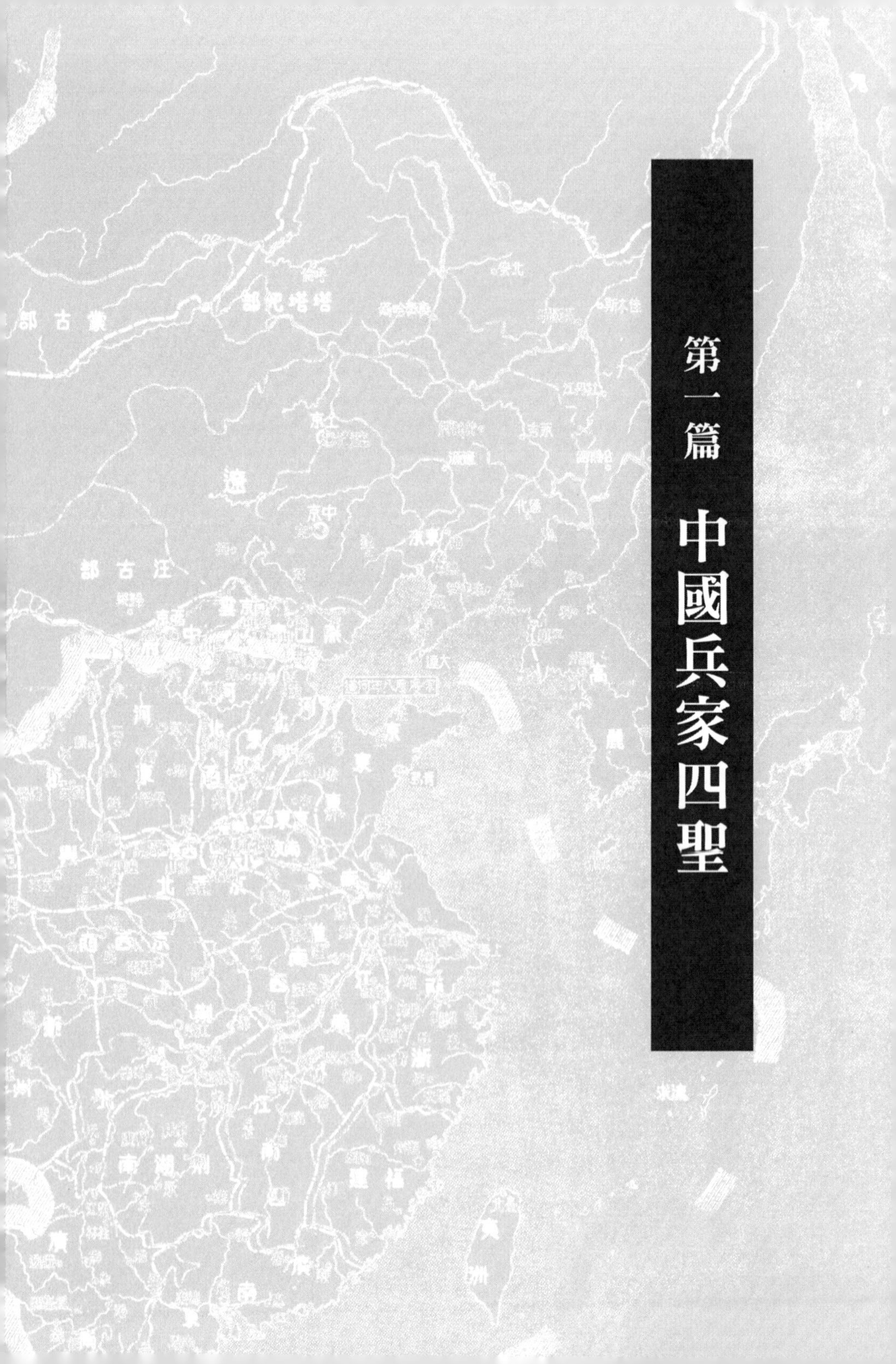

第一篇

中國兵家四聖

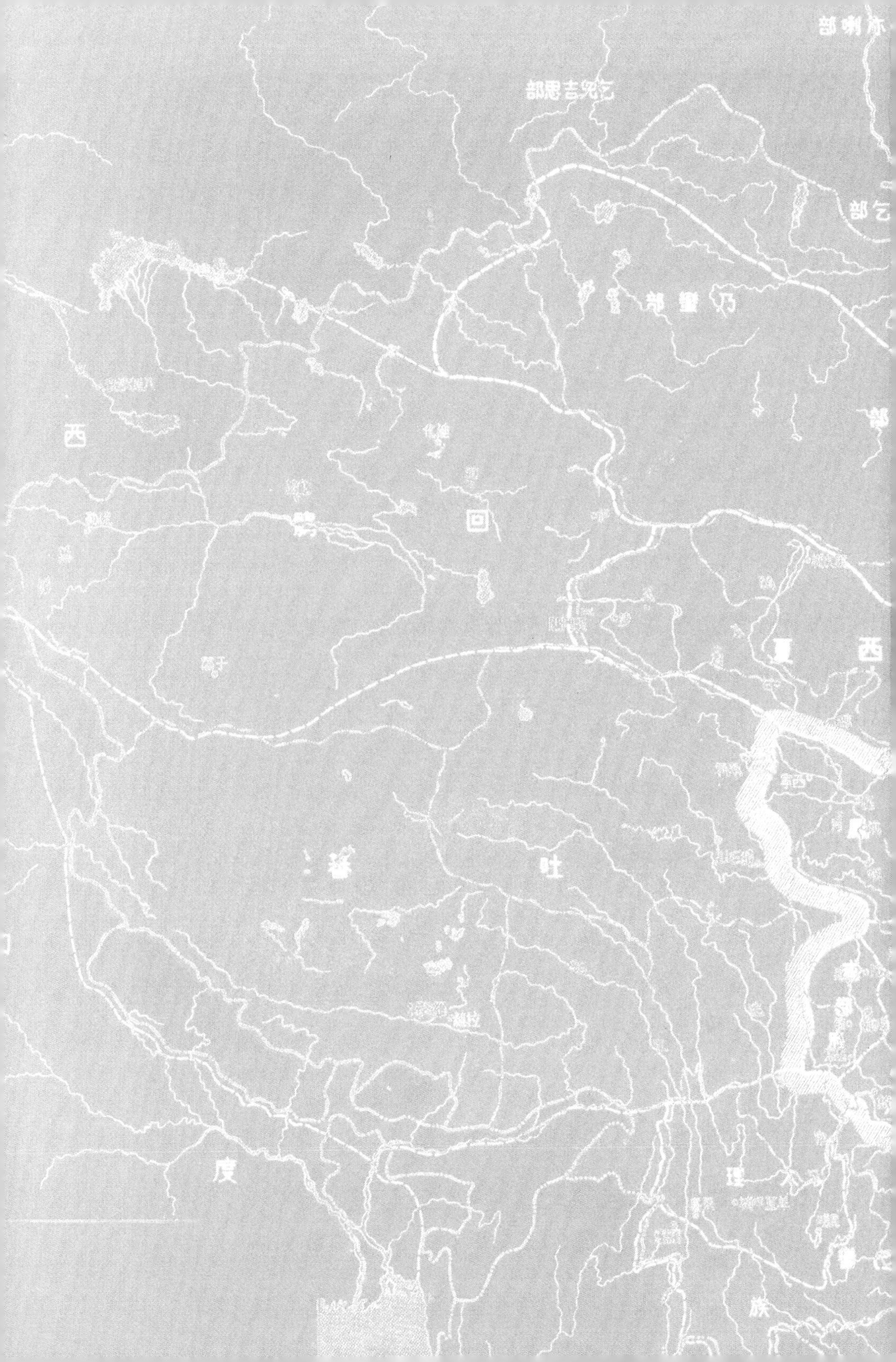

現代全球軍官軍事訓練必修《孫子兵法》

影響中國兩千五百年的兵聖

孫武

孫武（約西元前五四五年～約西元前四七〇年），字長卿，春秋末期齊國樂安（今山東省北部）人。中國春秋時期著名的軍事家、政治家，尊稱兵聖或孫子（孫武子），又稱「兵家至聖」，被譽為「百世兵家之師」、「東方兵學鼻祖」。

孫武著有傳世鉅作《孫子兵法》十三篇，為後世兵法家所推崇，被譽為「兵學聖典」，置於《武經七書》之首。他撰著的《孫子兵法》在中國乃至世界軍事史、軍事學術史和哲學思想史上都占有極為重要的地位，並在政治、經濟、軍事、文化、哲學等領域被廣泛運用。被譯為英文、法文、德文、日文等多國語言，該書成為現代國際間最著名的兵學典範專書，為世界各國軍事院校專業軍官養成必修著作。

孫武的祖先叫媯滿，被周朝天子冊封為陳國國君，後來由於陳國內部發生政變，孫武的直系遠祖媯完便攜家帶眷，逃到了齊國，投奔了齊桓公。齊桓公早就知道陳公子媯完年輕有為，是個不可多得的人才，便任命他為負責管理百工之事的工正。媯完在齊國定居之後，改姓田，因此他又被稱作田完。

一百多年後，田氏家族發展壯大成為齊國國內後起的一個大家族，地位越來越顯赫，在齊國的領地也越來越大。

田完的五世孫田書，做了齊國的大夫，很有軍事才幹，因為領兵伐莒有功，齊景公在樂安封給他一塊采地（諸侯封賜給所屬卿、大夫作為世祿的田邑，又稱「采邑」式「食邑」），並賜姓孫氏。因此田書又被稱作孫書。

孫書的兒子孫憑，做到了齊國的卿，成為齊國君主以下的最高一級官員。孫憑就是孫武的父親。

貴族家庭的出身，帶給了孫武優越的學習環境。孫武得以閱讀古代軍事典籍《軍政》，了解黃帝戰勝四帝的作戰經驗，以及伊尹、姜太公、管仲的用兵史實，加上當時戰亂頻繁，兼併激烈，他的祖父、父親都是善於帶兵作戰的將領，他從小就目睹了一些戰爭，這些都間接地影響著孫武的軍事才能。

孫武生活的齊國，國家矛盾很多，四處危機。齊景公初年，左相慶封滅掉了右相崔杼。接著田、鮑、欒、高等四大家族又聯合起來，趕走了慶封。後來，內亂日甚一日，齊國公室同四大家族的矛盾，四大家族相互之間爭權奪利的鬥爭愈演愈烈。孫武對這些內鬥很反感，不願攪和其中，就帶著自己的行李遠走他鄉，另謀出路去施展自己的才能。

當時南方的吳國自壽夢稱王以來，聯晉伐楚，國勢強盛，很有後起之秀的味道。孫武覺得這就是他實現自己理想抱負的地方。大約在齊景公三十一年（西元前五一七年）左右，孫武十八歲，他離開了樂安，經過一番長途跋涉，去了吳國。

孫武一生的事業都在吳國展開，死後也葬在吳國，因此《吳越春秋。闔閭內傳》把孫武稱為吳人。

當時，吳國是個正在快速崛起的諸侯國。孫武到了吳國之後，先為自己找了一處合適的棲身之地——穹窿山（今蘇州市藏書鎮境內）。穹窿山歷來是高人隱居之地，相傳黃帝曾孫帝嚳的老師、炎帝神農氏大女兒的師父赤松子就隱居在此。後來，張良等人也曾在此隱居。

安頓下來之後，孫武一邊研究兵學，潛心著述，一邊留心觀察吳國的政治。

孫武後來在吳國都城（今蘇州市）郊外結識了從楚國來的伍子胥。伍子胥原本是楚國的名臣，西元前五二二年因為父親伍奢和兄長伍尚被楚平王殺害而潛逃到吳國。他立志興兵伐楚，為父兄報仇。孫武結識伍子胥後，二人十分投緣，相見恨晚，結為密友。這時候的吳國也是一片混亂，兩個人便隱居深山，準備待機而發。

西元前五一五年，吳國公子光利用吳國伐楚，國內空虛的機會，以專諸為刺客，偷襲刺殺吳王僚，然後自立為王，稱闔閭。

闔閭即位後，禮賢下士，任用了伍子胥等一批賢人，首重經濟發展，促進農業改革，致力基礎設施建設，重視軍工業發展，獲得了廣大人民的一致好評。

隱居在吳都郊外的孫武由此看到了施展抱負的機會。他在隱居之地，一邊農耕，一邊著兵法，並請伍子胥引薦自己。

闔閭即位三年（西元前五一二年），吳國國內形勢一片大好，國家糧食儲備富足，軍隊操練有素，向西發兵攻楚的準備工作已經全部就緒。

伍子胥向闔閭提出，這麼大規模的長途遠征，必須得有個資深的軍事謀略家籌劃指揮才能取勝，於是他跟闔閭推薦了正在隱居的孫武，非常正面地把孫武上至祖宗家世，下至他本人的人品才幹全都誇了一遍，說他是個文能提筆安天下，武能上馬定乾坤的蓋世奇才。

可是，孫武自來到吳國就一直隱居著書，吳王聽都沒聽說過吳國居然還有這麼一號人物，覺得一個農夫能有什麼本事？伍子胥反覆在闔閭面前為孫武背書，甚至一個早上就推薦了七次，吳王最後終於答應接見孫武。

孫武見到闔閭後，呈上了當時已經完成的兵法十三篇。闔閭看後，讚不絕口。不過，他仍心存疑慮，因為當時能言善辯的說客很多，但多是紙上談兵。為了考驗孫武，他故意喊來一百八十名對軍法一無所知的宮女讓孫武操練。

孫武將她們分為兩隊，並指定兩名吳王闔閭的寵妃為隊長。他嚴肅地發令，可是嬌滴滴的宮女們根本無視軍紀，嬉笑打鬧，隊形一片混亂。接著，孫武再次申明演練要求、軍法紀律，結果演練還是混亂一片。最終，孫武為嚴肅軍紀，不顧闔閭百般求情，斬殺兩名寵妃隊長，另選兩名隊長。再次演練時，宮女們所有動作都完全符合要求（「三令五申」這個成語便由此而來）。

訓練結束，孫武傳人敦請吳王闔閭檢閱，闔閭因為意外失去愛姬，心中不快，便託故不來。孫武就親自去找闔閭，說：「令行禁止，賞罰分明，這是兵家常態，是為將治軍的通則，對士卒威嚴，他們才會聽從號令，打仗才能克敵制勝。」

聽了孫武的一番解釋，吳王闔閭怒氣消散，拜孫武為將軍。在孫武的嚴格訓練下，吳軍的軍事素質有了顯著的提高。

西元前五一二年，闔閭、伍子胥和孫武，指揮攻克了楚的屬國鍾吾國（今江蘇宿遷東北）、舒國（今安徽廬江縣西），這時闔閭志得意滿，想要一舉拿下楚國的都城郢都（今湖北江陵縣紀南城）。

孫武認為這樣做不妥，便進言說道：「楚軍是天下的一支勁旅，非舒國和鍾吾國可比。我軍已經連滅兩國，人疲馬乏，軍資消耗，不如暫且收兵，養精蓄銳，再等良機。」

伍子胥也完全同意孫武的主張，向吳王獻計道：「人馬疲勞，不宜遠征。不過，我們可以設法讓楚人疲睏。」吳王聽從了孫武的勸告，班師回朝。

為了實現滅楚的計劃，伍子胥和孫武共同商定了一套擾楚、疲楚的計策，即組成三支勁旅，用游擊戰輪番襲擾楚國。當吳國的第一支部隊襲擊楚境的時候，楚國見來勢不小，便全力以赴，派兵迎擊。待楚軍出動，吳軍便回撤。當楚軍返回駐地時，吳國的第二支軍隊又攻入了楚境，如此輪番襲擊，弄得楚國連年應付吳軍，人力物力都被大量消耗，國庫也空虛了不少，屬國也都紛紛叛離。吳國卻從輪番進攻中搶掠到不少物資，在與楚的對峙中完全占據上風。

就這樣，這個「疲楚」的戰略，持續實施了六年。

西元前五〇六年，楚國攻打已經歸附吳國的小國——蔡國，給了吳軍伐楚的藉口。闔閭和伍子胥、孫武指揮訓練有素的三萬精兵，乘坐戰船，溯淮而上，直趨蔡國與楚國的交界。楚軍見吳軍來勢洶洶，不得不放棄對蔡國的圍攻，收攏部隊，調集主力，以漢水為界，加緊設防，準備抗擊吳軍的進攻。不料孫武突然改變了沿淮河進軍的路線，放棄了戰船，轉而改從陸路進攻，直插楚國縱深。

伍子胥問孫武：「吳軍習於水性，善於水戰，為何改從陸路進攻呢？」

孫武告訴他：「用兵貴在神速，逆水行舟，速度遲緩，楚軍必然乘機加強防備。兵者，詭道也（用兵應當走敵方料想不到的路線跟戰法，以出其不意之策令對手措手不及）。他們認為我們擅長水戰，根本不會想到我們會走陸地，我們這樣做才能收到出奇制勝的效果。」伍子胥點頭稱是。

孫武在三萬精兵中選擇了強壯敏捷的三千五百人為前陣，身穿堅甲，手執利器，連連大敗楚軍。

西元前五〇六年，吳軍攻入楚國的都城郢都，楚昭王帶著妹妹倉皇出逃。孫武以三萬軍隊攻擊楚國的二十萬大軍，獲得全勝，創造了以少勝多的光輝戰例。

然而，這時越國乘吳軍伐楚之機進攻吳國，秦國又出兵幫助楚國對付吳軍，這樣，闔閭不得不引兵返吳。

西元前四九六年，闔閭聽說越王允常去世，新繼位的越王勾踐年輕稚弱，越國國內不太穩定，他認為機不可失，便不聽孫武等人的勸告，不等準備工作做好就倉促出兵，想要拿下越國。

不料，勾踐整頓隊伍，主動迎戰，兩軍在吳越邊境相遇。勾踐施展巧計，他派死刑犯首先出陣，排成三行，把劍放在脖子上，一個個陳述表演後，自刎於陣前。吳國軍隊不知那是罪犯，覺得那表演很好看，一個個都入了迷，看傻了眼。越軍趁機發動衝鋒，吳軍倉皇敗退，闔閭也傷重身亡。

闔閭去世後，太子夫差繼承王位，孫武和伍子胥整頓軍備，用以輔佐夫差完成報仇雪恥的大業。

西元前四九四年春天，勾踐調集軍隊從水上向吳國進發，夫差率領十萬精兵迎戰於夫椒（今江蘇吳縣西南太湖邊）。在孫武、伍子胥的策劃下，吳軍在夜間佈置了許多詐兵，分為兩翼，高舉火把，只見在黑暗的夜幕裡火光四起，迅速向越軍陣地移動，殺聲震天，越軍驚恐萬狀，軍心動搖，吳軍乘勢發起總攻，大敗越軍。

越王勾踐在吳軍的追擊下帶著五千名甲士敗逃到會稽山（今浙江紹興市東南）上的一個小城中憑險抵抗，由於吳軍團團包圍，勾踐只得向吳軍屈辱求和。夫差不聽伍子胥的勸阻，同意了勾踐的求和要求。

吳國的春秋爭霸霸業在南方地區取得勝利後，便向北方中原地區進逼。西元前四八五年，夫差聯合魯國，大敗齊軍。

西元前四八二年，夫差又率領數萬精兵，由水路北上，到達黃池（今河南封丘縣南），與晉、魯等諸侯國會盟。吳王夫差在這次盟會上，以強大的軍事實力為後盾，爭得了霸主的地位。雖然孫武沒有直接參加攻齊取勝、與晉爭霸兩事，但在此前孫武精心訓練軍隊和制定軍事謀略，對夫差建立霸業有著不可抹滅的巨大貢獻。

後來，吳國的勢力日益強大，成為諸侯國的霸主。在這樣的成績面前，夫差變得驕傲，不可一世，甚至自以為是。

在很長一段時間裡，伍子胥常常勸告吳王夫差說，讓勾踐存活對吳國是一大隱患。然而，夫差始終不聽勸告（因為那時夫差最言聽計從的寵妃及枕邊人，已經是勾踐派到夫差身邊的中國第一個女特務西施），並在奸臣的蠱惑下，最終夫差賜伍子胥自盡。

也就是在這個時候，孫武的經歷在歷史上就突然失去了記載，他之後的人生也一直是個謎。一種說法是，孫武對伍子胥的慘死感到十分寒心，讓他體會到「飛鳥盡，良弓藏。狡兔死，走狗烹」的無奈，於是悄然退隱山林，完善兵書。另一種說法是，他返回齊國，在家鄉隱居授徒。而無論是哪一種說法，都體現了孫武急流勇退的智慧。

孫武強調戰爭的勝負不取決於鬼神，而是與政治清明、經濟發展、外交努力、軍事實力、自然條件諸因素有聯繫，預測戰爭勝負主要就是客觀地分析以上這些條件如何（其實就是現代軍事的兵棋推演）。孫武不僅相信世界是客觀存在的，而且認為世界上的事物都在不停地運動變化著，強調在戰爭中應積極創造條件，發揮人的主觀能動性（主觀能動性：其特點是通過思維與實踐的結合，主動地、自覺地、自發性地、有目的地、有計劃地反作用或反應於外部世界），促成對立面朝著有利於自己的大局方向轉化。

其主要精神在於：戰爭其實根本就不是只是兩軍對峙而已那麼簡單，就像現代應用非常廣泛的賽局理論及兵棋推演，戰爭的兩造雙方所處於的環境全是動態的，上自天下（世界）的格局結構是動態的，兩國各自的內政、外交甚至氣候環境（十八世紀法國的拿破崙、二十世紀德國的希特勒，都是敗在冬天俄羅斯的冰天雪地）等都是動態的，諸多大動態中夾著更多小動態，外在的動態內含著諸多內在的小動態，任何一個元素的失算都會牽連到整個大局的勝敗，真正牽一髮而動全身。

而這現代軍事戰略思想的主體架構，卻在兩千五百多年前的孫子兵法中即有極為細微、艱深、細膩的闡釋，無怪乎孫子兵法在全球軍事教育領域有著極高的評價，並被列為軍事教育必修課程。因為無論戰爭的型態再怎麼改變，現代軍事科技及武器再怎麼進步，所謂「道、天、地、將、法」的軍事基本精神及真諦是永遠不會改變的。時代越進步、戰爭型態越複雜、戰爭規模越龐大，對孫子兵法的體悟就會越深刻。

正是因為孫武在軍事科學這門具體科學中概括和總結出了異常豐富、多方面的哲學道理，確立了他在春秋末期思想界中與孔子、老子並列的地位，被並稱為春秋末期思想界上空的三顆明亮的星體。孫武的軍事理論遠遠超出了當年同時代的兵法著作，也以其卓越的見識深深影響了後世，受到古今中外軍事家們的廣泛推崇。

如今，《孫子兵法》被翻譯成各種語言，流傳於世界各地，應用於從軍事到企業經營到生活的各個領域，可謂千古奇書。這本古老的兵書在現代社會閃耀著迷人的光彩，並終使孫子與孔子、老子並列成為春秋末期的偉大思想家！

名列中國兵家四聖之一
雖棄母殺妻卻愛兵如子

吳起

昔有吳起者，母歿喪不臨。嗟哉斯徒輩，其心不如禽。——白居易

吳起在中國歷史上是永不會磨滅的人物，秦以前作為兵學家與孫武並稱，作為政治家則與商鞅並稱。——郭沫若

吳起（西元前四四〇年～西元前三八一年），能文能武，政治、軍事皆具實力，精通兵家、法家、儒家三家思想，並著有《吳子兵法》流傳於世。作為軍事家能跟孫武並稱，作為政治家可以跟商鞅爭鋒！吳起曾在魏二十六年，曾與諸侯大戰七十六，全勝六十四，接近全勝戰績，而其餘也都打成平局，吳起帶軍愛兵如子，一生未嘗敗績。歷仕魯、魏、楚三國，凡其輔佐之國必富國強兵，雄霸一方！

在中國歷代軍事將領中，吳起是頗有爭議的一位，這和他為達目的不擇手段的做事方法有很大關係，孔子曾云：「不義富且貴，於我如浮雲。」可是吳起卻反其道而行，功利且自我，卻也成就了一番事業。但若說到如孔子、關羽、岳飛、文天祥般的受後世學習景仰，那就實在是談不上了！

殺人逃亡

吳起出生在衛國，父親早逝，原本家境殷實，深受母親寵愛。他為了求取功名，到處花錢疏通關係，最後傾家蕩產，到頭來還是一介草民。吳起遭同鄉人譏笑，讓他改名吳用，他可沒有韓信忍受胯下之辱的好脾氣，於是他氣憤不過，持劍連殺了三十多個嘲笑他的鄉民，隨後逃亡。逃亡前，母親責備他的魯莽行徑，他用牙齒咬破胳膊發誓：「不當卿相，決不回衛！」在外定要成就一番事業，不然就不回家鄉見母親。

拜師學藝

吳起先來到魯國，拜孔子門徒曾參為師，鑽研儒學，不舍晝夜。此時，正好有一個曾經在齊國擔任大夫的人叫田居旅居在魯國，讚賞吳起的勤奮，認為他之後必成大才，就把自己的女兒嫁給了他。

不覺間，光陰似箭，轉眼間六年過去了，吳起一直在曾參處學習。曾參知道他有老母在堂，便問他，你已經在我這裡學習六年了，不回去探望自己的母親嗎？吳起回答道，我離家前曾發下重誓，不取功名便不見母親，現在寸功未立，怎麼可以回家呢？曾參嘆道，身為人子，可以發誓不見別人，怎麼能不見母親呢？自此對吳起心懷厭惡。

棄母絕師

過了不久，衛國有人帶信給吳起，說他的母親病故了。吳起聽後，仰頭朝天，大號三聲，隨後繼續讀書去了（吳起還沒有實現離家時對母親的誓約出人頭地，最主要他在家鄉又身負三十多條人命，當屬通緝要犯，所以其實他根本不能回家奔喪，這個秘密，吳起對外怎麼能說呢？）。曾參聽後大怒道，為人子，母親病故，不去守孝，就是忘本，水無本，就會乾涸，木無本，就會枯死，人無本，就會不得好死啊！從今天起，你不再是我的徒弟了！於是兩人斷絕了師徒關係，永不相見。從此，吳起棄儒學兵！

殺妻求將

吳起學滿出師後，前去拜會魯國的相國——公儀休，請求他給個一官半職。公儀休想考驗吳起的學識，便與他談論兵法，吳起侃侃而談，深得公儀休賞識。於是他便把吳起推薦給了魯穆公，任命為大夫。

當時齊國的相國田和謀劃奪權，又擔心相鄰的魯國出兵討伐，於是找了個藉口出兵攻打魯國。魯國相國公儀休聽到齊軍入侵，立刻進宮拜見魯穆公，向他推薦吳起挂帥。魯穆公雖然口頭上答應，卻遲遲不下詔令委任吳起為將。公儀休十分著急，第二次拜見魯穆公，穆公終於向相國說出了自己的擔心，他知道吳起有能力擔當此任，但吳起的妻子是齊國大夫的女兒，怕有這一層關係，吳起不會全力為魯國打仗。

公儀休回府後，吳起早已在府中等候，見公儀休回來了，急忙問，現在齊軍已經兵臨城下，戰事一觸即發，大王找到良將了嗎？不是我自誇，如果讓我來帶兵，定教齊軍有來無回！公儀休無奈地說，我兩次向大王推薦你，但你娶了一個齊國的田姓女子為妻，大王為此而猶豫不決。

吳起說，想要讓大王消除擔心，這有什麼難的？於是回到家中，將他的妻子田氏殺了。魯穆公聽後，十分震驚，對公儀休說，吳起殺死他的妻子來求我封他為將，實在是太殘忍了！此人心中毫無恩義，真是心狠手辣！公儀休說，吳起不愛妻子愛功名，如果您此時棄他不用，他就要投奔到別的國家去了，於我國不利啊！魯穆公此時也沒有別的辦法，只好下令讓吳起為大將軍，去抵抗齊軍。

初露鋒芒

統率齊軍的田和，聽聞魯穆公拜吳起為將，譏笑道，他是我們田家的女婿，是個好色無用之輩，懂什麼打仗呢？暗地卻還是不放心，派探子到吳起的軍營裡打探，探子回報說，吳起和最下等的士兵們席地而坐，在一起吃飯。田和又譏笑道，將軍有威嚴，士兵才會因畏懼而聽命於他，吳起這樣做，士兵們怎麼會聽他指揮呢？

田和雖然輕視吳起，但還是派了張丑假稱願意講和，到吳起的軍中，進一步刺探軍情。吳起知道張丑的來意，便把營中精銳部隊隱藏起來，替換成老弱殘兵。吳起親自設宴招待，留了張丑在軍中三日，才送他回去。張丑剛走，吳起便調集隱藏的精銳部隊，分三路跟在張丑後面，準備奇襲。

張丑回去後，向田和報告說，吳起的士兵都是老弱殘兵，毫無鬥志跟戰力，田和聽後就放鬆了警惕。忽然，帳外鼓聲大振，殺聲震天，魯軍突然殺到，齊軍毫無防備，被殺得潰不成軍，吳起一路追殺，殺得八萬齊軍屍橫遍野，田和倉皇敗逃。

受賄惹禍

田和擺脫魯軍的追擊後，責怪張丑誤事。張丑說，我哪裡知道他要詐啊？田和說，此人不可小覷，如果一直留在魯國，對齊國不利，我要派一個人去齊國暗地裡賄賂吳起，請他不要與齊國作對，你可以去嗎？張丑回答說，我願捨命前往，以將功補過。

於是，張丑帶著黃金千兩和兩個美女私下送給吳起，吳起貪財好色，收下賄賂，對張丑說，請田相國放心，齊國不攻打魯國，魯國不會主動找齊國麻煩。張丑告辭而回，路上故意洩漏賄賂吳起的事情。魯穆公聽後說，我早就知道吳起心懷叵測了！就想削去吳起的爵位，將他下獄治罪。吳起聽到消息，棄家一人逃往魏國。

效命魏國

魏文侯聽聞吳起來了，立刻召見他問，我聽說你為魯國立下赫赫戰功，為什麼要來投奔我呢？吳起答道，魯侯聽信讒言，認為我受賄，要治我的罪，我只好來投奔您，我願為魏國赴湯蹈火，效犬馬之勞。魏文侯聽後很高興，拜吳起為河西太守，抵禦秦國的侵犯。

吳起到了河西之地，加固城池，訓練兵士。與在魯國時一樣，他體恤士兵，深受士兵的愛戴。自吳起到任河西太守後，沒想到吳起一任就是二十多年。在這期間，吳起訓練出了大名鼎鼎的魏國武卒。

這是中國歷史上第一次出現的職業軍隊。以前的軍隊都是奴隸和平民臨時拼湊出來的，不但沒有軍餉，還要求自帶糧食和武器。像這樣的軍隊，戰鬥力可想而知。而魏國武卒經過精挑細選，待遇優厚，家屬不用再服勞役，並且天天強力訓練。吳起在領兵的時候，恩威並施，一方面與士兵同吃同住，曾經親自為士兵吸膿瘡，一方面採取嚴酷的軍法，士兵無不懾服。這支魏國武卒，戰無不勝，攻無不克。

吳起在魏國的日子裡，算是過得順風順水，在魏文侯任命吳起為主將和河西太守期間，吳起率兵南征北戰，為魏國奪取土地千里。吳起與各國諸侯軍隊大戰七十六次，大勝六十四次，其餘不分勝負！吳起屢克強秦，最高戰績「陰晉之戰」用五萬魏兵大破秦兵五十萬！連破秦軍五城，逼得秦國退守至洛水！

在魏國期間，吳起又向孔子的親傳弟子子夏學習儒家思想。後來，吳起總結了自己多年的軍事實踐經驗，寫成了《吳子兵法》一書，由於吳起儒家與兵家兼修，將二者的思想完美融合，提出「內修文德，外治武備」的思想，《吳子兵法》成了可以媲美《孫子兵法》的兵家經典著作之一。

吳起在魏國侍奉魏文侯、魏武侯兩代魏王長達二十六年。後來魏武侯拜田文為相國，吳起自恃入魏以來戰功顯赫，本以為自己應該當相國。見到田文為相，心裡很不舒服，屢次與田文起爭執。魏武侯聽說此事，擔心吳起日後報復，就另派人擔任河西太守。吳起見魏武侯不再信任重用他，便來到楚國。

橫死楚國

在魏國變法的引導之下，中原各國陸續變法強國，楚國的發展則相對落後，當時的楚國國君楚悼王也迫切的想要通過變法來富國強兵，於是他像魏文侯那樣，選擇重用吳起。

吳起被任命為令尹（令尹是楚國在春秋戰國時代的最高官銜，是掌握政治事務，發號施令的最高官，其執掌一國之國柄，身處上位，以率下民，對內主持國事，對外主持戰爭，總攬軍政大權於一身），主持楚國的變法。

得到楚悼王信任後，吳起開始了史上最著名的「吳起變法」！吳起在楚國進行了一系列大刀闊斧的改革，主要體現在削減世襲貴族的財富和權力，並將這些財富和權力授予有才能、可以建立軍功的人。這一行為雖然直指楚國的弊病，但是由於嚴重損害了楚國貴族們的利益，吳起成了貴族們的公敵，也為吳起的結局埋下了伏筆。

經過變法後的楚國，國力空前強大，西克強秦，南征百越，北敗魏國。西元前三八一年，吳起奉楚悼王之命攻打秦國，一直打到黃河沿岸，就在取得勝利的時候，楚悼王去世。吳起匆匆趕回奔喪，仇視吳起已久的貴族們已經在郢都等待著吳起。

就在楚國貴族們用箭射傷吳起的時候，吳起想到了一個與他們玉石俱焚的復仇計劃：他跑進楚悼王的靈堂，趴在楚悼王的屍體上。被恨意沖昏頭腦的楚國貴族們在亂箭射殺吳起的同時，也數箭射中了楚悼王的屍身。按照楚國律法，傷害國王屍體是誅三族之罪，於是楚肅王即位之後，參與射殺吳起的貴族七十餘戶被楚肅王滅族。吳起的屍身也被處以車裂肢解之刑。吳起死後，他在楚國的變法宣告失敗。

後世評價

吳起少年殺同鄉不義，母死不歸不孝，殺妻求將不仁，真乃不孝、不義、不仁之人。然而這一切都無法掩蓋他在事業上的輝煌。他是一代軍神，名列兵家四聖之一（兵聖孫武、亞聖吳起、人屠白起、兵仙韓信），一生從無敗績，而且愛兵如子。

其不止一次以少勝多的戰例充分展現了吳起在軍事上的指揮才能和韜略。他不僅是一個軍事家，同時也是政治改革家。以武卒制為代表的諸多辦法使得魏國軍事實力增強，而且士兵更加有立功的慾望。在楚國的變法雖然最終失敗，但確實使楚國昌盛一時。

吳起是一個不折不扣的文武雙全的帥才，其《吳子兵法》是與《孫子兵法》齊名的兵家理論著作，後世將《吳子兵法》與《孫子兵法》合稱為《孫吳兵法》，對後世影響深遠。北宋時被定為《武經七書》之一。《吳子兵法》與《孫子兵法》同樣被翻譯成全球多種語言傳世，在世界軍事專業領域內得到廣泛的肯定與傳播。

一將成名萬骨枯
千古第一殺神

白起

白起（？～公元前二五七年），《戰國策》作公孫起，戰國時期秦國郿縣（今陝西省眉縣常興鎮白家村）人，戰國時代知名軍事家、秦國名將，兵家代表人物。

白起是繼中國歷史上自孫武、吳起之後又一位傑出的軍事家、統帥，《千字文》將他與廉頗、李牧、王翦並稱為戰國四大名將，位列戰國四大名將之首。

白起的先祖是秦武公的嗣子公子白，因此，他是諸侯王子嗣。秦武公死後，公子白沒能繼立，武公的同母弟將君位從公子白手中奪走，是為秦德公。武公居住的故地在秦國都城雍附近的平陽，德公把平陽封給了公子白。公子白死後，他的後人就以白為氏。白起的父親希望白起長大以後能夠像吳起一樣，成為一名優秀的將領，因此給他的兒子起名為起。

白起，作為戰國時期秦國的將軍，為秦昭王征戰無數，討伐六國，一般歷史對他的評價：人屠和殺神。作為統帥將領，他善於用兵，一生征戰三十七年，從無敗績，從最低階的武官一直升到封武安君，攻奪城池七十餘座，斬敵百萬，被他所殺的敵方六國軍士約占戰國時期戰爭死亡總人數的一半！赫赫威名與所向披靡的戰績及「全部殲滅」的作戰風格，直讓六國軍民聞秦國白起聞風喪膽，是戰國時期當之無愧的戰神。

秦始皇是歷史上第一位統一中國的皇帝，他一生致力掃平六國統一天下，最終他做到了。可是，為什麼秦始皇能做到，其他曾經稱霸中原的國家的君主們沒有做到呢？除了秦始皇本身的雄韜偉略之外，一個重要的原因，就是秦始皇有效繼承並發揚擴大了秦國先祖們所長年累世積累下來的顯赫功績的堅實基礎。

從春秋時代開始，各國開始不受周天子約束，紛紛擴張自己的諸侯國，並且不斷稱王稱霸。在這樣的時代背景下，秦國從一個西部蠻夷小國開始發展，不斷成長壯大。可是由於春秋時期，秦國地處蠻荒之地，不在中原，制度禮節等都很落後，導致人才欠缺，兩三百年來一直沒能像晉國齊國那般稱霸。秦國很早就意識到，想要擴張，就需要人才。所以，秦國多年來致力引進其他國家的人才，這些秦國海納百川而來的各地人才們，也的確積極地為秦國立下了許多戰功、政績與促進國家強盛發展的規章制度。這時候，一個比以往將領都要出色的秦國本地人才出現了，就是大將白起。

破楚受封武安君，威震天下

楚國位於秦國的南面，由於秦國有意圖謀天下，不僅要向東攻打三晉，也必須向南攻打楚國，所以多年來楚國與秦國一直有許多大大小小的戰役。而楚懷王更是在秦國受盡折磨被餓死，之後其子楚頃襄王即位，欲報此仇，卻一直沒有能力。迫於秦國的強大，楚國只能卑躬屈膝求和，表示臣服於秦國，卻一直等待機會報仇。

戰國也是一個合縱連橫蓬勃發展的時代，合縱即六國合作削弱強大的秦國，連橫即秦國採用離間計破壞六國聯盟。此時楚頃襄王被縱橫家蘇秦勸說應該與他國合縱，報父親楚懷王的血海深仇。於是，楚國答應，謀劃合縱來討伐秦國。秦國得知消息後，秦昭王十分生氣，決定送給楚國一次更大的打擊！

在秦昭王的指令下，白起一路攻破楚國城池，楚國眼看不是秦國的對手，很快便割地投降。可是，秦國的軍隊既然已獲得極大的戰略優勢，不願意就此收手，於是白起再度進攻楚國。這一次，白起採用的戰術依舊是從敵軍後面包抄，最後白起包圍並攻占了楚國都城，楚王被迫出逃。

之後楚王改立都城，集結部隊反攻，雖獲得一些勝利，但對整體大局來說，可謂微不足道。在經歷秦國對楚國的打擊後，從此楚國再無力量與秦國抗衡，等待著遲早被秦國消滅。白起在此戰役中所向披靡，讓楚軍毫無招架之力，所到之處讓楚國軍民聞秦色變，戰後白起被秦昭王封為「武安君」，威震天下。

秦趙長平之戰坑殺趙國四十五萬大軍，趙國從此沒落

經過與白起的幾次大戰，韓國、魏國、楚國都已經徹底失去了與秦國對抗的力量，此時的中原土地上，唯一還能與秦國爭奪天下的就屬後來居上的趙國。趙國屬於三晉之一，在韓、魏強大時，趙國還只是一個較弱的國家，可是趙國的君王不甘落後，經過變法圖強後，一躍成為中原能與秦國一較高下的國家。而國家發展大戰略的衝突，讓秦、趙之間的一戰不可避免。

趙國的平原君（戰國四大公子之一）認為即使白起神勇，一般人不可能打敗白起，可是守城

的話，並列為戰國四大名將的廉頗並不亞於白起，於是推薦廉頗為大將守護趙國。一開始廉頗佈下長達數十里的三道防線，積極建設城堡守護趙國，與秦軍在長平打起了消耗戰，這一戰便是三年。秦軍一路上無法挺進，損失了不少軍隊。

此時，趙國戰略上發生了變化，看法與廉頗大相逕庭的另一派勢力認為在兵力對比上，秦、趙雙方實力相當，誰勝誰負還說不定，大可與秦軍決一死戰。且趙王自己也覺得趙軍長期處於守勢實在太過窩囊，更恨廉頗不爭氣，於是派只會紙上談兵的趙括替換了廉頗。秦國得知趙括充任將領，就暗地裡改派武安君白起擔任上將軍，讓王齕擔任尉官副將，並命令：軍隊中有敢於洩漏白起出任最高指揮官的，格殺勿論。

接著，趙括被秦軍白起的佯敗蒙蔽，帶著趙軍一口氣追到秦軍用兩年修的堡壘，野戰變成攻堅戰，形勢由此發生實質性逆轉。如果趙括僅僅依託長平城池，與秦軍尋求野戰，即便不勝也有退路可回。但到了秦軍大本營，戰線遠離本土處境就艱難了，糧草供應不上，導致被秦軍迂迴包圍。最後，白起切斷趙軍的幾個部隊之間的連接，決戰後，趙軍主力喪失殆盡，白起一舉俘虜趙軍四十五萬！為了避免未來趙國軍力重新集結壯大，白起乾脆一不做二不休，把四十五萬俘虜全部坑殺，只將年紀尚小的二百四十名士兵放回趙國報信。此戰一共擒殺趙兵四十五萬人，趙國上下一片震驚！從此，趙國沒落，再無機會對抗秦國。

白起指揮許多重要戰役，平生大小七十餘戰，從無敗績。伊闕之戰殲滅韓魏二十四萬聯軍，徹底掃平秦軍東進之路。攻楚於鄢郢，決水灌城淹死楚軍數十萬。接著大破楚軍，攻入郢都，迫使楚國遷都，楚國從此一蹶不振。攻魏於華陽，斬首十三萬。攻韓於陘城，斬首五萬。與趙將賈偃戰，沉卒（淹死）兩萬。秦趙長平之戰一舉殲滅趙軍四十五萬，開創了中國歷史上最早、規模最大的包圍殲敵戰先例，奠定了白起被後世尊為一代名將、戰神、殺神的威名。

據梁啟超考證，整個戰國期間共戰死兩百萬人，白起據二分之一，後因和秦昭王在是否再次攻趙的問題上發生分歧，從而被王齕取而代之，從此退出歷史舞台。

白起的作戰指揮藝術，代表了戰國時期戰爭發展的水平。白起用兵，善於分析敵我形勢，然後採取正確的戰略、戰術方針對敵人發起進攻。如伊闕之戰中集中兵力，各個擊破；鄢郢之戰中的掏心戰術，並附以水攻；華陽之戰長途奔襲；長平之戰以佯敗誘敵，使其脫離既設陣地，爾後分割包圍戰術，全殲敵軍，創造了先秦戰史上最大的殲滅戰戰例，也是中國歷史上最早、規模最大、最徹底的圍殲戰。其規模之大、戰果之輝煌，即便在世界戰爭史上也極為罕見。

白起的作戰指導特點有四：

一、不以攻城奪地為唯一目標，而是以打擊敵方作戰部隊作為主要目的的殲滅戰思想，而且善於野戰進攻，戰必求殲，這是白起最為突出的特點。他是戰爭史上運用圍殲戰術作戰的無與倫比的統帥。也是中國戰爭史上最善於打殲滅戰的軍事統帥之一。

二、為達殲滅戰目的強調追擊戰，對敵人窮追猛打，較孫武的「窮寇勿追」及商鞅的「大戰勝逐北無過十里」（《商君書。戰法第十》），顯然更積極前進。

三、重視野戰築壘工事，先誘敵軍脫離設壘陣地，再在預期殲敵地區築壘阻敵，並防其突圍。此種以築壘工事作為進攻輔助手段的作戰指導思想，在戰國當時前所未有。

四、精確進行戰前料算（兵棋推演），不論敵我雙方軍事、政治、國家態勢甚至第三方可能採取的應對手段等等皆有精確料算，無一不中，能未戰即可知勝敗（《戰國策。卷三十三。中山》），故而太史公司馬遷稱讚白起為「料敵合變，出奇無窮，聲震天下」。

西元前二五八年，秦昭王與白起在是否再次攻趙並拿下趙國國都邯鄲的問題上發生分歧，武安君白起進言道：「邯鄲委實不易攻下。而且諸侯國的救兵天天都有到達的，他們對秦國的怨恨已積存很久了。現在秦國雖然消滅了長平的趙軍，可是秦軍死亡的士兵也超過了一半，國內兵力空虛。遠行千里越過河山去爭奪別人的國都，趙軍在城裡應戰，諸侯軍在城外攻擊，裡應外合，內外夾擊，秦軍戰敗是必定無疑的。這個仗不能打。」

秦昭王命白起攻趙，白起稱病不就，從而被王齕取而代之。八、九月秦軍圍攻邯鄲，攻不下來。楚國派春申君黃歇（戰國四大公子之一）同魏公子信陵君魏無忌（亦為戰國四大公子之一）率領數十萬士兵攻擊秦軍，秦軍損失、傷亡極多。武安君白起這下說話了：「秦國不聽我的意見，現在怎麼樣了？」秦昭王聽聞後怒火中燒，強令白起赴任，白起依然稱病堅不赴任。

於是白起被奪官、削爵、降為士兵，讓他離開咸陽遷到陰密。由於病情反覆，白起無法遠遷。他滯留在咸陽的三個月裡，正是秦軍節節敗退之時。顏面掃地的秦昭王，不想讓白起繼續得意，更不想讓他看到自己決策的失敗，於是秦昭王就派人驅逐白起，勒令他離開咸陽城。

白起才剛走，秦昭王就和秦相范睢以及群臣幕僚議論商量：「白起心懷怨誹，不如處死。」在咸陽城外十里，白起接到了賜死的命令。武安君白起拿起劍欲自刎，仰天長嘆道：「我有何罪於上天？竟落得這個結果？」過了好一會兒，感慨道：「我本來就該死。長平之戰，趙國士兵投降的有幾十萬人，我用欺詐之術把他們全都活埋了，這足夠死罪了。」隨即自殺身亡。此時為秦昭王五十年（西元前二五七年）十一月。武安君白起死而無罪，秦國人都同情他，所以無論城鄉都祭祀他。

白起的悲劇，源於他的性格。秦昭王明知必敗仍強令出征，這已經不是對白起軍事能力的考驗，而是對他聽命與否的檢測。白起卻偏偏看不到這一點（或看不開實在忍不下這口氣），故而一而再，再而三的抗命。此後秦國的另一位名將王翦就很好地記取了前輩白起的血淚教訓，在殘暴的秦始皇手下得到善終。

在後人的眼中，白起更多是以「殺神」的形象出現；然而當年，他是秦國真正的「戰神」，他的軍事才能無人能敵。秦國最終能一統天下，和他征戰數十年取得的赫赫戰功關係密切——這是任何歷代史學家都不會否認的事實！

漢初三傑之首

軍事奇才　國士無雙

韓信

韓信（約西元前二三一年～西元前一九六年），淮陰（原江蘇省淮陰縣，今淮安市淮陰區）人，西漢開國功臣，中國歷史上傑出軍事家，與蕭何、張良並列為漢初三傑，與彭越、英布並稱為漢初三大名將。

韓信早年家貧，常從人寄食。秦二世二年（西元前二〇八年）投奔項梁，參加反秦義軍。項梁陣亡後歸屬項羽，任郎中，曾多次獻策，都未被採納。劉邦受封為漢王後，韓信即由楚歸漢。初任連敖（楚國官名），經夏侯嬰推薦，拜治粟都尉，仍未得到重用。一度離去，丞相蕭何親自追還（典故：**蕭何月下追韓信**），並極力向劉邦保舉說：要想爭奪天下，非有韓信不可。

於是，劉邦拜韓信為大將軍。韓信對劉邦分析了楚漢雙方的形勢，他認為，項羽雖然霸天下而臣諸侯，但百姓不擁護他，所以其強易弱。相反，漢王入關後紀律嚴明，與民約法三章，得到秦民擁護。因此，假若利用吏卒企望東歸的心情，舉兵東向，三秦可以奪取。劉邦採納了這一建議，立即作了部署，很快占取了關中。

在楚漢戰爭中，韓信發揮了卓越的軍事才能。漢二年（西元前二〇五年），劉邦兵敗彭城（今江蘇徐州）後，他迅速派兵與劉邦殘部會合滎陽，阻擋了項羽的攻勢。劉邦與項羽相持於滎陽時，韓信則率兵在項羽的側翼發動了一系列攻勢。他在擊魏時，先以疑兵佯渡臨晉，主力卻出其不意地奔襲安邑，於是俘虜魏王豹，平定河東郡。隨即又進擊代、趙。

漢三年十月，韓信在破代後，率兵東下井陘擊趙。當時趙王聚兵井陘口，號稱二十萬，在數量上居於絕對優勢。韓信一面以輕騎兩千人伺機偷襲趙營，同時以主力萬人背水為陣（典故：背水一戰），誘使趙兵傾巢出擊。隨後漢軍兩面夾攻，獲得全勝，趙王歇被虜獲。之後，他又北上降服了燕國。漢四年，韓信拜為相國，率兵擊齊，攻下臨淄，並在濰水全殲龍且率領援齊的二十萬楚軍。於是，劉邦遣張良立韓信為齊王。次年十月，又命韓信會師垓下，圍殲楚軍，迫使項羽自刎，結束五年的楚漢相爭。

漢朝建立後韓信被解除兵權，由齊王徙為楚王。被人告發謀反，貶為淮陰侯。後來呂后與相國蕭何合謀，將其騙入長樂宮中，殺於鍾室，夷其三族。

軍事成就

韓信是中國軍事思想「謀戰」派代表人物，被後人奉為「兵仙」、「戰神」，被蕭何譽為「國士無雙」（舉國獨一無二的人才），劉邦評價曰：「戰必勝，攻必取，吾不如韓信。」士人最高境界「王、侯、將、相」韓信一人全任。「國士無雙」、「功高無二，略不世出」（功勞之高，無人能出其右；謀略高明，世間少有。）是楚漢之時人們對他的評價。他率軍出陳倉、定三秦、擒魏、破代、滅趙、降燕、伐齊，直至垓下全殲楚軍，無一敗績，天下莫敢與之相爭。

韓信熟諳兵法，自言用兵「多多益善」（劉邦和韓信有一次對話，劉邦問韓信，以韓信自評自己的能力能帶多少兵？韓信回答說：多多益善。）作為一位軍事戰術家，韓信為後世留下了大量的戰術典故：明修棧道，暗渡陳倉、臨晉設疑、夏陽偷渡、木罌渡軍、背水為營、拔旗易幟、傳檄而定、沈沙決水、半渡而擊、四面楚歌、十面埋伏等。其用兵之道，為歷代兵家所推崇。

作為一位軍事家，韓信是繼孫武、白起之後，最為卓越的將領，其最大的特點就是靈活用兵，是中國戰爭史上最善於靈活用兵的將領，其指揮的井陘之戰、濰水之戰都是戰爭史上的傑作。作為戰略家，他在拜將時的言論，成為楚漢戰爭勝利的根本方略。

韓信在被軟禁的時間裡與張良一起整理了先秦以來的兵書，共得一百八十二家，這也是中國歷史上第一次大規模的兵書整理，為中國軍事學術研究奠定了科學的基礎。同時還收集、補訂了軍中律法。著有兵法三篇，已失傳。

生死一知己，存亡兩婦人。

淮陰侯韓信是漢初著名的軍事天才，他率軍殺敵，平魏敗趙，降燕滅楚，逼死了項羽，成就了劉邦，為大漢王朝的創建立下不朽功勳。只可惜，開國功臣大多難逃「飛鳥盡，良弓藏；狡兔死，走狗烹」的命運，千年難得一遇的「戰神」韓信最終也還是落了個身慘死、誅三族的下場。

韓信死後，他墓前的祠堂中有一副對聯，區區十個字，卻寫盡了他一生的命運經歷，也寫出了他生命中最重要的三個人。這副十字對聯就是：生死一知己，存亡兩婦人。

韓信年少的時候，不事農桑，不做商人，也沒能做官，只靠著祖上留下的財富過日子。他的母親去世後，祖上的財富幾乎已經沒有了，他也不會做飯，所以韓信經常連飯都吃不上，到處蹭吃蹭喝。曾被一個屠戶之子羞辱，讓韓信從其胯下鑽過，韓信竟真的照做了，從其胯下鑽過，這就是歷史上有名的「胯下之辱」。

當時的一個亭長，看韓信雖然整日無所事事，但能感覺到此人日後絕非等閒之輩，便邀他為門客，請他到家裡吃飯，於是韓信便每日去亭長家蹭飯，這引起了亭長妻子的不滿，便一次用言語羞辱了韓信（今天已經提早用過飯了，已經沒飯了！）韓信深感受辱，從此便再也不登亭長家的門。

沒有飯吃的韓信便在河邊釣魚，但是並不是每天都能釣到魚吃，於是韓信便成了吃了上頓沒下頓，有一餐沒一餐地餓著。在河邊有一群老婦在洗衣漂絮，其中一個老婦漂母看到韓信可憐，就把自己的飯分一部份給韓信吃，就這樣，漂母一直接濟了韓信幾十天，韓信對漂母說：「當我他日得志時，定會重重報答妳！」

但是漂母卻說：「大丈夫不能自食，吾哀王孫而進食，豈望報乎！」意思就是，她是可憐韓信所以賜飯給他，並不求回報，言語中用「大丈夫」、「王孫」來稱呼韓信，充滿鼓勵之意。韓信受漂母之恩，不但保住了性命，還受到了啟發，立志成就一番事業，這才有了日後的功成名就。所以說，漂母是韓信生命中的一個重要貴人，遇見她是韓信心態的一次重要轉折。

後來韓信做了楚王，衣錦還鄉，便贈給漂母黃金千鎰。這就是「一飯千金」的典故。漂母便是「存亡兩婦人」中使韓信生存的那個婦人。

後來韓信便跟隨項梁，雖然他在項梁軍中極力的推銷自己，但是還是沒有得到項梁的認同，最終「無所知名」。後來項梁戰死，韓信便跟隨項羽，不過項羽同樣沒有看到韓信的將帥之才，未能重用他。韓信不甘如此，便離開了項羽，跟隨了劉邦，劉邦一開始也沒有重用韓信，只給了他一個運糧的小官。

但是韓信的不凡很快便引起了蕭何的注意，蕭何便與之交談，不久兩人便成了知己。蕭何極力向劉邦引薦韓信，知人善用的劉邦便拜了韓信為大將軍。從此，韓信的人生逐漸走向了輝煌，在韓信的幫助下，劉邦打敗了項羽，平定了天下，成就了偉業。在劉邦打天下的過程中，韓信的功績不容小覷，足以功高震主。

天下安定後，韓信被奪了兵權，改封為楚王。此時的韓信本該收斂自己的傲性，可是他並沒有，這逐漸引起了劉邦的不滿。同時，當時劉邦耳邊經常傳來韓信要謀反的消息。但是由於在戰火中結成的革命情感，劉邦始終不忍殺了韓信。

但是，呂后就不同了，呂后是歷史上出了名的毒婦，後來劉邦病重時，呂后擔心韓信以後會威脅到自己及兒子的地位，便想殺了韓信，於是呂后便脅迫蕭何獻計殺韓信，蕭何為了保全自己的族人，無奈之下獻了一毒計。

劉邦曾對韓信許下「見天不死、見地不死、見刀不死」的承諾，相當於「免死金牌」。呂后卻讓蕭何把韓信騙到宮中，而且死時未見天，未見地，未見刀，韓信是被呂后吊在鍾室中，鍾室四周用布遮上，在密室中被幾十名宮女用棒錘活活打死。

韓信由蕭何引薦才得以成名於天下，最終卻也因蕭何獻計而慘死，真是「成也蕭何，敗也蕭何。」蕭何便是「生死一知己」中的那個知己。呂后便是「存亡兩婦人」中那個使韓信身亡的婦人。

中國歷史中創造最多成語典故的歷史人物：韓信（共三十四個成語）

一飯千金：比喻厚厚地報答對自己有恩的人。
胯下之辱：從胯下爬過的恥辱，即奇恥大辱。
國士無雙：指一國獨一無二的人才。
婦人之仁：婦女的軟心腸。指處事姑息優柔，不從大局著想。
推陳出新：不拘泥舊成績，不斷推出新的創意。
明修棧道，暗渡陳倉：表面上做的是一碼事，實際上真正做的是另一碼事。
解衣推食：把穿著的衣服脫下給別人穿，把正在吃的食物讓別人吃。形容對人熱情關懷。
背水一戰：背水：背向水，表示沒有退路。比喻抱著必死的決心與對手拼了。
拔旗易幟：拔掉別人的旗子，換上自己的旗子。比喻取而代之。

置之死地而後生：比喻事先斷絕退路，就能下定決心，取得成功。
人心難測：喻指人的心思難以揣測，知人知面不知心，多用於貶義。
獨當一面：能夠勝任單獨負責某方面的工作。
戰無不勝：形容強大無比，從來沒輸過。也比喻辦任何事情都能成功。
十面埋伏：設伏兵於四周，全面包圍以殲滅對手。
兵仙神帥：韓信在中國歷史上是公認的兵仙、神帥。指神級的領導。
居常鞅鞅：因不平或不滿而常常鬱鬱不樂。
功高震主：功勞太大，能力太強，反而使領導受到震動而對你心有疑慮。
金石之交：比喻像金石一樣牢不可破的好交情。
略不世出：謀略高明，世間少有。
不賞之功：形容功勞極大，大到不知如何封賞。
勛冠三傑：功勳超過漢朝開國的三大功臣蕭何、張良和韓信。
伐功矜能：吹噓自己的功勞和才能。形容居高自大，恃才傲物。
偽游雲夢：指劉邦偽游雲夢，詐捕韓信事。後以「雲夢遊」代指陰謀詭計。
鍾室之禍：比喻功臣遭忌被殺。
問路斬樵：問樵夫路，問完隨即殺了樵夫。即殺人滅口。

多多益善：比喻越多越好。

鳥盡弓藏：鳥沒有了，弓也就藏起來不用了。比喻事成之後，把曾經出過力的人一腳踢開，過河拆橋。

氣吞山河：氣勢可以吞沒山河，形容氣魄很大。

鄉利倍義：趨向私利，違背正義。

肝膽照人：比喻以真心相見。

智者千慮，必有一失：聰明的人在上千次考慮中，終究會犯一次失誤。

一竿之微：指韓信微時垂釣淮陰事，喻人的渺小。

傳檄而定：比喻不待出兵，只要用一紙文書，就可以降服敵方，安定局勢。

成也蕭何，敗也蕭何：比喻事情的成功和失敗都是由這一個人造成的。

第二篇 戰國四大名將

（秦國白起見中國兵家四聖）

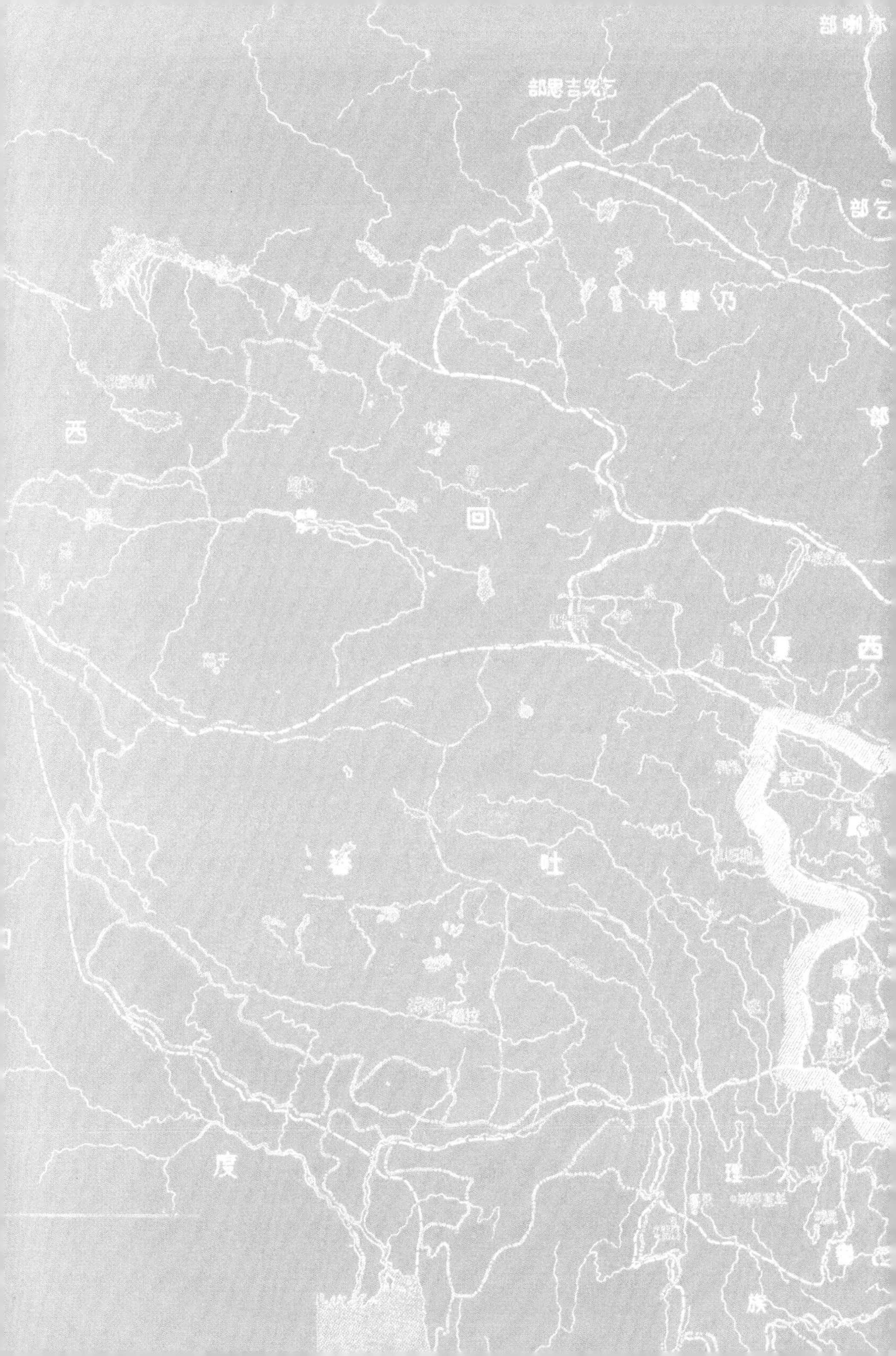
乃蠻部
回
鶻
吐
蕃
西
夏
度

戰國四大名將之一　生平無一敗績

一戰殺匈奴十萬　再戰殺秦軍十萬

他死　趙國亡

李牧

李牧，戰國時期趙國大將，與白起、王翦、廉頗並稱「戰國四大名將」。其中白起秦趙長平一戰坑殺趙國四十五萬人、王翦幾乎一人滅六國、廉頗與藺相如「將相和」，亦傳為千古佳話。而李牧，他是當時（也是中國歷史上公認）最高超的騎兵指揮官，也是唯一一個可以戰勝匈奴和秦國的將軍，戰國末期，李牧是趙國賴以支撐危局的惟一良將，由於他的存在，秦國始終無法擊敗趙國，後來秦國使用反間計殺死他後，趙國隨之滅亡，素有「李牧死，趙國亡」之稱。

一般說到戰國四大名將之首為人屠（一說殺神）白起，因為戰國時期戰國七雄總共陣亡將士約兩百萬人，其中一半一百萬人（秦以外六國軍士）死在與白起的戰役中，說白起是殺神毫不為過。但也有人認為李牧才是戰國四大名將之首，因為白起、王翦背後的秦國實力最強，裝備精良，幾乎所有戰役都是以眾擊寡，而且這兩個人都殺戮無度。

而李牧不但是戰場上的高手，在安定百姓和治軍方面也是心懷仁義，廉頗對秦軍沒有完勝的記錄，防守強過進攻，所以排在最末。而李牧則最擅長指揮大兵團作戰，對匈奴和秦軍都有圍殲敵軍十萬以上的記錄。他以武將身份出將入相，官封相國，因此，若不是只是單純的比殺人數字，李牧才是戰國四大名將之首，甚至是全能的戰神。

為什麼說李牧是全能戰神呢？除了李牧一生跟白起一樣從未嘗過敗績，另外，一般將領都是某一方面厲害，比如白起，攻堅戰厲害；廉頗，防守厲害；比如西漢霍去病，突襲厲害；可是李牧幾乎樣樣都行，與匈奴對峙，可固守，找到機會，一舉殲滅；與秦軍作戰，可長途奔襲。能攻能守，能快能慢，真正做到了「疾如風，徐如林，不動如山」，難能可貴的是，他練兵也是一把好手，跟部下同吃同住，同生共死，將士們甘於為他賣命。

在徹底擊敗匈奴之前，趙國始終處於兩面作戰的被動局面，秦國在西方一直虎視眈眈，匈奴又在北方不斷襲擾。

趙惠文王末年，北方匈奴部落逐漸強大起來，時常南下趙境騷擾，成為趙國大患。趙孝成王即位，為了穩定大後方，任命李牧駐守代和雁門，防禦匈奴。為了保證自己戰略的落實，李牧請求君王將人事權和財務權交由自己全權負責，他有權設置官吏，有權將租稅納入軍府，做為犒賞士兵的費用。

他到任後，每天殺牛宰羊為士兵加菜，又加強訓練士兵騎馬射箭的技巧，留心敵人動向，常派間諜刺探軍情，並與士兵約定：「匈奴入侵，我們只要加緊保護牲畜財產即可，決不可與匈奴人正面衝突，違者斬首。」因此每當匈奴人侵擾邊境，李牧的兵士就驅趕牲畜回營堅守，絕不出戰。如此過了幾年，匈奴人都認為李牧膽子小，不敢與匈奴人交戰，甚至連趙國本身鎮守邊境的士兵們也這麼認為。

趙王下令責備他，李牧卻仍一如往昔，趙王終於生氣，指派其他的將領取代他。經過一年多，每次出戰都失利，損傷眾多，邊境多事，根本無法耕種、放牧，不得已趙王只有再度任命李牧。李牧稱病推辭，趙王再三的請託，李牧說：「如果大王一定要用臣，必先請大王准許臣如昔日一樣的做法，臣才敢受命。」

這時候的趙國，在經歷過長平之戰後，被秦國白起坑殺了四十五萬的男丁，軍事實力不如從前；武將方面，趙奢、廉頗等名將也都已過世，趙王只得答應李牧。

趙破匈奴之戰

李牧再次來到邊境，又如以往般和士兵約定不可與匈奴衝突，匈奴雖幾年間都一無所獲，但始終認為李牧膽怯，邊境的士兵每天都得到李牧的賞賜，卻沒有立功報答的機會，都希望能上戰場作戰。

李牧見時機成熟，就挑選堅固的戰車一千三百輛，良馬一萬三千匹，勇猛敢戰的士兵五萬人，神箭手十萬人，要求他們加強訓練。一面又任意放牧牲畜，要百姓四散於郊外，引誘匈奴前來搶奪。

匈奴果然中計，先是派遣小股兵力入侵。接戰後，李牧假裝失敗，故意把幾千人丟棄給匈奴。對李牧已經麻痹大意的匈奴單于聽到情況後親自帶領所有主力部隊入侵，被誘導進入到李牧預先準備的埋伏圈。李牧運用重甲戰車超強的防禦能力在正面擋住匈奴騎兵的正面攻勢，並在重甲戰車陣線後擺置十萬弓弩手對正面進攻的匈奴騎兵形成毀滅性箭雨覆蓋，在重甲戰車陣線的側後兩翼稍近處設置重步兵，稍遠處設置快速機動的騎兵形成梯形的兩條邊陣。

在匈奴騎兵衝擊正面戰車和弓弩陣受挫後，梯形的兩條邊陣迅速張開兩翼合圍匈奴騎兵軍團，用重步兵的優秀防禦力於野外頑強阻止匈奴騎兵衝破包圍圈，同時正面的戰車弓弩陣向前碾壓縮小包圍圈，弓弩手迅速向包圍圈的各個方向分散並占據有利位置並向包圍圈內輪番放箭，十萬弓弩手形成的毀滅性箭雨全殲來犯的十多萬匈奴騎兵，李牧這精采的一役，**是先秦戰爭史中以步兵大兵團全殲騎兵大兵團的典型戰例**，對後世以步制騎的戰術有著深遠的影響，列入後世軍事戰術典範，匈奴大軍幾乎全軍覆沒。

在殲滅匈奴主力的同時，李牧還順勢攻滅和接收了襜襤、東胡、林胡等三個遊牧部落，匈奴單于遠遁敗逃。此役李牧不僅鞏固了趙國北方邊境的安全，擴大了趙國的版圖，一戰解決了整個華夏的問題。此後十多年，趙國北邊穩固，匈奴不敢接近趙國邊境的城邑。從此，趙國得以全力對付西方的秦國。

李牧利用手中掌握的各種兵種進行搭配，熟練運用各種兵種的長處，開創性的打了一場全殲十萬遊牧騎兵的跨兵種協同作戰經典戰役。李牧首開十幾萬步兵軍團全殲十萬遊牧騎兵軍團的戰例，其示弱於敵、事先設伏的軍事謀略、兵種協同作戰的能力堪稱千古良將，這是同時期其他將領所不具備的。秦朝大將蒙恬北擊匈奴也僅僅是「卻匈奴七百餘里」將匈奴趕跑了而已，卻沒殲滅多少匈奴。最重要的是，相比後來的漢武帝消滅匈奴打通絲綢之路的成本相比，李牧的花費算是非常非常之小。

肥下之戰

當時的秦國在面對六國的戰爭中基本不敗，秦國經濟和軍事實力已達頂峰。面對「虎狼之秦」，李牧同樣無一敗績。公元前二三三年，秦將桓齮率軍十五萬東出上黨，越太行山深入趙國後方，大破趙軍，斬首十萬，殺趙將扈輒，攻占了赤麗、宜安（今河北藁城西南），趙國舉國大震。

秦軍進逼趙國首都邯鄲，趙王急命李牧為將軍，率所部南下，指揮全部趙軍抗擊秦軍。李牧率邊防軍主力與邯鄲派出的趙軍會合後，在宜安附近與秦軍對峙。秦軍面對駐守的李牧，進攻起來很不順利。桓齮認為，秦軍遠出，不利持久，他率主力進攻肥下。李牧探知秦軍主力去肥下後便立刻發兵攻打秦軍營地，一舉襲占秦軍大營，俘獲全部留守秦軍及輜重。運用此圍魏救趙的戰術，李牧判斷桓齮必將回救，於是利用地形埋伏大敗秦軍，秦軍主將桓齮戰死，十五萬大軍全軍覆沒。此次大戰，秦國一掃六國統一天下的計劃破產，足足休養了三年才繼續出擊。而憑藉此戰，李牧獲封武安君。

李牧死，趙國亡

西元前二二九年趙國發生大地震和災荒，秦國任命同為戰國四大名將的王翦率領幾十萬大軍傾國而至，李牧以守為攻，秦軍無計可施。王翦無意正面和李牧硬碰硬，在戰場上實在無法戰敗李牧，他請求秦王嬴政（後來的秦始皇）用大量金錢賄賂趙王的寵臣郭開，讓他施行反間計，造謠說李牧要謀反。

趙王聽信奸臣郭開讒言，急令召回當時正在跟秦軍作戰的李牧，逼李牧交出帥印，當時李牧的手下大家都一眼就看出是怎麼回事，孤臣孽子，悲憤地都快要被逼得造反了！但是李牧卻說我回去面見大王，把事情說清楚，結果回到趙國也沒有見到趙王，最終被賜死。

別的英雄人物自殺都是橫劍自刎，但是李牧卻做不到，因為按《戰國策》的說法，李牧天生殘疾，右臂伸不直，甚至在向趙王趙遷下跪時，右臂夠不著地，不得已做了個假肢，以表示對國家元首的尊重。因為他的右手殘疾，他拔劍自刎卻夠不著自己的脖子，最終他毅然決然地口銜寶劍，把寶劍頂在柱子上撞柱而亡，一代戰神從此退出了歷史的舞台。三個月後，秦將王翦大破趙軍，俘虜了趙王遷，消滅了趙國。**史稱「李牧死，趙國亡」**。

後人讀史，對李牧無不痛加惋惜。以至司馬遷說趙王遷：「其母倡也」，「素無行，信讒，故誅其良將李牧」。司馬遷因趙王輕信讒言，錯殺忠臣良將、**國之棟樑**的李牧，憤而連趙王的母親曾經是娼妓的事也給翻出來了。

宋朝專攻註解資治通鑑的歷史學家胡三省說：「趙之所恃者李牧，而卒殺之，以速其亡。」如果不殺李牧，趙國雖然難以統一天下，但起碼尚可延續國祚，趙王也不致於徒留後世罵名。

戰國四大名將之一

秦滅六國他個人平定五國

王翦

西元前二三八年，秦王嬴政在先後剷除呂不韋、嫪毐集團後開始親政，他聽從丞相李斯的建議，制定了「滅諸侯，成帝業，統一天下」之策。又依照秦昭王時期范雎之策採用遠交近攻的戰略，具體措施是籠絡燕、齊，穩住魏、楚，消滅韓、趙；逐個擊破中原六國，李斯的建議是國策，范雎之策為戰略，不管是國策還是戰略都非常適合當時的天下大局。

有了完美的國策，無可挑剔的戰略，還差一個具體的執行者，也就是帶兵打仗的將軍，秦始皇是幸運的，上天早就給他物色了個最佳人選，回顧那段歷史，秦滅六國之戰中，這位將軍和自己的兒子竟然就滅掉了其中的五個，這位猛將就是秦將王翦，他為秦國的統一大業立下了不世之功，而且精於明哲保身之道，是秦國歷史上為數不多的得到善終的有功之臣。

有一說王翦之所以能幫助秦王嬴政統一六國，是因為白起在他之前就已經削弱了其它六國的力量（戰國七雄的連年征戰中，總共陣亡兩百萬軍士，而秦之外的六國兵力，有一百萬作戰主力被殲滅于白起之手，因此人稱秦國白起為人屠或殺神）。王翦在作風上雖不如白起那麼雷厲風行，但他的圓熟、踏實、謹慎卻是超脫秦國其他將領的。

王翦出身貧寒，從小目睹戰爭的殘酷，立志報效國家。所以他從小喜歡練武，熟讀兵書。十八歲那年，王翦毅然從軍。由於作戰勇敢，辦事沉穩，聰明機靈，屢立戰功，獲得秦軍統帥白起的青睞，並升他為將軍。白起因與秦昭王矛盾激化，被賜死。白起死後，王翦便不得秦昭王重用。直到嬴政即位為王時，王翦才重新獲得重用。王翦戰功彪炳，與白起、李牧、廉頗並稱戰國四大名將。

滅趙

秦滅六國首先滅的是韓國，韓國是秦國的鄰國，又很弱小，依照遠交近攻的策略，滅韓被秦定為滅六國的首戰。

此戰，秦國用絕對優勢兵力，突然襲擊，將韓國一舉攻滅，占領了地處「天下之樞」的戰略要地，秦在統一天下的戰爭中，邁出了成功的第一步。在滅韓之戰中，歷史記載裡並沒有發現王翦的身影，此時的王翦其實早已接到了秦始皇的命令在為下一步的滅趙之戰做準備。王翦率軍進攻太行山的戰略要地閼與，在王翦的指揮下一舉拿下了此地，從而打開了從西面進攻趙國都城邯鄲的通道，西元前二三六年，秦國乘燕國、趙國交兵，趙國後方空虛之際，以王翦為主將，分兵兩路攻趙，奪趙鄴等十餘城。西元前二三四年，王翦率軍攻平陽，殲滅趙軍十萬，殺趙將扈輒。接著揮軍北進，不過這次的進攻沒有預想中順利，被趙國的大將軍李牧大敗於宜安，秦軍主將桓齮戰死，秦國十五萬大軍全軍覆沒。

西元前二二八年，王翦審時度勢建議秦王政用反間計，用大量金錢賄賂趙王的寵臣郭開，趙王聽信奸臣郭開讒言，設計除了李牧。李牧死後三個月王翦大破趙軍，平定東陽地區，秦軍又繼續南下攻克邯鄲，俘虜趙王遷。趙國公子嘉逃到代國稱王。西元前二二二年，王翦之子王賁滅代，俘虜公子嘉，趙國最終滅亡。王翦在和趙將李牧的交戰中是很吃力的，王翦認識到自己不是李牧的對手，就建議秦王政用反間計除掉李牧，這份對自己和對手準確的認識，和敢於承認自己不足的胸襟，是一般武將難以具備的。

滅楚魏

在王翦率兵平定趙國後，緊接著又開始進攻楚國之戰。楚國是當時的大國，王翦提出想滅楚，需要六十萬大軍，秦王政初期並沒有聽從王翦的建議，派李信帶二十萬秦軍進攻楚國，秦軍大敗。王翦臨危受命接管了這支剛剛吃過敗仗的隊伍，王翦在得到秦王政的命令後，在即將出征之際，向秦王政反覆索要大量良田美宅。好友們都勸他不要這樣做，他卻說：「秦王將六十萬大軍交付於我，難免會有所猜忌，我就故意把自己包裝成一副貪財的形象，根本無意於天下江山。」以此打消秦王政對王翦的疑慮。

之後王翦根據以往長期的作戰經驗，知道楚軍和趙軍一樣都具有相當堅強的戰鬥意志，是能戰的軍隊。楚軍新近擊破李信指揮的秦軍，銳氣旺盛，鬥志昂揚，對付這樣的敵人，不僅沒有勝利的把握，一旦行動不慎，還很可能會影響整個戰爭的結果。

所以王翦進入楚國之後，即令部隊在商水、上蔡、平輿一帶地區構築堅壘，進行固守，並令部隊不許出戰。休整待命，故雙方相持數月沒有大的交戰，而此時的楚國急於求勝，頻頻組織進攻秦軍，但是秦軍就是不出城應戰，大鎖城門在城裡吃好的，據說一天要殺一頭牛犒勞將士們，王翦就是採取這種以靜制動的戰法，敵進我閃，敵疲我打，最終取得了對楚作戰的勝利。

秦軍在攻占燕都薊、取得北方決定性勝利的同時，開始將主攻方向轉向南方。派名將王翦之子王賁率軍進攻楚北部地區占領十餘城。在予以一定打擊，使其不敢輕舉妄動，保障了攻魏秦軍的側背安全後，隨即回軍北上，於西元前二二五年突然進襲魏國，包圍了魏都大梁（今河南開封）。魏軍依托城防工事，拚死防守。秦軍強攻無效，遂引黃河、鴻溝之水灌城。三個月後，大梁城壞。魏王假出降，魏亡。

滅燕齊

早在滅趙的過程中，秦國大軍已兵臨燕國邊境。燕王喜惶惶不可終日，燕太子丹最終想出了孤注一擲的暗殺行動，即歷史上有名的荊軻刺秦王，時值西元前二二七年。刺殺行動最終失敗，但是秦王政差一點死於荊軻的匕首之下。

秦王政深恨燕國，立即命王翦增兵大舉進攻。西元前二二六年，秦軍攻下燕都薊，燕王喜與太子丹逃亡遼東郡。秦將李信率領秦軍數千人，窮追太子丹至衍水。太子丹因潛伏於水中倖免於難。王翦之子王賁奉命攻伐燕國在遼東的殘餘勢力，俘獲燕王喜，燕國徹底滅亡。

秦始皇二十六年（西元前二二一年），秦將王翦之子王賁統帥的軍隊，由燕南部對齊北境突然進攻，直趨齊都臨淄。齊毫無作戰準備，竟無應戰之兵。齊相後勝力勸齊王建投降，齊王建也就不戰而降。齊王建被送於共這個地方，餓死於松柏之間。這個貪圖享受、喪失國家的亡國之君，就這麼得到如此的下場。

自西元前二三〇年到西元前二二一年，秦王嬴政先後滅了韓、趙、魏、楚、燕、齊六國，於三十九歲時完成了統一中國的大業。秦滅六國的戰事中，除了剛開始的滅韓之戰沒有王翦父子的身影，其餘五國的戰事都是他們父子倆打下的，對秦國統一天下的功勞太大了，但是王翦功高卻不蓋主。

在對楚國的作戰中，王翦率秦國舉國六十萬之兵，難免會受到秦王政的不放心及猜疑，他為了打消秦王政的猜忌，主動反覆貪婪地向秦始皇索要良田豪宅，秦始皇看到王翦追求的是錢財家業而非秦國這個國家，就打消了顧慮，放心的讓王翦率大軍打仗去了。

在完成秦國一統六國的統一大業之後，王翦辭去官職，任憑秦始皇怎麼邀請都不再重出江湖，見好就收，決不戀棧。所以說王翦精於保命之法，沒有走上諸歷史名將們「鳥盡弓藏，兔死狗烹」的老路。這點在秦國，甚至古今中外的歷史上都是非常罕見的，就像本文開頭提到的李斯、范睢還有白起等人最後都沒有好下場，可見王翦的過人之處。王翦在秦始皇嬴政麾下不但擅於謀兵，更擅於謀身，功成身退，卒得善終！

戰國四大名將之一
最後卻離開趙國投魏奔楚

廉頗

廉頗（西元前三二七年～西元前二四三年），嬴姓，廉氏，名頗，山西太原（一說山西運城，山東德州）人。戰國末期趙國知名將領，與秦國白起、王翦、趙國李牧並稱「戰國四大名將」。曾率兵討伐齊國，取得大勝，奪取晉陽，趙王封他為上卿。廉頗因為勇猛果敢而聞名於諸侯各國。長平之戰前期，他以固守的方式成功抵禦了秦國軍隊。長平之戰後，又擊退了燕國的入侵，斬殺燕國的栗腹，並令對方割五城求和。西元前二五一年，他戰勝燕軍，任以為相國，封為信平君。至趙悼襄王時，由於不得志，他先後投奔魏國和楚國，後老死於楚，葬於壽春。

唐德宗時將廉頗等歷史上六十四位武功卓著的名將，供奉於武成王廟內，被稱為武成王廟六十四將。宋徽宗時追尊廉頗為臨城伯，位列宋武廟七十二將之一。廉頗是戰國時期一位傑出的軍事將領，其征戰數十年，攻城無數，殲敵數十萬，而未嘗敗績。

破齊揚名

廉頗於趙惠文王（西元前二八三年）帶趙軍伐齊，長驅深入齊境，攻取陽晉，威震諸侯，而趙國也隨之躍居六國之首。廉頗班師回朝，拜為上卿（上卿為當時高級爵位），秦國虎視趙國而不敢貿然進攻，正是懾於廉頗的威力。此後，廉頗率軍征戰，守必固，攻必取，幾乎百戰百勝，威震列國。

趙惠文王二十年（西元前二七九年），廉頗向東攻打齊國，破其一軍。趙惠文王二十三年

（西元前二七六年），廉頗攻魏，陷防陵（今河南安陽南二十里），安陽城（今河南安陽縣西南四十三里）。趙國一度強盛，成為東方諸侯阻擋秦國東進的屏障。西元前二六九年，秦昭襄王不滿趙惠文王違背盟約，出兵悍然攻趙地閼與（今山西和順）。趙將趙奢率兵增援閼與，大破秦軍。不甘失敗的秦王又發兵攻趙地幾（今河北大名），廉頗救幾，再破秦軍。此後強秦長期不敢攻趙。

負荊請罪，將相和

趙惠文王十六年（西元前二八三年），趙國得到和氏璧，秦國提出願以十五城換之，趙國派藺相如出使秦國，藺相如僅僅是宦官繆賢門下的「舍人」。經繆賢向惠文王薦舉，身攜「和氏璧」，充當趙使入秦。藺相如以他的大智大勇完璧歸趙，取得了對秦外交的勝利。

其後秦伐趙，占領了石城。第二年，秦國再次攻打趙國，殲滅二萬趙軍。這時秦王欲與趙王在澠池會盟，趙王害怕遭遇不測，不願前往。廉頗和藺相如商量後認為趙王應該前往，以顯示趙國的堅強和趙王的果敢。趙王與藺相如同往，廉頗相送，與趙王分別時說：「大王這次行期不過三十天，若三十天不還，請立太子為王，以斷絕秦國要挾趙國的希望。」

廉頗的大將風度與周密安排，壯了趙王的行色，同時由於藺相如澠池會上不卑不亢的與秦王周旋，毫不示弱地回擊了秦王施展的種種手段，不僅為趙國挽回了聲譽，而且對秦王和群臣產生震懾，最終使得趙王平安歸來。

澠池會結束以後，由於藺相如功勞甚大，被封為上卿，位在廉頗之上。廉頗不平地說：「我是趙國將軍，有攻城野戰的大功，而藺相如只不過靠能說會道立了點功，可是他的地位卻在我之上，況且藺相如本來是個平民，我感到羞恥，在他下面我難以忍受。」並且揚言說：「我若遇見藺相如，一定要羞辱他。」藺相如聽到消息後，不肯和廉頗相會。藺相如每到上朝時，常常推說有病，不願和廉頗去爭位次的先後。沒過多久，藺相如外出，遠遠看到廉頗，藺相如就掉轉車子迴避。

於是藺相如的門客就一起來直言進諫說：「我們所以離開親人來侍奉您，就是仰慕您高尚的節義呀！如今您與廉頗官位相同，廉將軍口出惡言，而您卻害怕躲避他，您怕得也太過份了！平庸的人尚且感到羞恥，何況是身為將相的人呢！我們這些人沒出息，請讓我們告辭吧！」

藺相如堅決地挽留他們，說：「諸位認為廉將軍和秦王相比誰厲害？」回答說：「廉將軍比不上秦王。」藺相如說：「以秦王的威勢，我都敢在朝廷上呵斥他，羞辱他的群臣，我藺相如雖然無能，難道會怕廉將軍嗎？但是我想到，強大的秦國之所以不敢攻打趙國，就是因為有我和廉將軍兩個文臣武將在呀！如若兩虎相鬥，勢必不能共存。如果我們倆人鬧不和，就會削弱趙國的力量，秦國必然乘機來打我們。我所以避著廉將軍，為的是我們趙國啊！」

藺相如的話傳到了廉頗的耳朵裡，廉頗靜下心來想了想，覺得自己為了爭一口氣，就不顧國家的利益，真不應該。廉頗深感慚愧，就脫去上衣，露出上身，背著荊條，由賓客帶引，來到藺相如的門前請罪。藺相如見廉頗上門負荊請罪，連忙熱情地出來迎接。從此以後，他們倆成了生死與共的好朋友，同心協力保衛趙國。而廉頗與藺相如「將相和」的典故，亦成為中國歷史上的一段佳話。

長平之戰

趙孝成王四年（西元前二六二年），秦國進攻韓地上黨。上黨的韓國守軍孤立無援，太守馮亭便將上黨獻給了趙國。於是，秦、趙之間為了爭奪上黨地區發生了戰爭。這時，名將趙奢已死，藺相如病重，執掌軍事事務的只有廉頗。於是，趙孝成王命廉頗統帥趙軍阻秦軍於長平。

當時，秦軍幾次打敗趙軍，已南取野王，北略上黨。切斷了長平南北聯繫，士氣正盛，而趙軍長途跋涉而至，不僅兵力處於劣勢，態勢上也處於被動不利的地位。面對這一情況，廉頗正確地採取了築壘固守，疲憊敵軍，相機攻敵的作戰方針。他命令趙軍憑藉山險，築起森嚴壁壘。儘管秦軍數次挑戰，廉頗總是嚴束部眾，堅壁不出。同時，他把上黨地區的民眾集中起來，一面從事戰場運輸，一面投入築壘抗秦的工作。趙軍森嚴壁壘，秦軍求戰不得，無計可施，銳氣漸失。廉頗用兵持重，固壘堅守三年，意在挫敗秦軍速戰速決之謀。

秦國看速勝不行，便使反間計，讓趙王相信秦國最擔心、最害怕的是派趙括替代廉頗。趙王求勝心切，終於中了反間計，認為廉頗怯戰，強行罷廉頗職，用趙括為將。雖然趙括母親力諫，指出只知紙上談兵的趙括其實根本不適合擔此重任，但趙王不聽，任用趙括為將軍。

趙括代替了廉頗的職務後，完全改變了廉頗制定的戰略部署，撤換了許多軍官。秦國見趙王使用趙括為將，便暗中啟用武安君白起率兵攻趙。大敗趙括軍於長平，射殺趙括，坑殺趙兵四十五萬，本來在廉頗手上戰況穩定的長平之戰，在換下廉頗後，趙國以無可挽回的慘敗收場，趙國從此式微。

鄗代之戰，破燕拜相

趙孝成王十五年（西元前二五一年），燕王喜派丞相栗腹同趙國交好，栗腹回國後向燕王提議：「趙國的壯丁都死在了長平，遺孤也都還沒長大，吾國可乘機進攻。」燕王於是出動了兩支軍隊，兩千輛戰車，命栗腹率軍進攻鄗城，卿秦率軍進攻代地。

趙王派上卿廉頗、樂乘統兵十三萬前往抗擊。趙軍在鄗（今河北高邑東）、代（今河北蔚縣東北）大敗燕軍，殺死栗腹，俘虜了卿秦、樂閒，之後廉頗率軍追擊五百里，直入燕境，進而包圍了燕國都城薊（今北京城西南）。燕王只好割讓五座城邑求和，趙王才答應停戰。戰後，趙王封廉頗為信平君，任相國。此戰趙軍在名將廉頗的指揮下，利用燕軍輕敵、疲勞，趙軍則同仇敵愾，對來犯之敵軍予以痛擊，是中國歷史上以少勝多的著名戰例。

暮年淒楚

趙孝成王二十一年（西元前二四五年），廉頗帶兵攻取魏地繁陽。同年，趙孝成王去世，其子趙悼襄王繼位。趙悼襄王一繼位就解除了廉頗的軍職，派樂乘代替在外領兵的廉頗。廉頗因受排擠而發怒，攻打樂乘，樂乘逃走。廉頗於是離趙投奔魏國大梁（今河南省市）。

廉頗去大梁住了很久，魏王雖然收留了他，卻並不信任和重用他。趙國因為多次被秦軍圍困，趙王想再任用廉頗，廉頗也想再被趙國任用。

於是，趙王派遣使者帶著一副名貴的盔甲和四匹快馬到大梁去慰問廉頗，看廉頗是否還可用？廉頗的仇人郭開卻唯恐廉頗再得勢，暗中賄賂使者，讓他說廉頗的壞話。

趙國使者見到廉頗以後，廉頗在他面前一頓飯吃了一斗米，十斤肉，還披甲上馬，表示自己還大有可為。但使者回來向趙王報告卻說：「廉將軍雖然老了，但飯量還很好，可是和我坐在一起，不多時就上了三次茅房。」趙王認為廉頗真的老了，就沒任用他，廉頗也就再沒得到報效故鄉趙國的機會。

楚國聽說廉頗在魏國，就暗中派人迎接他入楚。廉頗擔任楚將後，沒有建立什麼功勞。他說：「我思用趙人。」但趙國終究未能重新啟用他，致使廉頗抑鬱不樂，最終死在楚國的壽春（今安徽省壽縣），年約八十五。十幾年後，趙國被秦國滅亡。不過歷史上的評價是「李牧死，趙國亡」（李牧死後三個月，趙國馬上就亡了）。趙國亡的最大最直接的原因是失去戰神李牧，其實跟早已離開趙國多年的廉頗沒什麼關係。

第三篇　戰國名將

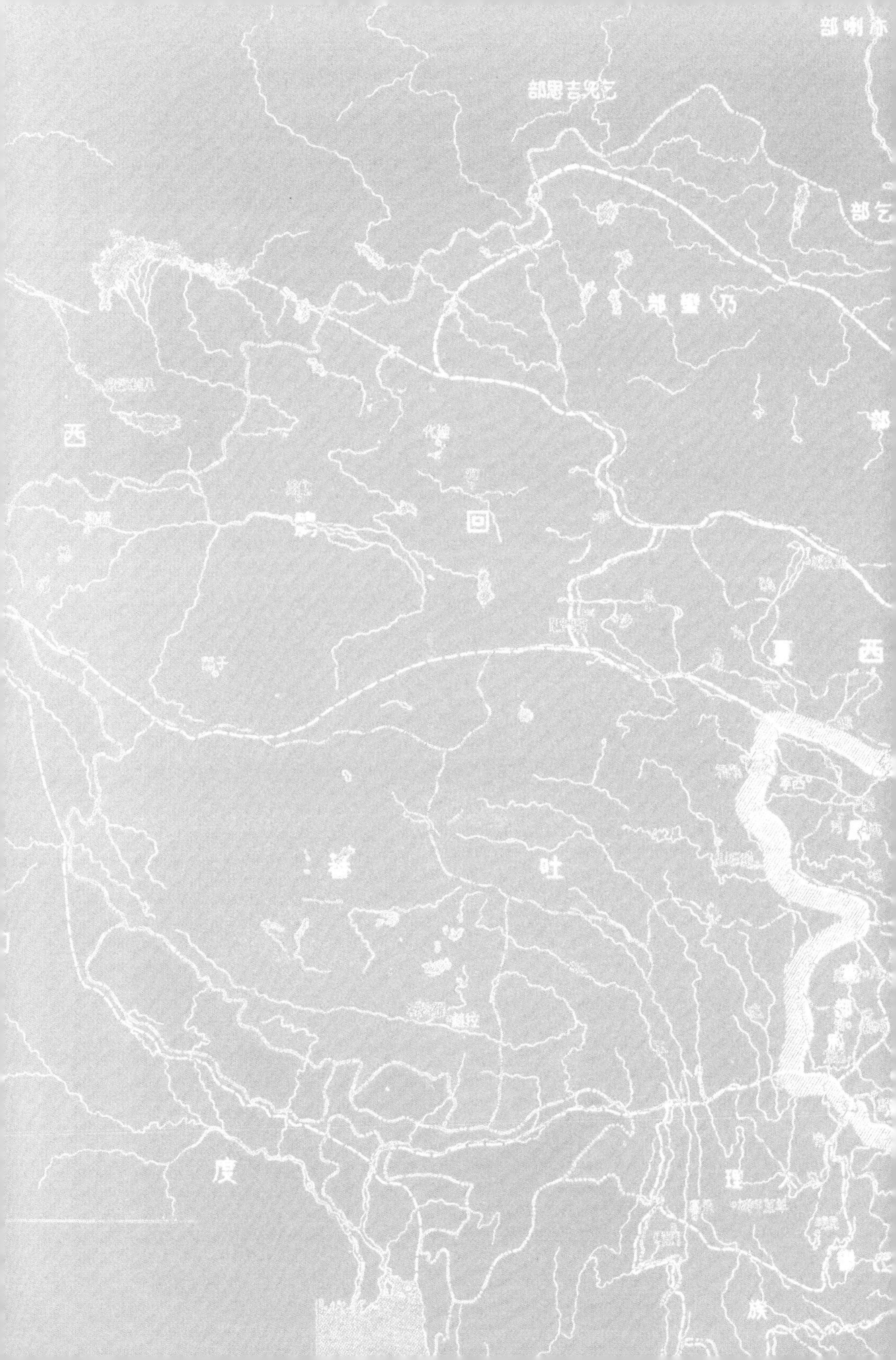

乞兒吉思部
乃蠻部
回鶻
西夏
吐蕃
大理

鬼谷子高徒　孫武後人

戰國兵家謀略代表人物

孫臏

孫臏（約西元前三八〇年~前三一六年），戰國時期軍事家，兵家代表人物。生於阿、鄄之間（今山東陽穀縣阿城鎮、鄄城縣一帶），是孫武的後代。他提出只有「上知天之道，下知地之理，內得其民心，外知敵之情，見勝而戰，弗見而諍」才能駕馭戰爭。「田忌賽馬」的傳奇故事膾炙人口、「圍魏救趙」的經典戰例中外聞名。在與魏國大將龐涓的戰鬥中，取得桂陵之戰和馬陵之戰的勝利，使戰國初期的超級強國魏國從此雄風不再。

少時聰慧，喜讀兵法

孫臏的先祖是陳國公子陳完，陳完的曾孫陳無宇有子陳書，因討伐莒國有功，被齊景公賜姓孫，改名孫書，封於樂安作為食邑，是嬀姓孫氏的始祖。孫臏為春秋時代兵聖孫武（著有孫子兵法）的後代，一生坎坷不平，甚至連真實姓名都沒留下，只因其曾遭陷害受過臏刑（古代肉刑之一，即剔去膝蓋骨的刑罰），故史書稱他為孫臏。

孫臏少年孤苦，四歲喪母，九歲喪父，從小跟隨叔父孫喬。孫喬是齊康公的大臣，齊康公被田太公驅逐後，孫喬等舊臣也被驅除，孫臏在逃難中與叔父家人離散。自此便下定決心學習兵法，準備做出一番大事業。長大後，他出外遊學，到深山裡拜精通兵法和縱橫捭闔之術的高人隱士鬼谷子先生為師，勤奮學習兵法陣式。

學習兵法時，有一個師弟叫龐涓，二人皆天資聰慧。龐涓的學業較好，但實際能力和孫臏差很多，而且他為人奸猾，善弄小權術，又不被人輕易察覺。他與孫臏一同學習兵法，非常嫉妒孫臏的才能，可是在嘴上卻一再表示將來若有出頭之日，一定會舉薦師兄，同享富貴。心地善良的孫臏，與龐涓以兄弟相稱，如同親兄弟一樣相待。

恩師考驗，高下立現

有一天，鬼谷子想測試一下徒弟的機智與應變能力。於是，他坐在屋裡，跟徒弟龐涓、孫臏說：「誰能把我從屋裡移動到屋外，誰的成績就算過關了。」

龐涓裝作驚慌失措的樣子，跑進屋裡對師父說：「啟稟師傅，元始天尊駕到，請您出去接駕。」鬼谷子無動於衷。龐涓第二次跑進來，連鞋子都掉了一隻，上氣不接下氣地說：「師父，九天玄女下來了，正在外面等您呢！」鬼谷子身子動了動，並沒起來。龐涓仍不甘心，第三次進來由於慌忙一跤摔倒在地，磕斷了兩顆門牙，結結巴巴地對師父說：「不好啦！蘇師弟跟張師弟打架，張師弟把蘇師弟打死了！」鬼谷子站起來看了看他，還是沒出去。

輪到孫臏應試了。孫臏不慌不忙地走進屋裡對師父說：「師傅，我不行。」鬼谷子感覺有些奇怪。孫臏說：「您老人家能知五百年過去、能知五百年未來，我怎麼能騙得了您呀？」鬼谷子聽罷，有些飄飄然。孫臏接著說：「要是您老人家在屋外，我倒有辦法把您騙進來。因為外面的事是有天數的，您可以算出來；但是屋裡的事是沒有天數的，您出去了就算不出來了。」鬼谷子不信邪，讓人把自己連椅子一起抬到外面。孫臏見師傅出來了，哈哈大笑地說道：「師父，我已經把您請出來了，我過關了！」

通過上述簡單的測試，鬼谷子明白孫臏的才華機敏遠在龐涓之上。

轉眼過去了幾年，孫臏、龐涓兩人經過鬼谷子的精心調教，兵法、韜略大有長進。這時，傳來了魏惠王招賢納士的消息。本是魏國人的龐涓，覺得機會來了，決定下山應招。臨別時他向孫臏保證，此行一旦順利，馬上引薦師弟下山，共同做一番事業。孫臏自然深表謝意，囑咐他多加保重，兩人灑淚告別。

忍辱負重，奮鬥不息

後來，龐涓在魏國做了將軍。他派人邀請孫臏下山輔佐魏王。下山的前幾天，鬼谷子把《孫子兵法》教給孫臏，不到三天孫臏便能背誦如流，並且根據自己的理解闡述了許多精闢獨到的見解。鬼谷子為他奇異的軍事才能而興奮地說：「這一下，大軍事家孫武後繼有人了！」

孫臏到了魏國，龐涓先是虛情假意地熱烈歡迎，而後委之以客卿官職，孫臏自然對不忘舊日同窗之情的龐涓感激萬分。然而時過半年之後，龐涓卻玩弄陰謀手段，捏造罪名，誣陷孫臏私通齊國，對他施以臏刑（古代肉刑之一，即剔去膝蓋骨的刑罰，致人雙腿殘廢，終生不能站立行走），臉上刺字（黥刑，亦稱墨刑，即在犯人臉上刺字之後再塗上墨，是一種羞辱犯人的恥辱刑），目的在於從肉體上銷蝕、從精神上折磨，以毀掉孫臏的意志。

對龐涓的所作所為，孫臏起初毫不知情，後來當他知道使自己成為一個不能行走的廢人的元兇竟然就是龐涓時，下定決心要報仇雪恨。他擺脫龐涓手下的監視，暗地裡潛心研究兵書戰策，準備有朝一日逃離虎口。為了矇騙監視他的人，他甚至裝瘋賣傻，以糞便為食，與牲畜做伴，以放鬆龐涓對他的戒備及監視。

田忌賽馬，名聲大振

有一次，齊國的使者到魏國都城大梁來，孫臏以一個受過刑的罪犯的身份暗中會見了齊使，向他遊說。齊使認為孫臏的才能奇特，是個大才之人，就偷偷地載著孫臏回到了齊國。齊國大將軍田忌認定孫臏很有才能，像對待貴客一樣地對待他。田忌很喜歡賽馬，他和齊威王約定要進行一場比賽。他們商量好把各自的馬分成上、中、下三等，比賽時他們習慣性的上馬對上馬、中馬對中馬、下馬對下馬。由於齊威王每個等級的馬都比田忌的馬更強壯一些，所以比賽了幾次，田忌都失敗了。

有一回，田忌又輸了，覺得很掃興，比賽還沒有結束就垂頭喪氣地離開賽馬場，這時田忌抬頭一看人群中有個人，原來是自己的好朋友孫臏。

孫臏招呼田忌過來，拍著他的肩膀說：「我剛才看了賽馬，齊威王的馬比你的馬快不了多少呀！」孫臏還沒有說完，田忌瞪了他一眼說：「想不到你也來挖苦我！」孫臏說：「我不是挖苦你，我是說你再同他賽一次，我有辦法準能讓你贏他！」田忌疑惑地看著孫臏：「你是說另換一匹馬來？」孫臏搖搖頭說：「連一匹馬也不需要更換。」田忌毫無信心地說：「那還不是照樣得輸！」孫臏胸有成竹地說：「你就按照我的安排辦事吧！」

齊威王屢戰屢勝，正在得意洋洋地誇耀自己馬匹的時候，看見田忌陪著孫臏迎面走來，便站起來譏諷地說：「怎麼樣，莫非你還不服氣？」田忌說：「當然不服氣，咱們再賽一次！」說著，「嘩啦」一聲把一大堆銀錢倒在桌子上，作為他下的賭錢。齊威王一看，心裡暗暗好笑，於是吩咐手下，把前幾次贏得的銀錢全部抬來，另外又加了一千兩黃金，也放在桌子上。齊威王輕蔑地說：「那就開始吧！」一聲鑼響，比賽開始了。

孫臏先以下等馬對齊威王的上等馬，第一局田忌輸了。齊威王站起來說：「想不到赫赫有名的孫臏先生，竟然想出這樣拙劣的對策。」孫臏不理會他。

接著進行第二場比賽。孫臏拿上等馬對齊威王的中等馬，勝了一局。齊威王有點慌亂了。第三局比賽，孫臏拿中等馬對齊威王的下等馬，又戰勝了一局。這下，齊威王目瞪口呆了。比賽的結果是三局兩勝，田忌贏了齊威王，孫臏由此名聲大振。

於是，大將田忌將足智多謀的孫臏推薦給齊威王。在齊威王面前，孫臏暢談兵法，盡敘平生所學，受到齊威王的賞識，被任命為齊國軍師。從此，孫臏開始在戰國風雲際會的軍事舞台上大顯身手。

桂陵之戰，圍魏救趙

西元前三五四年，魏國國君魏惠王派大將龐涓帶兵去攻打趙國，團團地圍住了趙都邯鄲。情況非常危急，趙國國君趙成侯派使者到齊國求援兵。齊威王很痛快答應，立刻拜田忌為大將，拜孫臏為軍師，發兵去救趙國。

田忌打仗非常勇敢，但智謀不足，又是個急性子，奉命之後，便想立刻趕到邯鄲去與魏軍廝殺，可是孫臏不同意。田忌問孫臏為什麼不同意趕赴邯鄲與魏軍廝殺？孫臏說：「凡是要解開雜亂打結的繩索，一定要冷靜地找出它的結頭，然後慢慢去解，切不可心急地使勁去扯，或用拳頭猛捶。還有，要排解開兩個人相互鬥毆，萬萬不可捲入去打，而要避開雙方拳腳來往的地方，尋找機會用拳猛擊其中一方空虛無備的腹位。待挨揍者雙手捧著肚子跪下，原來對打的形勢便會有所改觀，而鬥毆的局面也會戛然停止。現在魏國出兵攻打趙國，魏國的精兵銳卒，一定傾巢開赴邯鄲，只剩一些老弱殘兵留守國內。咱們為何不利用這個機會，帶兵直搗魏國都城大梁，占據他們的交通要道，襲擊他們守備空虛的地方呢？那樣，他們在外的大軍，必然會放下趙國趕回相救。這樣一來，我們豈不是一舉解決了趙國的危急，同時還叫魏國嘗嘗我們的厲害了嗎？」田忌認為孫臏的話很有道理，便帶兵直搗魏國都城大梁。

齊國的大軍剛到桂陵（今河南省長垣縣西北），孫臏便叫田忌下令軍隊停下，孫臏說，當魏軍從邯鄲往回撤的時候，一定會經過桂陵。因此，應該在此設伏，佈下陣勢，到時好一舉把魏軍殲滅。田忌又依孫臏的計謀而行，很快地把軍隊埋伏了下來。

齊兵要攻打大梁的軍情，很快傳到龐涓耳裡。他立刻命令從趙國退兵救大梁。魏軍久圍邯鄲，已經非常疲憊。龐涓救大梁心切，又下令急行軍，這使魏軍更為疲憊不堪。

魏軍進入了齊兵埋伏的桂陵地帶。只聽一聲號令，齊軍從路的兩側一齊奮勇殺出。突遭襲擊，疲憊不堪的魏軍哪裡還能抵擋得住？他們戰死的戰死，受傷的受傷，不多時魏軍大敗，死傷兩萬多人。此戰，魏軍幾乎全軍覆滅，龐涓僅率少數兵士倉皇逃脫，齊軍大勝而歸。

馬陵之戰，名揚天下

西元前三四一年，魏王又派龐涓率兵攻韓。齊王答應救援，派田忌為大將，孫臏為軍師，攻魏救韓。孫臏冷靜分析了敵我雙方的具體情況，根據魏軍悍勇輕敵和急於求成的心理，提出退兵減灶的作戰方針，要田忌忍一忍魏軍狂妄之氣，誘敵深入。

而後齊軍故意作出怯戰的樣子，大量減少鍋灶顯示齊軍已大多逃亡，以此來麻痹敵人（史稱「添兵減灶」之計）。魏軍果然中計，窮追猛趕，自以為是乘勝追擊，而齊軍則一路退卻，最後在山高路窄，樹多林密的馬陵設下埋伏。同時，孫臏還命人把路旁的一棵大樹上刮去樹皮並寫上

「龐涓死於此樹之下」八個大字，並吩咐士兵說：「夜裡發現火光，就一齊放箭！」

天黑之後，龐涓率兵馬不停蹄地追到馬陵。但見路中間橫七豎八地扔著許多木頭，便命士兵下馬下車，準備清路追擊，卻忽然看見路邊的白色樹幹上隱隱約約有幾個大字。龐涓疑心特重，便命人點火觀看，但沒等看完就連叫不好。但為時已晚，萬名齊軍亂箭齊發，魏軍頓時大亂，四面被圍。箭如雨下，既無法抵抗，又無路可逃，龐涓自己也身負重傷，眼見敗局已定，絕無挽回的餘地，只好垂頭喪氣地拔劍自刎，臨死前說道：「遂成豎子之名！」齊軍乘勝追擊，殲滅魏軍十萬人，俘虜魏國主將太子申。經此一戰，魏國元氣大傷，失去霸主地位，而齊國則稱霸東方。

這就是歷史上被稱為經典之戰的馬陵之戰，而孫臏從此名揚天下。

走為上策，遁世避禍留英名

孫臏和田忌屢戰屢勝，引起了時任齊國丞相鄒忌的嫉妒。鄒忌是古代著名的美男子，堂堂八尺之軀，但是卻心胸狹窄，他覺得自己的官位受到田忌和孫臏的威脅，所以設計除此二人。

齊威王本來就對田忌手握重兵心有疑懼，聽了鄒忌的話，遂相信田忌有謀反意圖。於是齊威王遣使召令率兵在外的田忌回山東臨淄，準備審問田忌。

田忌在孫臏最艱難的時候曾助其一臂之力，而且長期以來，二人合作得非常好，孫臏實在不忍田忌自投羅網，於是提醒田忌，齊王一定聽信了鄒忌的誣陷，千萬不要自己貿然回臨淄。情急之下，他建議田忌率軍回臨淄「清君側」，驅逐鄒忌。

田忌對孫臏早已佩服得五體投地，對他言聽計從。他依孫臏之言，率兵攻打臨淄。但鄒忌也不是等閒之輩，早已作好了守城準備，田忌攻城不勝，眼見各地救援勤王的部隊紛紛趕來，只好棄軍逃亡到了湖北的楚國。

孫臏則在田忌攻打臨淄之前就走了。他找了一處清靜的地方隱居起來，招收幾個學生，總結、研究早年所學的兵法知識和自己的作戰經驗，撰成《孫臏兵法》八十九篇，另附作戰圖四篇，為後世留下了不朽英名。孫臏於西元前三一六年去世，在山東省鄄城縣吉山鎮孫花園村東北約一公里處，有這位名垂千古的偉大軍事家孫臏的墓地。

孫臏是個大忍之人。面對命運的不公，面對「朋友」的誣陷，他能隱忍不發，等待時機，這需要驚人的毅力和大忍之心。

無論是指導田忌賽馬還是指揮桂陵和馬陵之戰，無論是圍魏救趙還是減灶示敵等，孫臏都顯示了卓越的軍事才能。在戰略上能正確地選擇作戰時間、空間，在戰術上因勢利導，製造假象，使敵人自動就範。他在中國戰爭史上寫下了光輝的篇章，特別是「圍魏救趙」的戰法，為歷代兵家所借鑑；《孫臏兵法》一書，為後世留下了重要的軍事理論。

西元一九七二年，山東省臨沂市銀雀山漢墓挖掘出土了五千多枚漢代竹簡，經專家整理翻譯，乃《孫子兵法》和失傳近一千七百年，造成歷史上諸多對孫武、孫臏其人及其著作的質疑的

《孫臏兵法》，從而徹底改變了學術界的認識。現存的《孫臏兵法》即由出土的竹簡整理而成，分上下兩編共三十篇。

百業祖師爺

孫臏在民間享有很高的聲譽。舉凡製靴業、皮革業、豆腐業等，都尊崇孫臏為行業的祖師爺。

傳說孫臏被龐涓陷害後，跪步行走，需要用皮張裹纏膝部，帶毛的原皮非常硬，磨得膝部很疼，他就將原皮去毛後加工柔軟，以便使用起來舒服方便些，從此便出現了皮革業。為保護被削去髕骨的傷腿，他用獸皮製成有史以來第一雙過膝的皮靴，後世的靴匠也將孫臏尊為祖師爺。

還有傳說，鬼谷子為了考驗孫臏和龐涓而假裝生病，孫臏為了讓老師吃點有營養的東西，就磨了豆漿，正巧他晾的鹽，被露水化成鹽水流進豆漿，豆漿凝固變成了豆花，鬼谷子吃完豆花後，誇獎了孫臏，要求孫臏再做點，龐涓十分嫉妒孫臏，偷偷的往鹽水裡加了點石膏水，沒想到意外製成了豆腐。

諸葛亮學習的榜樣　佩六國相印

幾乎以弱燕滅強齊　被稱為「天下之將」

戰國名將

樂毅

樂毅，子姓，樂氏，名毅，字永霸，祖籍魏國。祖父樂羊曾是魏文侯的大將，曾率兵大破中山國，因功魏文侯把靈壽封給了樂羊，他的後代子孫們就在那裡安了家。然而自魏文侯之後，魏國國事漸衰，歷代國君不思振作，因此樂毅便離開魏國前往趙國。

趙武靈王非常賞識樂毅，然而卻於「沙丘之變」中被害身亡，繼任的趙王並不重視樂毅，所以他又返回魏國。在一次偶然的機會中魏王派他出使燕國，燕國國君燕昭王雄才大略，並極為禮賢下士，對於樂毅他想以客卿之禮待之，樂毅深受感動，表示身為外人不敢承受此要職，願身居亞卿，待日後立功再任要職。

燕王噲時，齊國趁燕國內亂（燕國公子子之發動叛亂）起兵攻燕，將燕國掠奪一空。燕昭王繼位後決心一雪前恥，時刻都想著要向齊國報仇雪恨。樂毅去燕國後就著手開始秣馬厲兵，訓練士卒，暗暗的積蓄力量，等待著向齊國出擊的那一天。當時燕國弱小，屬於戰國七雄裡面實力最弱小的一個，況且剛剛經過內亂，而齊國當時與秦國同為天下霸主，想要攻打齊國就必需等待一個契機，否則就是自取滅亡。

外交軍事全才，佩六國相印

齊國當時在位的齊湣王連年征戰，大勢擴張土地，這讓齊國百姓不堪重負，國內抱怨不斷。西元前二八五年，齊湣王滅宋以後，日漸驕傲，自我膨脹，自稱東帝，鄰近各國諸侯都受到他的欺凌，怨聲載道。齊湣王殘暴成性，內不聽大臣的善意建議，外則南侵楚國，西侵三晉，欲並二周，想一統天下，結果四面樹敵，讓齊國陷於孤立的狀態。

燕昭王在等待多年之後，進攻齊國的機會終於來了。而這個機會也是燕昭王派到齊國的間諜蘇秦（戰國時期著名的縱橫家、外交家及謀略家）所促使的。燕昭王認為齊湣王昏庸無道，應是討伐之時機，於是問樂毅攻打齊國的意見？樂毅回答說：「齊國是春秋五霸之一，地大人多，單獨攻取不易，燕國必須聯合趙、楚、秦、韓、魏五國之力方能敗之。」於是樂毅便前往各國遊說各諸侯王聯盟抗齊。樂毅充分利用諸侯國們對於齊湣王之殘暴不仁，早已忍無可忍的心理周遊列國，最後各國一致同意共同出兵聯盟伐齊。

西元前二八四年，樂毅佩六國相印率領燕、秦、韓、魏、趙、楚六國聯軍，向齊國展開復仇之戰。齊湣王聞報，親率齊軍主力迎於濟水（在今山東省濟南西北）之西。兩軍相遇，樂毅親臨前敵，率六國聯軍向齊軍發起猛攻。齊湣王大敗，率殘軍逃回齊國都城臨淄。

大敗齊師後，樂毅歸還秦、韓參戰隊伍，分魏軍經略宋國之地，部署趙軍收取河間，自率兵繼續攻齊。擬親率燕軍直搗臨淄，一舉滅齊。謀士劇辛認為燕軍不能獨立滅齊，反對長驅直入。樂毅則認為齊軍精銳已失，國內紛亂，燕弱齊強形勢已經逆轉，堅持率燕軍乘勝追擊。燕國軍隊在樂毅指揮帶領下單獨追擊敗逃齊軍，半年之內連下齊國七十二座城池，都劃為郡縣歸屬燕國，只有莒縣和即墨沒有攻下。

燕惠王猜忌功敗垂成

樂毅採取了圍而不攻，攻心為上。他需要的是齊國人自己開門納降。齊國太大了，要慢慢消化這片遼闊的疆域。樂毅的戰略構想是聯合六國以最快速度擊敗齊國軍隊，使燕軍能進入齊國各城經營，以安撫民心，他認為唯有真正得到民心才算真正征服齊國。

齊國守將田單使用反間計放出流言說：「樂毅能在半年之內，連續攻下齊國七十餘城，為何費了三年還攻不下莒縣和即墨兩座城呢？實際上是因為樂毅想自立為齊王。」燕昭王聽了卻說：「樂毅功蓋天下，就算封王也未嘗不可。」從而派使者，要封樂毅為齊王。樂毅十分感激燕昭王的厚意，但寧死也不肯接受封王，只實現當年與燕昭王之諾，封昌國君。

然而燕昭王死後，其子燕惠王繼位。田單知道燕惠王生性多疑，且任太子時曾和樂毅發生不愉快，就再次使用反間計，燕惠王立即改派騎劫接管樂毅的兵符，改由騎劫取代樂毅攻打莒縣和即墨，並責令樂毅回國復命。樂毅識破了田單的反間計，擔心回到燕國會遭誅殺，於是獨自奔赴趙國。後來騎劫被田單的火牛陣所破，燕軍大敗。那些以前淪陷的城市，看到齊軍勝利紛紛舉旗響應，燕軍很快就被兩面夾擊的齊軍所擊敗，原來齊國的七十二座城池也都被收復，田單復國成功，樂毅之前的苦心經營毀於一旦。

受污不辯，大將之風

樂毅到了趙國之後，燕惠王開始害怕名將樂毅心生怨恨會率領趙國軍隊攻打燕國，後來燕惠王給樂毅寫了一封信責問他為何離開燕國？並言：「你何以報答先王知遇之恩？」樂毅是絕世名將，更是少有的君子。身在趙國的樂毅給燕惠王回了一封書信，也就是歷史上著名的《報燕惠王書》：

他首先回顧了往事，委婉含蓄的表達了他受恩於先王，但鑒於往事不可留於燕，目的是為了保全昭王以及惠王的名聲，此書語氣婉轉，語意懇切真摯。並以伍子胥輔佐吳王闔廬登基，卻不見容於夫差，最後落得身死的歷史教訓，申明自己不效愚忠、不願屈死，並告知惠王為人要寬容，與人為善。

即使燕惠王託詞誤會，他依舊禮尚往來。末段以「臣聞古之君子，絕交不出惡聲；忠臣之去也，不潔其名」並勉勵燕惠王效法先王。最後樂毅真的做到了不念舊惡，並在有生之年中不斷的修好趙國與燕國的關係直至老死。這種大度與忠心，在歷史上傳為一則佳話。

《報燕惠王書》與後世諸葛亮寫的《出師表》齊名，諸葛亮寫的《出師表》連稱先帝十三次，而《報燕惠王書》則稱先王十五次，其感情之深，令人動容。這封信無數後人讀來都感慨萬千，不禁落淚。後世的人們，將他與輔助齊桓公的管仲相提並論，足以見其功績。一代智慧的化身諸葛孔明當年隱居隆中時就常常自比管仲、樂毅。

樂毅的一生，僅有此戰，然而此戰卻創造了最輝煌的奇蹟。以弱燕之力，差點就一舉滅亡強齊。兩千多年來，多少英雄豪傑都已化作過眼雲煙，多少前塵往事都已成為暮靄晚霞。然而樂毅，這位絕世名將，從未被後世遺忘。

胡人不敢南下而牧馬
士不敢彎弓而抱怨

大將
蒙恬

秦國是一個以武立國的國家，在其五百年建國史中湧現出一批著名的將領，正是他們為秦國的東出大業立下汗馬功勞。秦國將領的來源主要有兩種，除了來自本土的將領外，也有來自山東國家的。這些將領中，儘管都能力出眾，但卻命運不一。像司馬錯、王翦這種功成身退的不在少數，但像戰神白起這樣死於非命的當然也不乏其人。

將軍世家

秦始皇時期的大將蒙恬就是屬於外來軍事貴族，但最終下場也不是很好。蒙恬的家庭在秦國是三代軍事顯貴，其祖父蒙驁戰功赫赫，為秦國南征北戰，一共奪取六國七十餘座城池，功勳卓著。而父親蒙武曾隨王翦一起滅亡楚國，俘虜楚王熊負芻。蒙恬本人曾隨王賁（王翦之子，亦是秦國名將）滅齊，但由於齊王建是主動投降，秦軍不戰而勝，因而使蒙恬的戰功顯得功績沒那麼顯赫。但在秦始皇時期蒙恬家族取代王翦家族成為秦朝軍事新貴，蒙恬深受秦始皇倚重，率領三十萬大軍北擊匈奴，一舉肅清邊患，奪回了被匈奴長期占據的河南地，由此蒙恬也開始建立起自己在秦軍中的威信。

蒙氏祖上本是齊國人，蒙氏是在秦昭襄王時期舉家遷徙到了秦國。秦丞相李斯曾在《諫逐客書》中說人才本不產於秦國，但為秦國所用。秦國銳意進取不拘一格吸納人才的氣度，是秦國後來獨步天下的重要原因。來到秦國的蒙驁通過自己的表現，成功成長成為秦國軍隊中的優秀將領，但由於秦昭襄王時期「戰神」白起的巨大光環，很多將領雖都有卓越的才能，並跟隨白起一起征戰四方建立了戰功，但卻都名氣不大。

直到白起落幕之後，王翦家族又成為秦軍中的翹楚（論戰功，秦滅六國，王翦及王賁父子二人就滅了趙、楚、魏、燕、齊五國，前無古人，後無來者），統一之戰雖然是秦軍將士上下同心，大家一起建立的功勳，但最風光的卻是王翦父子家族。秦滅六國一統天下之後，王翦主動退出了朝堂，深諳君臣之道的王翦不願步武安君白起最終被賜死的後塵，安心回家頤養天年去了，他這一輩子算是圓滿了。

王翦家族的退出把機會留給了蒙恬家族，這時，蒙驁已於秦王政七年就去世了，他一生歷經秦國四代國君，人生的輝煌基本都在秦昭襄王時期，軍功無數，也算功德圓滿。但真正讓蒙氏崛起的還是蒙家第三代，蒙武的兩個兒子蒙恬和蒙毅得到秦始皇的充份寵信。蒙恬是秦始皇的心腹將領，蒙毅是秦始皇的近身心腹智囊文官，兄弟二人一武一文，一時間在秦朝朝野位極人臣，風光無限。

北擊匈奴，修築長城

蒙氏家族世代為將，戰功顯赫，秦始皇三十三年（西元前二一四年），秦始皇以蒙恬為帥，統領三十萬秦軍北擊匈奴。這裡的原因有二：其一，青年時代的蒙恬長年在北方邊境守衛，對匈奴的戰法極其熟悉，這是那些長年征戰中原的老將們所無法比擬的。其二，蒙恬是秦軍裡最富有進攻精神和野戰能力的將領，秦朝其他將領打的多是中原地區的攻堅戰，對於塞北草原上與匈奴的野戰並無多少經驗。

在黃河之濱，蒙恬率領以步兵為主的秦軍（秦朝並沒有後來漢朝那樣多的戰馬，騎兵的數量遠遠少於漢朝。這就註定了秦國的攻擊還是以步騎和戰車相結合的戰法為主。《史記》中曾記載：秦以戰車開路，箭矢如蝗，步騎大軍隨後掩殺，匈奴大潰。可見這是一種以重裝戰車為主的戰法）與匈奴騎兵展開了一場生死之戰。秦軍以銳不可擋的破竹之勢，在黃河上游（今寧夏和內蒙古河套一帶地區），擊敗匈奴各部大軍，迫使匈奴大敗潰逃，遠退大漠以北七百里。

漢代賈誼《過秦論》就評價當時匈奴的狀態說：「胡人不敢南下而牧馬，士不敢彎弓而抱怨（勇士不敢彎弓射箭報仇）。」蒙恬僅一戰就將彪悍勇猛的匈奴重創，使其潰不成軍，四處奔逃。匈奴幾十年不敢南下，即便日後中原大亂，匈奴都不敢深入漢境，蒙恬居功至偉。

蒙恬收復河南地（今內蒙古河套南伊克昭盟一帶），自榆中（今內蒙古伊金霍洛旗以北）沿黃河至陰山，構築城寨逶迤而北。接著蒙恬又渡過黃河，占據陽山，同時，蒙恬沿黃河河套一帶設置了三十四個縣，統屬九原郡。還建立了一套治理邊防的行政機構。又於西元前二一一年，發遣三萬多名罪犯到兆河、榆中一帶墾殖，發展經濟，加強軍事後備力量。蒙恬遷徙人民充實邊縣這些措施對於邊防的加強，發揮了非常積極的作用。

其後蒙恬修築西起隴西臨洮（今甘肅岷縣），東至遼東（今遼寧境內）的萬里長城，把原燕、趙、秦五千餘里長城連為一體。長城利用地形，藉著天險，設置要塞，有力的遏制了匈奴的南進，用以保衛北方農業區域，免遭遊牧匈奴騎兵的侵襲。蒙恬在修築萬里長城的壯舉中，起了主要的作用，這延綿萬餘里的長城給後人留下了巨大的文化瑰寶。

蒙恬統率重兵坐鎮上郡（今陝西榆林市境內），為加強河套地區的防線，在河套黃河以北（今內蒙古烏拉山一帶），築亭障，修城堡，作為防禦匈奴黃河防線的前哨陣地。

經過這次戰鬥，蒙恬給北方帶來了十幾年安定的社會環境，為河套地區的開發創造了條件。蒙恬勇敢作戰、出奇制勝、擊敗匈奴的大戰，是他一生征戰的最大的一次戰績，人們因此讚譽他是「中華第一勇士」。

以險制塞，精修秦直道

蒙恬並修築北起九原（今內蒙古包頭）、南至咸陽淳化的直道。**秦直道是世界公認人類史上第一條高速公路**，為「**世界公路之鼻祖**」，最寬處六十米，相當於現代的十二個車道，最窄處二十米，翻山越嶺總長七百餘公里，是古中國堪稱與長城比肩的大型軍事工程。秦直道的建設不僅克服了九原交通閉塞的困境，並加強了北方各族人民經濟、文化的交流和融合，更重要的是對於調動軍隊，運送糧草器械物資等具有重要戰略意義。

據說秦直道道路結構鋪好幾層，最上層的路面以青銅覆之，即便放在現代的今天，都足以視為施工品質最高級的公路。秦直道到了西漢時，已發揮著極其重要的軍事作用。正是有了這條秦直道，漢王朝的大軍才會像飛將軍一般突然出現在匈奴騎兵面前，讓他們措手不及。「但使龍城飛將在，不教胡馬度陰山」。著名的飛將軍李廣從直道進軍直逼北方匈奴，殺得敵人聞風喪膽。漢元帝時王昭君因和親遠嫁匈奴，從長安出發，經秦直道北行，沿途還留有許多關於王昭君的美麗傳說。

如果說長城是一面阻擋匈奴進攻的盾牌，那麼秦直道就是插入匈奴腹地的一把利劍，構成了北方漫長的防禦線。秦直道軍事價值甚高，可容納八駕馬車直驅行駛，暢通無阻，相傳從咸陽騎快馬抵達九原郡，僅需三天時間。一直到一千多年後的唐、宋，秦直道都還繼續貢獻著他的軍事價值。而蒙恬鎮守北防十餘年，匈奴懾其威猛，不敢再犯。

小人篡權，千古嘆惜

蒙氏兄弟不但得到了當朝秦始皇的充份信任，同時，秦始皇的長子扶蘇，未來最有可能繼承皇位的皇長子也和蒙氏兄弟十分親近。蒙恬長年為秦帝國鎮守北疆，守護北方邊境，盡職盡責。而蒙毅在朝廷中也是為君分憂，秉公主事，這讓秦始皇父子對二人極為信賴。

後來扶蘇因為向皇帝諫諍（扶蘇受儒家影響，加上性格仁厚，常諫請父親秦始皇收斂霸氣，秦始皇是否真的焚書坑儒歷史未有最終定論，但此說法即來自扶蘇對秦始皇的諫諍。據說秦始皇大舉焚書坑儒，皇長子扶蘇竭力阻止。）而激怒了秦始皇，秦始皇就把他派到了北地做監軍。

這其中的目的之一是監督蒙恬，畢竟蒙恬在北疆掌握了三十萬軍隊，以秦始皇多疑的性格勢必不能無視。二是磨礪公子扶蘇，他認為扶蘇性格軟弱（但在其他不少人眼裡卻認為皇長子扶蘇性格仁厚，未來當會是一個體恤子民的仁君），不堪大任。秦始皇雖然沒有冊立太子，但朝野上下包括秦始皇都是以儲君看待皇長子扶蘇的。

這一去，就為後來的禍事埋下引子。秦始皇三十六年（西元前二一〇年）冬，秦始皇嬴政巡遊至原趙國境內會稽途中患病，派身邊的蒙毅去祭祀山川祈福，不久秦始皇在沙丘病死，死訊被封鎖。積勞成疾的秦始皇病入膏肓，彌留之際，他留下了令公子扶蘇回國都治喪的遺詔就駕崩了。結果，趙高與李斯聯手篡改秦始皇遺詔，立胡亥為太子，「遺詔」指責扶蘇在外不能立功，反而怨恨父皇，便遣使者以捏造的罪名賜公子扶蘇、蒙恬死罪。胡亥成了秦二世，自此秦朝滑入崩潰的深淵。

秦始皇死在了沙丘行宮，歷史上這裡還發生過一起命案。戰國早期，趙國武靈王通過胡服騎射使趙國成為了戰國的軍事強國，趙國騎兵聞名天下。但是我們看他的謚號「武靈」，這明顯是一個惡謚。古代只有昏君才會被冠以「靈」、「煬」、「厲」等惡謚，而武靈王雖然雄才大略，但由於和很多君王一樣沒有處理好自己的繼承人問題而死於非命，被自己的兒子帶兵圍在沙丘宮四十餘天，最終餓死在沙丘宮。諷刺的是，秦始皇也因為在繼承人問題上處理得不嚴謹，親手斷送了自己的江山。

公子扶蘇接到聖旨後不顧蒙恬阻攔，揮劍自殺（但現代經過考古認證檢視扶蘇骸骨，依其頭骨穿孔，以現代刑事鑑識認為，扶蘇並非自殺，應該是被胡亥用弓弩射穿頭顱而死）。

而蒙恬堅持要見到秦始皇本人問個清楚，於是在隨使者進京的途中被緝拿關押在陽周大獄，最終被使者送來的毒藥賜死。蒙恬死前還對見到秦始皇抱有幻想，但使者根本不予理會，只想他趕緊服藥自盡，他好交差。蒙恬說自己家族三代侍奉秦國，浴血沙場，為秦國立下了汗馬功勞，但使者完全不予理會。最終蒙恬服藥自殺，而他的弟弟蒙毅也死在了為秦始皇祈福的途中，同樣是在使者的逼迫下服毒自殺身亡。

事實上，新君秦二世胡亥是希望保留兩人性命的，他也很欣賞這兩位忠君愛國的忠臣良將。但胡亥受到趙高矇騙，怕二人將來知道沙丘密謀對自己的皇位不利，也就同意了趙高處死二人的建議。而深怕蒙氏兄弟搶了自己地位的李斯也不會為他們說話。於是，名將隕落，忠臣含冤。

三軍將士得知蒙恬將軍死後，都感其賢達明良，懷憤含淚。他們用戰袍撩土將其葬於綏德城西大理河川，遂形成現在的小山丘，與扶蘇墓遙遙相望。猶似當年將帥精誠團結，共同禦敵，寧死不屈。有詩讚曰：「春草離離墓道浸，千年塞下此冤沉。生前造就筆千枝，難寫孤臣一片心。」

蒙恬之死，直接導致了一個結局，就是三十萬秦軍徹底潰散，三十萬秦軍潰散之後，秦帝國的滅亡事實上也就註定了。這就是蒙恬作為一個國家棟樑將領，其不可或缺地位的體現。蒙恬死後，大秦帝國事實上就少了一個很大的依靠，少了一根很大的支柱，秦二世無德無能，眾將士不知為誰而戰？為何而戰？眾軍無法理解，更無法諒解受人擁戴的大將軍蒙恬，為何功在國家卻無過而慘死？三軍將士遂軍心渙散，不如歸去。

蒙恬、蒙毅兄弟死後不久，胡亥倒行逆施，實施暴政，殺盡自己手足，連毫無威脅的姐妹也不放過（十八個親兄弟跟二十個親姐妹）。後世勘驗秦始皇陵中的一個秦始皇的「子女坑」（經現代DNA技術檢驗證實），連同皇長子扶蘇的骸骨無一不是身子生前即被殘忍支解支離破碎。有的是砍頭身首分離，有的是被車活活輾死碾碎，其中十個公主甚至被剁成肉塊，後世實在無法理解秦二世胡亥的病態心理。

最後連胡亥自己也被趙高心腹閻樂逼迫自殺，時年二十四歲。趙高殺胡亥，殺李斯，一度想自己稱帝，群臣不服，趙高只好佈局改立扶蘇之子子嬰為帝，想複製胡亥為趙高魁儡的戲碼。子嬰順勢設局殺趙高，誅趙高三族（父族、母族、妻族），趙高現世報來得好快，天道好還，報應不爽。

接著，陳勝、吳廣起義揭開天下大亂的序幕，然後楚漢相爭，項羽與劉邦爭霸、爭天下，秦朝走向了末路。

註：蒙恬不僅是中國歷史上一位著名的軍事將領，他在文化方面對中國的傳統也有深遠的影響。據說毛筆就是蒙恬的功勞，毛筆作為古代中國兩千多年來最重要的書寫工具，就是蒙恬和他夫人的共同發明、推廣使用的。而蒙恬也被稱為是中國開發寧夏的第一人。

力拔山兮氣蓋世

楚漢相爭　西楚霸王

項羽

漢高祖元年（西元前二〇六年）八月至五年（西元前二〇二年）十二月，項羽、劉邦為爭奪政權進行的一場大規模戰爭，史稱楚漢相爭。歷時四年多，最後劉邦取得了勝利，建立了漢朝。

秦末陳勝、吳廣領銜風起雲湧的農民起義過程中，在陳勝犧牲後，劉邦集團和項羽集團成為反秦武裝的兩支起義主力。秦二世三年（西元前二〇七年），劉邦、項羽相繼率兵入關，推翻秦王朝。按照原來楚懷王的約定「先入關中者王之」，劉邦首先攻入咸陽，理應王（治理、擁有）關中，但項羽自恃功高，企圖獨霸天下。

正月，項羽尊楚懷王為義帝，徙於郴。二月，分天下王諸將，自立為西楚霸王，統領梁楚地九郡，都彭城。分封十八路諸侯，包括封劉邦為漢王，統領巴、蜀、漢中。

項羽進入咸陽後大肆燒殺搶掠，加上封章邯等秦降將為王，使他失去了關中秦民的支持。不都關中而都彭城，也使他失去了戰略上的有利地勢。特別是關東屢經戰亂，經濟殘破，使他日後不可能建立一個鞏固的後方。至於分封諸侯王，更是項羽在政治上所犯的一個嚴重錯誤。他貶義帝於江南，遷劉邦於巴蜀，徙故王於惡地，王親信諸將於善地，挑動和加劇了各路諸侯之間的權力紛爭，並且迅速激化了他與劉邦之間的矛盾。

深層地分析，其實項羽有些像後世三國的呂布，武功卓絕，或許兩軍兵戎相見時戰術運用也有一定能力，因此能屢戰屢勝。但或者在本質上項羽其實有勇無謀，或者不如劉邦身邊有眾多一流的將領與謀士（如韓信、張良）為他出謀劃策。當然，綜觀項羽一生，一來他受限於政治敏感度及眼界高度，先天沒有戰略觀，缺乏一統天下的宏圖方略（或許他其實只要做西楚霸王就滿足了）。二來他過度自負與自我膨脹，也難於在身邊長期留下與之肝膽相照的能臣謀士，項羽不需要眾星拱月，因為他是唯一發光發熱、照耀寰宇的太陽。而這也註定了他日後宿命式的失敗。

劉邦被封漢王後，本想立即發兵攻楚，但韓信、蕭何等人從楚漢雙方的實力分析出發，主張以漢中為基地，養民招賢、安定巴蜀、然後收復三秦。劉邦採納了這一建議，於漢元年夏四月經棧道往南鄭，又聽從張良的計策，燒絕所過棧道，表示沒有東向爭奪天下之意，以此迷惑項羽。但是，三個月後，劉邦趁田榮起兵反楚的有利時機，決意東向，終於爆發了楚漢戰爭。

楚漢相爭

項羽分封諸侯後即罷兵回歸彭城。不久，田榮起兵反楚，於漢元年五月迎擊田都，殺田市，自立為齊王，並且以彭越為將軍。彭越於七月擊殺濟北王田安。田榮並王三齊之地，命彭越擊楚，並以兵援助陳余襲擊常山王張耳，迎故趙王於代復為趙王。齊、趙和彭越的起兵，對西楚構成直接威脅。為了制止事態的擴大，項羽先派蕭公角領兵迎擊彭越，結果大敗，不得不調遣主力擊齊，以穩定局勢。當時僻處巴蜀的劉邦乘項羽無暇西顧之際，聽從韓信等人的計議，於八月出故道，擊降章邯、司馬欣和董翳，迅速收復三秦，繼續東進。

楚漢戰爭伊始，項羽就在戰略上陷於兩線作戰的不利處境。他認定齊地的田榮為心腹之患，而張良也致書項羽刻意示好說：「漢王失職，欲得關中，如約即止，不敢東。」又將齊、梁的謀反書信交給項羽說：「齊欲與趙並滅楚。」以致項羽無意西向，專注東方，在戰略上作出了錯誤的判斷。

後來，項羽雖然擊殺田榮，復立田假為齊王，但由於他在齊地燒夷城廓室屋，虜掠老弱婦女，激起齊民的反抗，使田榮弟田橫得以收散卒數萬人，據城陽。並於漢二年夏四月立榮子田廣為齊王，號令齊民抗擊楚軍。楚軍主力困於齊地，無法脫身。劉邦乘隙勸降魏王豹，擄殷王司馬卬。是年冬十月，項羽密使九江王英布等擊殺義帝。劉邦在進駐洛陽後，為義帝發喪，並遣使告諸侯，指責項羽擊殺義帝，號召諸侯王共擊「楚之殺義帝者」。之後，劉邦率諸侯兵共五十六萬人進據楚都彭城。

項羽得知彭城失陷的消息後，立即部署諸將擊齊，親自率精兵三萬人回師彭城。由於劉邦為輕易取得的大捷所陶醉，進入彭城後，收其寶貨、美人，逐日置酒高會（天天設酒宴，辦盛會）。因此，在楚軍的突然襲擊下，漢軍五十六萬烏合之眾一敗塗地，士卒死傷過半，劉邦僅得與數十騎突圍逃逸。

彭城之戰後，楚漢之間的形勢發生了重大變化。劉邦敗退滎陽，諸侯見風轉舵，皆背漢向楚。由於蕭何及時調發關中老、弱、未成年者補充兵力和韓信的增援，漢軍才得以逐步重整旗鼓。

項羽雖將戰略重點移至西線，但他始終未能擺脫兩線作戰的困境，無法越過滎陽、成皋一線西進。從此，楚漢便進入了雙方相持對峙的階段。但是，從劉邦方面來說，這種相持狀況對劉邦來說是積極有利的。相持階段一開始，劉邦就組建了騎兵部隊，有效地阻擋了楚軍的進攻。與此同時，漢軍爭取時間重新調整了戰略部署，一方面堅守滎陽、成皋一線，一方面積極在楚軍的後方和側翼開闢新戰場。而這一部署打擊了項羽在戰略上的致命弱點，很快收到了成效。

漢二年八月至次年十月，韓信接連平定魏、代、趙、燕，矛頭直指齊地，逐漸形成四方包圍西楚的態勢。當時項羽主力雖然在漢三年夏四月、六月再度攻克滎陽、成皋，但由於劉邦採取了「高壘深塹勿與戰（高牆、深溝、不打仗）」的戰術，不僅爭取了時間、保存了漢軍的實力，而且牽制了楚軍的主力。使項羽更進一步陷入兩線作戰，首尾不能相顧的困境。

特別是項羽不能用人，不但之前原本隸屬項羽旗下的韓信、陳平等人早已棄楚投漢，連他的重要謀士，素來被項羽尊其為「亞父」的范增也得不到項羽的信任（起因於項羽中了陳平的反間計，離間了項羽及范增，范增含恨離開項羽，歸鄉途中舊病復發身亡），這更使他在政治上、軍事上連連失策，使劉邦得以逐步調兵遣將完成對項羽的戰略包圍。

漢三年五月，劉邦命彭越率兵渡過睢水，襲殺楚將薛公，直接威脅彭城。八月，劉賈、盧綰率卒兩萬渡河，進入楚地。彭越在漢軍的協助下攻徇梁地，連克睢陽、外黃等十七城，完全截斷了滎陽、成皋一線楚軍主力的後勤補給線。

於是，項羽不得不於九月命大司馬曹咎固守成皋，親自回師救援，奪回陳留、睢陽、外黃等十餘城。但是，漢四年十月，劉邦乘機誘使曹咎出擊，大破楚軍，收復成皋。與此同時，韓信也襲破齊歷下軍，進據臨淄，並於十一月在濰水消滅了楚將龍且率領援齊的號稱二十萬的楚軍，盡定齊地。項羽在正面和側翼戰場上接連遭到重大失敗，主力部隊喪失殆盡，腹背受敵，進退失據，陷於漢軍的戰略包圍之中。

至此，楚漢戰爭的整體作戰節奏已經完全被劉邦的漢軍所掌握，項羽陷入完全的被動，楚漢相爭的結果其實勝敗已定。

成皋之戰後，楚漢戰爭進入了最後階段。項羽日益孤立，糧秣得不到補充，韓信又繼續進兵西楚。漢四年八月，項羽向劉邦提出議和，楚漢約定以鴻溝為界中分天下，鴻溝以西為漢，以東為楚，即歷史上有名的楚河漢界。九月，項羽率兵東歸，而劉邦則採納張良、陳平的計策，背叛楚河漢界盟誓，乘機追擊楚軍於固陵。並且調令韓信、彭越等人率兵圍殲項羽，命劉賈渡淮包圍壽春，誘使楚大司馬周殷畔楚（畔：背叛。周殷的背叛是壓垮項羽的最後一根稻草）。

次年十二月，項羽被圍困於垓下，韓信命漢軍四面唱起楚歌，令楚軍士失去鬥志。項羽率少數騎兵突圍至烏江，最終自刎而死。劉邦用公爵儀式，把項羽埋葬在穀城，親自主持祭禮，哀慟哭泣。下令保護項羽親屬，封項伯等私人侯爵，恩賜劉姓，被西楚國擄掠的各地人民，一律遣返。自此，楚漢戰爭最後以劉邦奪取天下，建立漢王朝告終。

楚漢戰爭歷時四年多，戰地之遼闊，規模之巨大，用兵韜略之豐富，前所未有，在中國古代戰爭史上占有重要地位及篇幅。名將韓信在戰爭中顯示了其卓越的統帥才能。先還定三秦之戰、再破代、攻趙、降燕、伐齊，最後在垓下全殲楚軍。其還定三秦之戰暗渡陳倉；井陘之戰背水設陣、拔幟易幟；濰水之戰以水沖敵、半渡而擊；垓下之戰、四面楚歌、十面埋伏。韜略之豐富，用兵之靈活，在中國戰爭史上寫下光輝的篇章，亦為歷代兵家所推崇研讀借薦。

力拔山兮氣蓋世，項羽為何寧死而不肯過江東？

生當作人傑，死亦為鬼雄。至今思項羽，不肯過江東。

這是宋朝才女李清照吟誦項羽的一首五言絕句，是歷來詩詞歌賦表現西楚霸王英雄氣概和悲壯人生的扛鼎之作。短短四句二十個字，準確地概括了項羽這個人物一生精神追求最本質的內涵：活著，就要做人中豪傑。死了，也要當鬼中的英雄。落魄苟活，大丈夫所不為也！

李清照一語道破了項羽的人生信條和理想境界，寧為玉碎不為瓦全。從這個意義上講，項羽在被困垓下、四面楚歌之時的慷慨悲歌，在烏江邊毅然揮劍自刎，並非英雄末路、完敗認輸，相反卻成為他壯麗人生大戲的最高潮。

項羽（西元前二三二年～公元前二〇二年），項氏，芈姓，名籍，字羽，楚國下相（今江蘇宿遷）人，楚國名將項燕之孫，他是中國軍事思想「兵形勢」代表人物（兵家四勢：兵形勢、兵權謀、兵陰陽、兵技巧）的軍事家，也是以個人武力出眾而聞名的武將。清朝知名史學評論家李晚芳女士對其有「羽之神勇，千古無二」的評價。

項羽早年跟隨叔父項梁在吳中（今江蘇蘇州）起義反秦，項梁陣亡後他率軍渡河救趙王歇，於巨鹿之戰擊破章邯、王離領導的秦軍主力。秦亡後稱西楚霸王，定都彭城（今江蘇徐州），實行分封制，封滅秦功臣及六國貴族為王。

而後漢王劉邦從漢中出兵進攻項羽，項羽與其展開了歷時四年的楚漢戰爭，期間雖然屢屢大破劉邦，但項羽始終無法有固定的後方補給，糧草殆盡，又中劉邦謀士陳平離間計猜疑首席謀士亞父范增，最後反被劉邦所滅。西元前二〇二年，項羽兵敗垓下（今安徽靈璧縣南），突圍至烏江（今安徽和縣烏江鎮）邊自刎身亡。

單從表象上看，項羽寧死不肯過江東的血性剛烈之舉，實在是令人為之讚嘆的，於是自楚漢相爭以後，他的大英雄形象就永遠定格在中國人的心目中。對於項羽的執意不願回到江東去，我們不應該過度地誇張，客觀分析《史記。項羽本紀》裡這一段文字：「居數日，項羽引兵屠咸陽，殺秦王子嬰，燒秦宮室，火三月不滅，收其貨寶婦女而東。」項羽在咸陽實施屠城，火燒阿房宮，造成中華歷史文化無可挽回的浩劫。又燒殺搶掠，帶上金銀財寶和美女，他執意要東回。這個時候項羽，義無反顧地要回江東去，為什麼？

做了天下諸侯的老大——西楚霸王，風光了，成功了，當然就要衣錦還鄉，就要榮歸故里，這就是項羽虛榮的表現。曾經縱橫疆場，南征北戰的西楚霸王，在垓下被圍四面楚歌時，內心是何等淒涼，昔日威風八面的霸王，而今卻狼狽不堪，落魄而逃，「虞姬死而子弟散」，曾經睥睨天下的項羽，到最後卻連自己愛妻虞姬（近代學者考古考證虞姬為項羽之妻，非妾，有子嗣傳於後世）及一路跟著自己的江東子弟兵們都守不住保護不了，他們最終全部死在自己身邊（項羽對虞姬悲歎：「力拔山兮氣蓋世，時不利兮騅不逝；騅不逝兮可奈何，虞兮虞兮奈若何！」為了不成為項羽敗逃途中的累贅，虞姬隨後拔劍自刎身亡）。這對極度愛面子的西楚霸王來說，無顏面對江東父老，就算是死也不願回江東去，也就順理成章了。

這樣來說，我們也就能夠理解垓下之圍，一敗塗地的項羽的心理和選擇，《史記。項羽本紀》載：項王笑曰：「天之亡我，我何渡為！且籍與江東子弟八千人渡江而西，今無一人還，縱江東父兄憐而王我，我何面目見之？」天將亡霸王，奈天如之何？堂堂霸主淪落至此，又有何顏面回江東見自己的父老？

天亡吾也，非戰之罪！（今被困此地，是天意！是天要滅我，不是我戰鬥能力不行。）臨死還死要面子。

人講究面子，光環照耀下的英雄更講究面子，比常人更顧忌面子，這就是項羽寧死「不肯過江東」的真正心理癥結。好漢不比當年，寧肯銷聲匿跡於外，也絕不衣衫襤褸回鄉。因此從本質上講，項羽在我們心中應該是一個悲情的英雄，是一個可景仰而不可仿效的英雄。提起他，我們只能是既表欽佩，又扼腕嘆息；他是個頂天立地的大丈夫，豪情壯舉感天動地，莽撞虛榮自毀前程。這才是有血有肉的項羽。

當然，人無完人，項羽雖年過而立即已謝幕，但人生總體是收穫大於損失，當後人再把他的烏江自刎加以正面的不斷演繹，一場因虛榮而選擇的自我了斷，對他也變成了意外的收穫。因為我們都渴望正直的人格，樂見道德楷模，都異口同聲地唾棄見利忘義，於是寧願拿他來做理想中的偶像。項羽為何烏江不渡？兩千多年來，無論是文人騷客，還是歷史學家都給予極大的關注，但至今難有定論。

在這種心理作用下，用盡陽謀陰謀最終得到江山的劉邦，自然就顯得有些卑鄙猥瑣了。遺憾的是現實很「現實」，芸芸眾生一邊頌揚項羽，一邊卻又都在仿效劉邦，皆為利來、皆為利往，連最普通的市井小民都深信，一張道德的空殼不能拿來當飯吃。

在這一點上，當年蔣中正給我們做了個榜樣，蔣委員長發現大事不好，不僅毅然過江，連那個寬闊的海峽也一步跨了過去，台灣雖小，可是總還是個可資生存發展復興的基地。

第四篇 漢朝名將

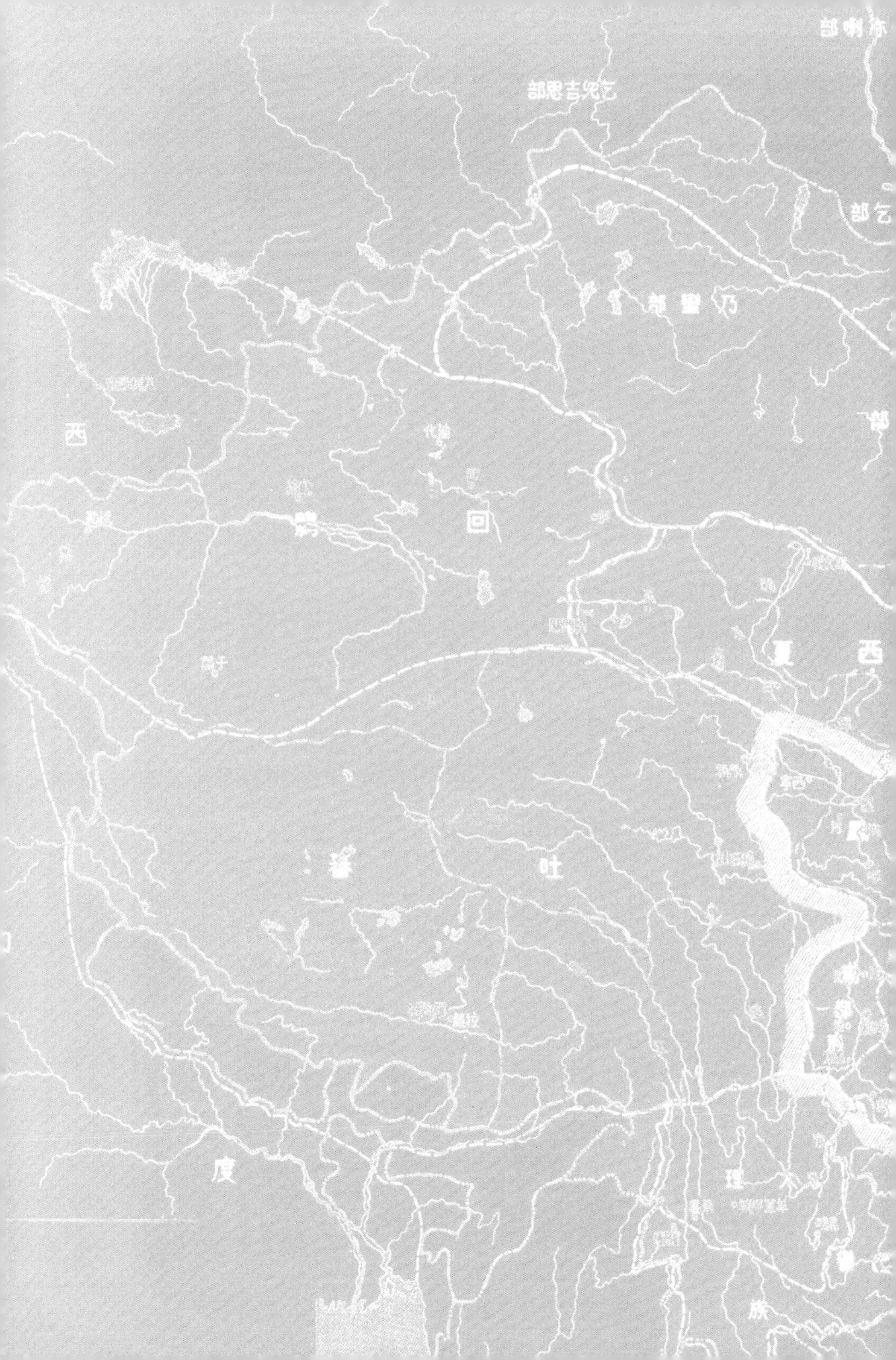
部思吉兒乞
部蠻乃
回
西
夏
西
吐
蕃
度
理
族

剛正不阿　整軍有方

平七王之亂　真將軍也

周亞夫

西漢時期是一個人才輩出的時期，這一時期湧現出了許多歷史傑出的謀臣和名將，尤其是西漢建立之時，比如一代名將周勃。周勃家族出將才，周勃次子也非常知名，就是西漢名將周亞夫。司馬遷在《史記》中對周亞夫的用兵水平給予了極高的評價，後世也基本對周亞夫的用兵能力表示肯定，甚至有人認為他是西漢初期韓信之後最善於用兵的帥才，戰無不勝，戰績卓著，堪稱漢景帝時期的一代戰神。

周亞夫（西元前一九九年~西元前一四三年），沛郡豐縣人，西漢時期的軍事家、丞相。漢文帝後二年，襲父周勃爵為絳侯。起初做河內郡守時，古代第一女神算許負曾經給周亞夫看相並算過一卦，說他三年後為侯，封侯八年為丞相，掌握國家大權，位尊任重，在眾臣中將首屈一指，再過九年會餓死。

周亞夫笑著說：「我的哥哥已代父為侯，如若他去世，他的兒子理應承襲爵位，我周亞夫怎麼說得上封侯呢？再說若我已顯貴到如妳所說的那樣，怎麼說會餓死呢？你來解釋解釋！」許負指著他的嘴說：「你嘴邊有條豎線，紋理入口，這就是餓死之相。」

過了三年，周亞夫的哥哥絳侯周勝之犯了罪，漢文帝選周勃子孫中有賢德的人繼任為侯，大家都推舉周亞夫，於是封周亞夫為條侯，繼承絳侯爵位。

周亞夫入仕之後，一生主要有兩大成績，一則是細柳閱兵，一則就是平定七國叛亂（七王之亂）。前者是抵禦匈奴，迫使匈奴敗退，後來漢武帝時期能夠順利戰敗匈奴，與周亞夫在此時所做的奠基工作有著重要的直接關係。後者是平亂，七國之亂聲勢十分浩大，七大同姓王聯手，舉國震動，倘若七國勝利，那麼西漢將避免不了一場帝王的爭奪大戰，戰火還不知要再蔓延多少年，但這一場聲勢震動朝野的叛亂，卻被周亞夫等人僅用三個月就平定了，維護了西漢帝國的統一和和平，此軍功之大，流傳千古。

細柳閱兵

漢文帝二十二年（西元前一五八年），匈奴進犯北部邊境，漢文帝急忙調邊將鎮守防禦，為了警衛京師，漢文帝派三路軍隊到長安附近抵禦守衛，宗正劉禮駐守在灞上，祝茲侯徐厲駐守在棘門，河內太守周亞夫則守衛細柳。

漢文帝為鼓舞士氣，親自到三路軍隊處犒勞慰問。他先到灞上，再到棘門，這兩處都不用通報，見到皇帝的車馬來了，軍營都主動放行，而且兩地的主將都直到漢文帝到了才知道消息，迎接時慌慌張張，送漢文帝走時也是親率全軍送到營寨門口。

漢文帝到了周亞夫的營寨，和先前去的兩處截然不同。前邊開道的被攔在營寨之外，在告知天子要來慰問後，軍門的守衛都尉卻說：「將軍有令，軍中只聽將軍命令，不聽天子詔令。」等漢文帝到了，派使者拿自己的符節進去通報，周亞夫才命令打開寨門迎接，守營的士兵還嚴肅地告訴漢文帝的隨從：「將軍有令，軍營之中不許車馬急馳。」車夫只好控制著韁繩，不讓馬走得太快。到了軍中大帳前，周亞夫一身戎裝，出來迎接，手持兵器向漢文帝行拱手禮：「介冑之士不拜，請陛下允許臣下以軍中之禮拜見。」漢文帝聽了，非常感動，欠身扶著車前的橫木向將士們行軍禮。

勞軍檢視完畢，出了營門，漢文帝感慨地對驚訝的群臣們說：「這才是真將軍啊！那些霸上和棘門的軍隊，簡直是兒戲一般。如果敵人來偷襲，恐怕他們的將軍也要被俘虜了！可是換作周亞夫怎麼可能有機會被敵人偷襲呢？」好長時間裡，漢文帝對周亞夫都讚賞不已。

一個月後，匈奴退去，漢文帝命三路軍隊撤兵，然後升周亞夫為中尉，掌管京城的兵權，負責京師的警衛。

後來，漢文帝病重彌留之際，囑咐太子劉啟，也就是後來的漢景帝說：「以後關鍵時刻可以用周亞夫，他是可以放心使用的將軍。」文帝去世後，漢景帝讓周亞夫做了車騎將軍。

平定七王之亂

漢景帝三年（西元前一五四年），吳王劉濞聯合楚王劉戊、膠西王劉卬等七國發動叛亂，打出「誅晁錯、清君側」的旗號。漢景帝於是升周亞夫為太尉，領兵平叛，這時的叛亂軍正在猛攻梁國，但周亞夫並不想直接救援，他向景帝提出了自己的戰略計劃：「楚軍素來剽悍，戰鬥力很強，如果正面決戰，難以取勝。我打算先暫時放棄梁國，從背後斷其糧道，然後伺機再擊潰叛軍。」景帝同意了周亞夫的計劃。

於是周亞夫繞道進軍，到了灞上時，遇到一位名叫趙涉的士人，趙涉建議周亞夫再往右繞道進軍，以免半路受到叛軍的襲擊，周亞夫聽從了趙涉的建議，走藍田、出武關，迅速到達了雒陽，搜索之後果然抓獲了伏兵。

此時的梁國被叛軍輪番急攻，梁王向周亞夫求援。周亞夫卻派軍隊向東到達昌邑城（在今山東巨野西南），堅守不出。梁王再次派人求援，周亞夫還是不發救兵，最後梁王寫信給漢景帝，漢景帝又下詔要周亞夫進兵增援，周亞夫還是不為所動，但他卻暗中派軍截斷了叛軍的糧道，還派兵劫去叛軍的糧食，叛軍只好先來攻打周亞夫，但幾次挑戰，周亞夫都不出戰，時間一長，周亞夫軍中都有些軍心不穩了。

一天晚上，營中突然發生混亂，嘈雜聲連周亞夫的大帳裡都能聽見，但周亞夫始終躺在床上不動。一會兒，混亂自然就平息了。幾天後，叛軍大舉進攻軍營的東南，聲勢浩大，但周亞夫卻讓部下到西北去防禦。結果在西北遇到叛軍主力的進攻，由於有了準備，所以很快擊退了叛軍。

叛軍因為缺糧，最後只好退卻，周亞夫趁機派精兵追擊，取得勝利。叛軍首領劉濞的人頭也被越國人割下送來。這次叛亂僅歷經三個月就很快平定了，戰爭結束後，大家這才紛紛稱讚周亞夫的用兵之道。但梁王卻因為周亞夫之前沒有及時救援，和周亞夫結下了仇。七王之亂的平定，維護了西漢王朝的統一，加強了中央集權。

千古名將，絕食身亡

可是周亞夫的這兩大功勞卻也是他人生的轉折點，前者抵禦匈奴，是在漢文帝時期。正因在抵禦匈奴中的傑出表現，周亞夫讓漢文帝刮目相看，認為這是可以重用的將軍。因此，漢文帝在臨終之際，對自己的兒子劉啟進行後事交代的時候，特別提醒他，如果哪天遇見大難，周亞夫就是解決危機的人。

到了漢景帝劉啟時期，果然就遇到了大問題，那就是七國之亂。結果周亞夫果然沒有辜負漢文帝的期望，為他的兒子劉啟解決了這個大麻煩。但周亞夫這一次立下功勞，卻沒有讓他成為漢景帝最信任的肱股之臣，反而成了漢景帝擔心及猜忌的大臣，甚至不惜冤殺周亞夫。那麼改變周亞夫命運的玄機到底在哪裡？

如果按照史料記載來看的話，我們甚至可以回頭看看女神算許負的預言，說他是大貴之命，能夠封侯拜相，但結局極慘，是活活餓死。

縱觀歷史真相：**周亞夫之死不過是老少兩代帝王交替中的政治犧牲品**。周亞夫死因主要有三個方面：

第一個方面是漢景帝去世的時間相對而言有點早，活了四十八歲，就因身體不好患病去世。而太子劉徹，就是以後的漢武帝則年齡又比較小，還不到成年，所以漢景帝劉啟在臨終前是提前給劉徹舉行的成年禮。在這樣的情況下，老皇帝去世，小皇帝又太小，有點「青黃不接」，難免心裡擔心。他自己就是活生生的例子，漢景帝繼位之初，就因為過於依賴和信任重臣晁錯，最終釀成七王之亂的大錯。所以，他當然不希望自己的兒子再次面臨自己當初的處境。

第二個方面是周亞夫性格的問題，周亞夫身為武將，雖然官拜丞相，但他骨子裡的那種直率和耿直卻無法改變。治軍可以嚴肅，容不得半點馬虎。但是為政卻不能按照治軍的路子走，為政是需要手段的，甚至是需要一點心思算計來做鋪墊的，最不濟也要懂得委婉處理某種關係。可是周亞夫是一顆將帥的心，他哪裡懂這些呢？就算懂，他哪裡願意或者能夠做得到呢？在他眼裡，對就是對，錯就是錯嘛！變通這件事，以周亞夫的性格大概是做不來的。

因此，有一則記載說漢景帝曾經擺了一個飯局，故意不在周亞夫的座位前安放筷子，周亞夫入座後，一看沒筷子怎麼吃飯啊？如果換個聰明的大臣，大概會隨機應變發現事情的不對勁跟其中的陷阱。可是周亞夫就是周亞夫，他不但沒有看出其中的玄機，反而找旁邊的服務人員要筷子，而且還有點不太開心。

漢景帝笑著對他說：「莫非這還不能讓你高興嗎？」周亞夫羞憤不已，不樂意地向景帝跪下謝罪，漢景帝剛說了個「起」，他就馬上站了起來，不等漢景帝再說話，就自己走了。漢景帝看著周亞夫離開的背影，嘆息著說：「這種人怎麼能輔佐少主呢？」漢景帝心想：「天呀！這麼大點的事他都容不下嗎？如此之人，哪裡是我年少的兒子劉徹能夠駕馭得了的啊?!」

第三個方面是無中生有的謀反罪。周亞夫最終被處死，最直接的罪名是謀反。原因是周亞夫的兒子見父親老了，就私下先偷偷準備後事的材料，準備了五百甲盾。他偷偷準備當然也是有原因的，因為西漢法律規定，個人不得私藏甲盾器械。即使是準備後事，也是違法的。可是這原本只是單純的準備帶到地下的陪葬品，卻反而成了周亞夫謀反的鐵證。

當年周勃也曾被漢文帝以謀反罪抓進監獄，可是後來薄太后出面救了周勃。如今周勃的兒子周亞夫也被以同樣的罪名抓了起來，可是此時卻早已沒有「薄太后」了！但稍微有點常識的人都知道，周亞夫帶兵在前線的時候不謀反，如今老態龍鍾手無兵權，他還謀反個什麼呢？他難道老糊塗了嗎？當然不是！且看當時的審訊問答就知道這謀反罪根本就是「莫須有」的：

審訊官說：你為什麼要謀反啊？

周亞夫說：你們憑什麼說我謀反？

審訊官說：哼，就算你現在沒謀反，肯定也是打算死後到地下去謀反的。

面對這種強辯，周亞夫是百口莫辯，氣得半死，為了自證清白，周亞夫不惜絕食五天，吐血身亡。

說到底，周亞夫的死因，雖跟自己的性格有關，但追根究底，他的死是因為老少兩代帝王在更替時候的政治需要。倘若漢景帝多活二十年，他或許就不會這麼早，或甚至就沒有必要處死周亞夫。又或者倘若繼位的漢武帝劉徹已經是個二十多歲的能夠獨當一面的成年男子，那麼漢景帝或許也會讓周亞夫多活一些日子，甚至就這麼讓他歸鄉頤養天年。

可是，這兩個條件都不滿足。周亞夫，一個性格桀驁不馴、功勳卓著的功臣，偏偏架在早逝的漢景帝和年少的漢武帝之間，他就必須得死。他死了，漢景帝就能死得安心，漢武帝稱帝後的朝局就能更加沒有變數，更加穩定。

龍城飛將　國士無雙

大臣典範的西漢戰神

衛青

衛青（？～西元前一〇六年），字仲卿，河東平陽（今山西臨汾市）人。西漢時期名將，漢武帝第二任皇后衛子夫的弟弟，漢武帝姐姐平陽公主夫婿（駙馬，漢武帝大舅子），漢武帝在位時官至大司馬大將軍（軍人最高等級），封長平侯。

衛青的首次出征是奇襲龍城，揭開漢匈戰爭反敗為勝的序幕，曾七戰七捷，收復河朔、河套地區，擊破單于，為北部疆域的開拓做出重大貢獻。衛青善於以戰養戰，用兵敢於深入，為將號令嚴明，對將士愛護有恩（曾有一次將軍李廣之子年輕將軍李敢，因遷怒父親之死打了大元帥衛青，這本是死罪，衛青因體恤李敢，也惜才，輕輕把這件事按下。最後是霍去病嚥不下親舅舅衛青受辱這口氣，一個年輕氣盛的李敢打了長輩兼長官衛青，而同樣年輕氣盛的霍去病則拉弓一箭射死了李敢），對同僚大度有禮，敬重賢才，位極人臣而不立私威。

元封五年衛青逝世，起冢如廬山，平陽公主與衛青結伴終生，夫妻二人死後合葬茂陵（位於今西安）東北一千米處，謚號為「烈」。

衛青的母親被稱為衛媼（衛媼是否為其夫家姓存在爭議），是平陽侯府女僕。與其夫生有一男三女：長子衛長子（後改名衛長君），長女衛孺（《漢書》作衛君孺，《史記》作衛孺）、次女衛少兒、三女衛子夫。後衛媼與來平陽侯家中做事的縣吏鄭季私通，生了衛青。

因生活艱苦，衛青被送到親生父親鄭季的家裡。但鄭季卻讓衛青放羊，鄭家的兒子也沒把衛青看成兄弟，當成奴僕畜生一樣虐待。衛青稍大一點後，不願再受鄭家的奴役，便回到母親身邊，做了平陽公主的騎奴。

有一次，衛青跟隨別人來到甘泉宮，一位囚徒看到他的相貌後說：「這是貴人的面相啊！官至封侯。」衛青笑道：「我身為人奴之子，只求免遭笞罵，已是萬幸，哪裡談得上立功封侯呢？」

建元二年（西元前一三九年）春，衛青的三姐衛子夫被灞上掃墓做客平陽府的漢武帝看中。在漢武帝姐姐平陽公主安排下，漢武帝與衛子夫結下情緣，隨後進了漢武帝後宮。

建元三年（西元前一三八年），入宮後被冷落了一年多的衛子夫再次獲幸有了身孕，引起了陳皇后的嫉妒。其母館陶公主派人捉了正在建章（後為建章宮）當差的衛青，意圖殺害。同僚公孫敖聽到消息後率人趕去救下衛青。衛子夫對長公主的行為很憤慨，向寵著她的漢武帝哭訴，漢武帝得知此事，大為憤怒，漢武帝召見衛青，見他英武、魁偉，升他為建章宮總管，官拜侍中。封衛子夫為夫人，衛長君為侍中。數日間連續賞賜衛青，多達千金。衛孺嫁給了太僕公孫賀，衛少兒嫁給了陳平（漢初劉邦宰相）的後人，擔任詹事一職的陳掌。公孫敖也因此顯貴。衛青後又被任命為太中大夫，俸祿千石，掌管朝政議論。

西元前一三八年到西元前一二九年近十年間，衛青作為建章監和侍中，跟隨皇帝左右，和他一起聽聞朝政，後又成為太中大夫，足見其才幹深得武帝信任，為後來七征匈奴，甚至任大司馬大將軍為內朝參決政事、秉掌樞機打下良好基礎。

龍城大捷

元光六年（西元前一二九年），匈奴興兵南下直指上谷（今河北省懷來縣）。漢武帝任命衛青為車騎將軍，率領一萬騎兵，迎擊匈奴。漢武帝分派四路出擊。車騎將軍衛青出上谷，騎將軍公孫敖從代郡（治代縣，今山西大同、河北蔚縣一帶），輕車將軍公孫賀從雲中（今內蒙古托克托東北），驍騎將軍李廣從雁門出兵。四路將領各率一萬騎兵。

衛青首征，果敢冷靜，深入險境，直搗匈奴祭天聖地龍城，首虜七百人，取得勝利。另外三路，兩路失敗，一路無功而還。漢武帝看到只有衛青勝利凱旋，封衛青為關內侯。龍城之戰是自漢初以來對戰匈奴的首次勝利，為以後漢朝的進一步反擊打下了良好的人心基礎。歷史上因此有一說法，說王昌齡詩中的「龍城飛將」指的其實是攻下對匈奴具有崇高意義的龍城的漢朝大將衛青。

收復河朔

元朔元年（西元前一二八年）秋，衛青為車騎將軍出雁門，領三萬騎兵，長驅而進斬首虜數千人。

元朔二年（西元前一二七年），匈奴大舉入侵上谷、漁陽，先攻破遼西，殺死遼西太守，又打敗漁陽守將韓安國，劫掠百姓兩千多人。漢武帝派李息從代郡出擊，衛青率大軍進攻匈奴盤踞的河南地（黃河河套地區），採用「迂迴側擊」的戰術，西繞到匈奴軍的後方，迅速攻占高闕（今內蒙古杭錦後旗），切斷了駐守河南地的匈奴白羊王、樓煩王同單于王庭的聯繫。而後，衛青又率精騎，飛兵南下，進到隴縣西，形成了對白羊王、樓煩王的包圍。漢軍活捉敵兵數千人，奪取牲畜數百萬之多，控制了河套地區。

因這一帶水草肥美，形勢險要，漢武帝因此在此修築朔方城，設朔方郡、五原郡，並從內地遷徙十萬人到那裡定居，還修復了秦時大將蒙恬所築的邊塞和沿河的防禦工事。解除了匈奴騎兵對長安的直接威脅，也建立起了進一步反擊匈奴的前方基地。

此仗漢軍全甲兵而還，衛青立下大功，被封為長平侯，食邑三千八百戶。蘇建、張次公以校尉從衛將軍有功，封平陵侯、岸頭侯。

奇襲高闕

元朔三年（西元前一二六年）夏，匈奴數萬騎兵攻代郡，殺太守共友，擄掠千餘人。同年秋季入雁門，殺掠千餘人。元朔四年（西元前一二五年）匈奴又各使三萬騎攻入代郡、定襄、上郡。

元朔五年（西元前一二四年）春，朝廷命令車騎將軍衛青率領三萬騎兵，從高闕出兵；命令衛尉蘇建做游擊將軍，左內史李沮當強弩將軍，太僕公孫賀當騎將軍，代國之相李蔡當輕車將軍，他們都隸屬車騎將軍衛青，一同從朔方出兵；朝廷又命令大行李息、岸頭侯張次公為將軍，從右北平出兵。西漢聯軍從各路合擊攻打匈奴。

匈奴右賢王正對著衛青等人的大兵，以為漢朝軍隊不能到達這裡，便喝起酒來。晚上，漢軍來到，包圍了右賢王；右賢王大驚，連夜逃跑，獨自同他的一個愛妾和幾百個精壯的騎兵，急馳突圍，向北而去。西漢輕騎校尉郭成等追趕了幾百里，沒有追上。漢軍俘虜右賢王的小王十餘人，男女一萬五千萬餘人，牲畜達千百萬頭。

漢武帝接到戰報，派特使捧著印信，到軍中拜衛青為大將軍，加封食邑六千戶（漢書八千七百戶），所有將領歸他指揮。衛青的三個兒子皆被漢武帝封為列侯。長子衛伉為宜春侯，次子衛不疑為陰安侯，幼子衛登為發乾侯，均食邑一千三百戶。漢武帝隨後又封賞了隨從衛青作戰的公孫敖、韓說、公孫賀、李蔡、李朔、趙不虞、公孫戎奴、李沮、李息、豆如意等。

二出定襄

元朔六年（公元前一二三年）春、夏，衛青為大將軍兩次領十萬騎兵出擊匈奴。殲滅匈奴軍過萬。

二月，以公孫敖為中將軍，公孫賀為左將軍，趙信為前將軍，蘇建為右將軍，李廣為後將軍，李沮為強弩將軍，分領六路大軍，統歸大將軍衛青指揮，浩浩蕩蕩，從定襄出發，北進數百里。戰後全軍返回定襄休整，一個月後再次出塞，斬獲匈奴軍一萬多人。張騫隨從大將軍出征，獲封為博望侯。衛青的外甥霍去病此戰獨自領八百騎出擊，俘虜匈奴單于的叔父和國相，斬單于的祖父等兩千零二十八人，封冠軍侯，霍去病初次展露頭角即建立赫赫戰功，霍去病此時方才十七歲，中國歷史上一名天才戰神就此誕生。大將軍賞千金不益封（不再加封）。

漢北大戰

元狩四年（西元前一一九年）春，漢武帝以十四萬匹戰馬及五十萬步卒作為後勤補給兵團，授與衛青與霍去病各率領五萬騎兵，步兵和運輸物資的軍隊十萬餘，兵分兩路，跨漠長征出擊匈奴。

漢軍原計劃由霍去病先選精兵攻擊單于主力，衛青打擊左賢王。後從俘獲的匈奴兵口中得知伊稚斜單于在東方，兩軍對調出塞線路，霍去病東出代郡，衛青西出定襄。

然而衛青大軍出塞一千多里，卻與匈奴單于主力遭遇。衛青命前將軍李廣和右將軍趙食其兩軍合併，從右翼進行包抄。自率左將軍公孫賀、後將軍曹襄從正面對抗單于主力。衛青下令讓武剛車排成環形營壘，又命五千騎兵縱馬奔馳，抵擋匈奴。匈奴也有大約一萬騎兵奔馳而來。恰巧太陽將落，颳起大風，沙石打在人們的臉上，兩軍都無法看見對方，漢軍又命左右兩翼急馳向前，包抄單于。單于看到漢朝軍隊很多，而且戰士和戰馬還很強大，若是交戰，對匈奴不利。因此，在傍晚時單于就乘著六頭騾子拉的車子，同大約幾百名壯健的騎兵，逕自衝開漢軍包圍圈，向西北奔馳而去。

這時，天已黃昏，暮色藹藹，漢朝軍隊和匈奴人相互扭打，死傷人數大致相同。漢軍左校尉捕到匈奴俘虜，說單于在天未黑時就已離去，於是漢軍派出輕騎兵連夜追擊，大將軍的軍隊也跟隨其後。匈奴的兵士四散奔逃。直到天快亮時，漢軍已行走二百餘里，未追到單于，俘獲和斬殺敵兵一萬九千餘人，到達了竇顏山趙信城，獲得匈奴積存的糧食以供軍隊食用。

漢軍留住一日而回，把城中剩餘的糧食全部燒掉才歸來。大軍直到回營時才遇到因為迷路失期沒來支援的李廣、趙食其部。慘烈的仗都打完了，在大漠中迷路的李廣部隊才終於出現，李廣延誤戰機，觸犯軍法，致李廣羞憤自刎身亡。

漠北之戰擊潰了匈奴在漠南的主力，逐漸向西北遷徙，十幾年內再無南下之力。而漢軍損失也很大，出征的十四萬馬匹僅三萬餘匹返回。漢軍士兵、馬匹損失十幾萬，兵器甲仗等物的水陸運輸費用還都沒有計算在內，於是傾盡庫藏錢和賦稅收入仍不足以供給戰士的費用。漢武帝設置武功爵，以籌集軍費。

漢武帝為表彰衛青、霍去病的戰功，特加封他們為大司馬，得以管理日常的軍事行政事務，以代太尉之職。

封邑萬戶

衛青受封長平侯，後又經兩次益封，按《史記》記載其所得封邑總共有一萬六千七百戶，《漢書》則有為二萬二百戶和三萬戶的不同記載。

元封五年（西元前一〇六年），衛青病逝，漢武帝為紀念他的彪炳戰功，在茂陵東北修建了一座陰山形狀的墓冢，起冢如盧山。諡號為「烈」，取《諡法》「以武立功，秉德尊業曰烈」之意。衛青死後，漢武帝因文武名臣欲盡（西漢另一戰神霍去病，年紀輕輕年僅二十三歲即比他舅舅衛青早過世）下求賢詔。

衛青墓的封土為二層台覆斗形，是茂陵陪葬重臣中最大的一座，墓底部東邊長一一三・五米，南長約九〇米，北長七二・六米，西長一〇七・二米，高約二五・五米，頂部南北一五、東西六米；高二五・五米；占地面積 八〇六四・五五平方米，體積九四四一二立方米。西北角凹進一部分，而西南角凸出一部分，遙望如一小山，南面坡陡，北面坡長緩，中腰有平台。

現存的這塊墓碑，是清朝時立的，立碑人名叫畢沅（續《資治通鑑》的作者），是當時的地方長官（碑上署名兵部侍郎陝西巡撫督察院副右都御史畢沅）。衛青墓碑上的字是「漢大將軍大司馬長平侯衛公青墓」十四個字。

秦時明月漢時關，萬里長征人未還。但使龍城飛將在，不教胡馬度陰山。

這是唐代詩人王昌齡做的一首邊塞詩。詩中的「龍城飛將」指的是何人呢？一種說法認為「龍城飛將」指的是李廣，其根據是：李廣素有飛將軍之稱，又長期駐守邊關。而另一種說法則認為「龍城飛將」指的是衛青，其根據是：衛青曾攻下匈奴聖地──龍城，而李廣沒到過龍城。

到底詩中的「龍城飛將」，指的是衛青還是李廣呢？

李廣，西漢名將，出身名將世家，經歷過三代皇帝。從漢文帝時期開始便在軍中任職，一直到漢武帝時期。李廣常在邊關與匈奴交戰，戰績非凡，被匈奴人稱為飛將軍，匈奴人每聞飛將軍名號便忌憚不已。李廣雖然有飛將軍的稱號，卻一直沒有大的戰功，李廣身邊同僚被封侯的不知凡幾，但李廣自己卻一生從未被封侯，最後更在西漢大元帥衛青北征匈奴的漠北大戰中，因大意迷路延誤西漢大軍集合（李廣最後迷路到找不到西漢大軍），在依軍法懲處之前羞憤絕望自殺，因此後世有「馮唐易老，李廣難封」的感嘆。

李廣之所以有飛將軍的稱號，其實跟其他善於打閃電戰的將領（最有名如霍去病）不同，其他將領在中國古代多數是實打實地帶領急行軍奇蹟式地翻山越嶺，或在大漠中突然在不可能出現的時間及角度方向，閃電般出現在敵人面前，奇襲式地攻擊敵方一個措手不及，迅速結束戰役。

李廣則是因勢利導地利用秦朝大將蒙恬當年所建造的長達七百餘里，直入匈奴腹地的秦直道攻擊匈奴。秦直道是世界公認人類史上第一條高速公路，為「世界公路之鼻祖」，最寬處六十米，相當於現代的十二個車道，最窄處二十米，翻山越嶺總長七百餘公里，是古中國堪稱與長城比肩的大型軍事工程，施工品質媲美現代高速公路。秦直道道路結構鋪好幾層，最上層的路面以青銅覆之，即便放在現代的今天，都足以視為施工品質最高級的公路，秦直道品質之佳，直到一千多年後的唐、宋都還深具快速運兵的軍事價值。

秦直道到了西漢時，已發揮著極其重要的軍事作用。正是有了這條秦直道，漢王朝的大軍才會像飛將軍一樣突然出現在匈奴騎兵面前，讓他們措手不及。兩千多年前的匈奴哪裡想像得到李廣帶領西漢大軍在絕不可能的行軍速度下（秦直道軍事價值甚高，可容納八駕馬車直驅行駛，暢通無阻，相傳從咸陽騎快馬抵達九原郡，僅需三天時間。）突然像天兵天將用飛的一般突然如鬼魅般地出現在匈奴軍方眼前？李廣因此獲得飛將軍的名號，著名的飛將軍李廣從秦直道進軍直逼北方匈奴，殺得敵人聞風喪膽。

但其實李廣靠的不是他的軍事奇才，而是前人秦朝大將蒙恬所建設的當時超現代的軍事交通要道秦直道，因此若這麼說起來，「飛將軍」的名號用在李廣身上就顯得有些稍嫌過譽了！

衛青，西漢名將，出身騎奴（漢武帝姐姐平陽公主家管馬的奴隸，日後因戰功成為漢朝大司馬後戲劇性地娶了平陽公主，變成漢武帝的大舅子，並與平陽公主相守一生），因其姐衛子夫得漢武帝寵愛，而被錄用。衛青的一生可謂傳奇，與匈奴作戰從未有敗績。首次對匈奴作戰便攻下了匈奴的聖地——龍城，在之後戰鬥中更是立下赫赫戰功。著名的漠北大戰中，直接擊潰匈奴的主力，此戰後匈奴對漢朝再無威脅，衛青也被封為大司馬——西漢最高軍銜。

但使龍城飛將在，不教胡馬度陰山。對於一個軍人來說，這是一種何等至高無上的榮耀啊?! 中國歷史上一生從無敗績的知名將領所在多有！要配得起、當得起這首詩裡所讚嘆的崇高地位，戰功既要做到「不教胡馬度陰山」，要一生征戰從不犯錯、從無敗績，時代背景要是符合「秦時明月漢時關」的，最後，還要符合「龍城」或「飛將」經歷的。放眼中國歷史，他不會是，也不應該是戰功平平，一生曾數次全軍覆沒乃至兵敗被俘的常敗將軍，最後還因作戰緊急期間卻糊塗迷路而羞憤自殺的李廣，飛將軍李廣是龍城飛將的說法純屬誤導。

最終答案不做第二人想，傳頌兩千年的「龍城飛將」就是西漢北伐大漠一戰擊破匈奴王庭、以一支千里穿越沙漠的孤立之師（衛青首征，漢武帝分派四路出擊，衛青是其中一支。衛青深入險境，直搗匈奴祭天聖地龍城，首虜七百人，取得勝利。另外三路，兩路失敗，一路無功而還。漢武帝看到只有衛青勝利凱旋，封衛青為關內侯。）擊潰匈奴單于直屬軍團追逐往北、兩漢四百年唯一能夠與韓信雙峰並峙的中華千古絕世名將、無雙國士、大臣典範的西漢戰神——大漢元帥衛青。

匈奴未滅，何以家為？

一代戰神

霍去病

世人十八安環堵，將軍十八身行伍。朝向魏闕辭天子，暮逐窮邊御強侮。
胡沙射馬銳箭鏃，胡月照人寒刀斧。匈奴殺戮為耕作，白登髑髏夜能語。
八百驍騎從天來，控弦十萬不足數。射鵰兒作將軍俘，昔何勇兮今如鼠。
猷馘分茅冠軍侯，再出隴西驃騎旅。橫截焉支收金人，匈奴閼氏色如土。
斷取祁連繫名王，匈奴六蓄足灶釜。明年更封狼居胥，羽檄無復動三輔。
英氣不與身俱沒，事去千年猶虎虎。君不見茂陵密邇將軍冢，石馬至今踏胡虜。

一首《將軍行》回顧了霍去病精彩絕倫卻又短暫的一生。霍去病十八歲就立下大功，成為將軍。其中提到他率八百人大破匈奴，勇冠三軍，拜冠軍侯；收復焉支山，封狼居胥；死後墓前石馬踏匈奴。

一戰成名收漢南

霍去病（西元前一四〇年～前一一七年）是西漢著名抗匈奴將領，是一位少年將軍。霍去病出生在一個傳奇性的家庭。他是平陽公主府的女奴衛少兒與平陽縣小吏霍仲孺的兒子，這位小吏不敢承認自己跟公主的女奴私通，於是霍去病只能以私生子的身份降世。雖說如此，他也身世顯赫，提拔他的舅舅是跟他齊名的抗匈奴名將衛青，舅媽是漢武帝的姐姐平陽公主，而他的小姨則是在位三十八年的千古賢后衛子夫。

霍去病與舅舅衛青並稱為大漢雙璧。霍去病善騎射，用兵靈活，注重方略，不拘古法，勇猛果斷，善於長途奔襲、快速突襲（現代軍事戰爭所經常應用的閃電戰）和大迂迴、大穿插作戰。

元朔六年（西元前一二三年），十七歲的霍去病被漢武帝任命為驃姚校尉（故霍去病又稱霍驃姚），隨衛青擊匈奴於漠南（今蒙古高原大沙漠以南），率輕勇騎八百直擊數百里外匈奴大軍，斬捕首虜過當，斬獲敵人二千零二十八人，其中包括相國、當戶的官員，同時也斬殺了單于的祖父輩籍若侯產（籍若侯乃封號，名產），並且俘虜了單于的叔父羅姑比，勇冠全軍，以一千六百戶受封冠軍侯。

正是此戰，霍去病一戰名。漢武帝親自賜予他「冠軍侯」。漢武帝對此戰十分滿意，要以府邸來賞賜他，他卻說出了一句豪氣沖天的話：「**匈奴未滅，何以家為?!**」如今，我們再讀這樣的話，這是何等的英雄氣慨！

大戰河西顯身手

元狩二年（西元前一二一年），漢武帝任命十九歲的霍去病為驃騎將軍。於春、夏兩次率兵出擊占據河西（今河西走廊及湟水流域）地區渾邪王、休屠王部，殲敵四萬餘人。俘虜匈奴王五人及王母、單于閼氏、王子、相國、將軍等一百二十多人，同年秋，奉命迎接率眾降漢的匈奴渾邪王，在部分降眾變亂的緊急關頭，率部馳入匈奴軍中，斬殺變亂者，穩定了局勢，渾邪王得以率四萬餘眾歸漢。從此，漢朝控制了河西地區，為打通了西域道路奠定基礎。匈奴為此悲歌：失我祁連山，使我六畜不蕃息；失我焉支山，使我嫁婦無顏色。

封狼居胥成戰神

元狩四年（西元前一一九年）春，漢武帝劉徹發起了史無前例的漢匈大戰「漠北戰爭」。漢武帝命衛青、霍去病（時年二二歲）各率騎兵五萬，步兵轉折踵軍數十萬分別出定襄和代郡，深入漠北，尋殲匈奴主力。霍去病率軍北進兩千多里，越過離侯山，渡過弓閭河，與匈奴左賢王部接戰，殲敵七萬人，俘虜匈奴屯頭王、韓王等三人及將軍、相國、當戶、都尉等八十三人，乘勝追殺至狼居胥山（今蒙古境內），在狼居胥山（今蒙古肯特山）舉行了祭天封禮，在姑衍山（今蒙古肯特山以北）舉行了祭地禪禮，兵鋒一直逼至瀚海（即今俄羅斯貝加爾湖）。

經此一戰，匈奴被漢軍在漠南蕩滌淨空，匈奴單于逃到漠北，從此「匈奴遠遁，而漠南無王庭」。他和衛青發起的對匈奴的進攻性戰爭，改變了漢朝長此在對匈奴戰爭中的守勢狀態，一舉打敗匈奴。從而長久地保障了西漢北方長城一帶，也就是在漠南地區的邊境安全，此戰為漢朝進擊匈奴最遠的一次，並從此改變漢匈之間的格局。

而霍去病封狼居胥的成就，是中華武將能夠獲得的最高榮譽之一，也是歷代武將的最高追求，霍去病從此被敬為中華千古一代戰神。

戰神歸位成永恆

元狩四年（西元前一一九年），漢武帝設置大司馬位，大將軍衛青、驃騎將軍霍去病皆加官為大司馬。同時下令，驃騎將軍秩祿（即俸祿）與大將軍相同。漢武帝於建元二年（西元前一三九年）罷太尉之位，直到設置大司馬位，以代替太尉之職，衛青和霍去病因為有了大司馬這一加官稱號，得以名正言順地管理日常的軍事行政事務。

但是，讓人遺憾痛心的是，在元狩六年（西元前一一七年），霍去病離奇逝世，年僅二十三周歲，他的死因，至今還是一個謎。霍去病死後漢武帝賜陪葬茂陵（未來漢武帝身後的陵寢），諡封景桓侯。取義「並武與廣地」，彰顯其克敵服遠、英勇作戰、擴充疆土之意。

漢武帝對霍去病的死非常悲傷。他調來鐵甲軍，列成陣沿長安一直排到茂陵東的霍去病墓。他還下令將霍去病的墳墓修成祁連山的模樣，用以彰顯他力克匈奴所立下的軍功。

褚少孫在《史記》卷二十建元以來侯者年表第八中補記：光（霍去病弟弟霍光）未死時上書曰：臣兄驃騎將軍去病從軍有功，病死，賜諡景桓侯，絕無後，臣光願以所封東武陽邑三千五百戶分與山。這是歷代史書中對霍去病死因的唯一記載。也有說是在漠北之戰中匈奴人將病死的牛羊等牲口埋在水源中祭祀詛咒漢軍，因此水源區產生了瘟疫。而霍去病在此處飲食了帶有病菌的水，而後病倒。但也有一些專業人士提出，霍去病死於漠北之戰兩年後，不符合瘟疫的發病時間。當然兩千年前的醫療水平有限，數次領兵出征的勞累，長時間處於艱苦的環境，也足以對霍去病的身體造成不可治癒的傷病。

關於霍去病的死，歷史上也有另一種看法，我們可以看看霍去病死前經歷了什麼事？他因功受賞，與舅舅衛青同為漢朝的大司馬，共掌全國兵馬。又因飛將軍李廣（唐朝王昌齡《出塞》：秦時明月漢時關，萬里長征人未還。但使龍城飛將在，不教胡馬度陰山。）之子李敢擊傷衛青（李敢認為其父李廣自殺，是衛青所迫），西漢刺殺全軍最高統帥是滅族死罪，但衛青卻原諒放過李敢，把這件事給壓了下來，但霍去病忍不下這口氣，一怒之下替舅舅衛青報復，在甘泉宮的射獵中射殺了李敢。

李敢可是多次與霍去病出生入死的將軍，甘泉宮為漢武帝僅次於未央宮的重要活動場所，它不只是作為統治階級的避暑勝地，還是許多重大政治活動的場所。對於此事最害怕的當是漢武帝，霍去病為了衛青，可以在朝廷重地射殺生死同袍，還是封侯的朝廷將軍，可見霍去病有多心狠手辣、不知分寸、恃寵而驕、膽大包天，說他是驕兵悍將也不為過。

當時以當今皇后衛子夫為首的衛氏外戚家族一門勢力龐大、富貴榮寵天下無雙（不過衛子夫被譽為一代賢后衛子夫，衛氏衛青與霍去病兩代為漢朝屢屢立下不世戰功，世人對衛氏家族其實也多表認同褒揚），甥舅兩人又同為大司馬，擁有兵權，萬一想做些什麼，恐怕漢武帝也把控不住。

漢武帝疑心病很重，當時匈奴的威脅基本解除，邊關已經平定了，武將的作用已經遠不如戰時。所以衛青和霍去病必須死一個，而無論從性情上，還是年齡上，老成持重的衛青可以活，尤其衛青還是漢武帝的親姐夫。所以算來算去跋扈桀驁的霍去病必須死，因此他死得很突然，正史的記載也很模糊。

附註：霍去病的名字是漢武帝賜的嗎？

霍去病的名字聽起來很特別，「去病」兩個字有講究。漢武帝時，霍去病的母親衛少兒是衛青和衛子夫的姐姐，衛子夫得漢武帝的寵愛，當了皇后，衛青後來也成為大將軍。這樣，皇后衛子夫跟大將軍衛青是霍去病的小姨跟舅舅。因而，衛少兒就能夠經常出入武帝的皇宮。相傳霍去病生下不久，還沒有來得及起名字，母親抱著他去深宮探望妹妹衛子夫。這時，漢武帝正臥病在床。走進皇宮，異常肅穆，人們說話都小聲小氣，走路也躡手躡腳的，唯恐驚擾了皇帝。衛少兒抱著孩子，輕輕地拍著，只怕他哭鬧起來，驚動聖上，但走著走著不知怎地，孩子突然「哇」的一聲大哭起來。

漢武帝在昏昏迷迷之間猛然聽見嬰兒的哭聲，驚得出了一身冷汗，頓時覺得身體輕鬆舒暢起來。他一高興，忙問：「那是何人抱著孩子？」衛少兒一聽，嚇得渾身打顫，一步也不敢挪動了，站在那兒等候皇上降罪。漢武帝見是衛少兒，便賜她坐下，還叫她把懷裡的孩子抱過去，武帝接過孩子，龍顏大悅，他百般逗弄。說也奇怪，這孩子到了武帝懷裡，眉開眼笑，逗得武帝很是高興，便問衛少兒：「孩子可曾取名？」衛少兒說：「還沒有起下名字。」武帝笑了笑說：「寡人近幾天來身體欠安，這孩子幾聲大哭，驚得我一身冷汗，病便霍然去除，朕賜名予這孩子叫「去病」怎樣？」衛少兒一聽連忙叩頭謝恩。

從此，衛少兒的這個孩子就取名霍去病。

大漢強將奔襲三千里平定匈奴

明犯強漢者　雖遠必誅

陳湯

漢朝從漢高祖劉邦即位以來，可以說是生命不息戰爭不止，到漢元帝時期已經基本上沒什麼仗要打了，那些曾經馳騁疆場熠熠生輝的大軍事家如衛青、霍去病等的輝煌事蹟已經漸漸遠去。儒家學說在漢元帝時期大放光彩，減刑寬政、不與民爭利等寬鬆政策開始實行，此時內無叛亂、外無邊患，百姓安居樂業。

西元前四九年，就在這一片祥和的氣氛中，一個不和諧的消息讓大漢王朝的內部議論紛紛：朝廷派到西域護送匈奴質子駒於利的衛司馬（即衛尉手下司馬）谷吉等人完成任務後，竟然被質子的父親郅支單于給殺了！郅支單于的過河拆橋是有原因的。

漢宣帝晚期，西元前六〇年，匈奴爆發了「五單于相攻」，冒頓單于的後代子孫們為了搶地盤爆發了內亂，打得不可開交。六年後，匈奴的兩支主力部隊呼韓邪單于和郅支單于兩敗俱傷。雙方為了打贏這場仗，同時想到了借用漢朝的力量，呼韓邪單于和郅支單于先後向漢朝遣使朝獻，甚至把自己的兒子送到漢朝作為人質。

漢朝對於這兩個同時拋出橄欖枝的匈奴單于均採取了「待之優厚」，被郅支單于打敗的呼韓邪求援心切，先後兩次隻身入漢朝見，漢庭對他不但賞賜頗豐，而且還派兵送他回匈奴，並幫助他討伐不服者。歷史上稱之為「南匈奴附漢」。南匈奴呼韓邪單于降漢，北匈奴郅支單于便西遷西域，到烏孫國的時候，郅支單于想與其結盟，但是烏孫早已親漢，不答應，雙方大打出手。由於此時烏孫內部也在鬧內亂，最後被郅支單于打敗。

至此，匈奴的「南北朝」變成了「東西朝」。東匈奴呼韓邪部在五原郡外光祿塞下定居，西匈奴郅支部則成了漠西強權，經常騷擾西域各小國。漢朝也不是不知道郅支單于的囂張，但是因為隔得遠，而且郅支單于本身是厲害角色，因此漢朝對待他的態度是能忍就忍。這樣一來就給郅支單于造成了一種錯覺，認為漢朝沒有人敢對他下手，於是郅支單于連敗烏孫，進而揮師向北，將西伯利亞一帶的烏揭（今阿爾泰山脈以西）、堅昆、丁零等三國接連迫降、吞滅，並在堅昆設立了新的單于庭。這樣一來，原本在堅昆以西七千里外的漠北傳統單于庭便逐漸荒廢。

由於呼韓邪單于親漢，有漢朝相挺，郅支單于統一匈奴的夢想破碎，他把這筆帳算在了漢朝的頭上。西元前四五年，郅支單于遣使來長安進貢，順便接回十年前送來當人質的兒子，並表示要歸附漢朝，當然這是假的。

漢元帝收到消息後與群臣商議，決定派遣衛司馬（即衛尉手下司馬）谷吉為使臣，把郅支的兒子送回國。谷吉順利完成任務，本以為藉此機會能與郅支單于交好，誰知道此時郅支認為，漢朝支持呼韓邪跟自己作對，還送了他那麼多東西，卻對自己這麼小氣，自己兒子在漢朝待了十年怎麼的也得送份大禮過來，可是你們卻只送了這麼點東西，這簡直實是侮辱自己！於是不由分說就把谷吉砍了！

殺了谷吉之後，郅支想了想開始後悔，當年漢匈關係最惡劣的時候也沒有過斬殺使者的前例，而當年大宛曾經殺了漢朝使者，最後即便隔著萬里之遙也遭到了滅頂之災，越想越後怕，就一路向西逃跑了。

郅支跑到康居這個地方（位於今中亞哈薩克斯坦與烏茲別克斯坦一帶，巴爾喀什湖和鹹海之間，為半耕半牧民族），康居是中亞僅次於安息（今伊朗）與大月氏（今阿富汗）的強國。康居王由於想藉助郅支的力量征服烏孫，於是熱烈迎接了郅支，並且把女兒許配給他做妻子。郅支果非等閒之輩，帶著康居王的士兵把烏孫打得退出了幾千里。

可是康居王還沒來得及高興，郅支就露出了邪惡的一面，殺死了康居王和他的女兒、家人等數百人，並強迫康居的百姓在都賴水（今怛邏斯河，在哈薩克斯坦境內）畔興建了一座郅支城（今江布爾，在哈薩克斯坦南部），作為自己進一步擴張勢力的基地。同時他還要求闔蘇、大宛等國給他進貢，這幾個小國不敢反抗。

另一邊，漢朝見谷吉等人去了好幾年都沒回來，心想一定是出事了，這時又有消息傳來說是東匈奴殺了谷吉，於是漢朝就派使臣去問呼韓邪，後來才發現這是一場誤會，雙方重歸於好。因為郅支單于此時已經遠離漠北，呼韓邪跟漢使商量，說自己想回老家去重建家園。漢使者爽快答應，與呼韓邪歃血為盟，約定世世代代和平共處。呼韓邪回到漠北王庭後，開始慢慢恢復元氣。

漢朝使者後來查清原來是郅支殺了使者，於是問題來了：打還是不打？大多數大臣認為還是保守一些好，不能打，康居離長安太遠了，相隔三千里，而且眼下也沒有衛青、霍去病那樣的絕世名將，萬一輸了豈不是更丟臉？這時，時任為郎的陳湯出來表態：一定要打，不然過兩年郅支實力強大了豈不是要變成漢朝西方的心頭大患？然而會議還沒討論出結果來，就發生了一系列天災事件，而且西羌又趁機起鬨。在條件有限的情況下，漢政府只有再次使出外交手段，三年內派出了好幾撥使者去跟郅支協商。後因郅支態度驕橫，漢元帝終於決定開戰。

西元前三六年，西域都護韓宣退休回國，當時的大司馬、車騎將軍許嘉（許廣漢之侄，元帝之舅）向漢元帝推薦了原遼東太守甘延壽接替西域都護之職，同時讓多次請求外派的郎官陳湯做他的副手（副校尉），隨同前往。陳湯與甘延壽來到西域邊關，都護府首長甘延壽的建議是守株待兔，不要主動出擊。但是陳湯不同意他的意見，提倡主動出擊，他認為：敵人就擺在那裡，你不去消滅他，他早晚要來，守是守不住的，最好的防守是進攻。統帥甘延壽還是猶豫不決，由於壓力太大不久生了一場病。陳湯於是自作主張，趁甘延壽生病不能開會，來了一招假傳聖旨號令，調發漢屯田兵及西域諸國軍共四萬餘開始西征。

無奈之下，甘延壽也只好任憑陳湯調遣了，隨軍出征。此次漢軍共分為六個編隊，兵分兩路。甘延壽率三個編隊由北道，向赤谷城進軍（今吉爾吉斯斯坦伊什提克），陳湯率三個編隊出南道，翻越帕米爾地區，向郅支城進軍。

陳湯沿路捕獲康居副王的親屬及一些貴族，他們答應做嚮導，並將郅支的情況做了大致介紹。而後大軍便直抵郅支城都賴水邊，在距城三里遠的地方安營佈陣。只見城頭上彩旗飄展，數百名披甲兵士登高守備，有的向漢軍招手挑逗，甘延壽與陳湯觀察之後便令軍士四面包圍其城，以箭殺傷守城兵士，於是展開了一場對射。

郅支單于得到漢軍進攻的消息時，先打算逃跑，他害怕康居人對他懷恨在心，有做漢軍內應的人。可是又聽說烏孫等國也發兵參戰，頓時感到一陣絕望。帶了一些人走出去又返回來，說：「不如堅守這裡，漢兵遠道而來，肯定不會停留太久。」漢兵猛烈攻城時，郅支單于身穿甲衣帶領他的妻妾數十人一齊登上城樓，一齊拉弓射箭，射殺不少漢兵，其中一箭甚至差點射中正在城下指揮作戰的陳湯。

陳湯頓時大怒，下令所有強弩全部朝郅支單于射去，擒賊先擒王，射中者重重有賞。聽到這個命令，士兵們頓時一頓亂箭射死了郅支的幾個妻妾，又射中了郅支的鼻子，郅支顧不得指揮立刻回頭躲藏包紮。

第二天，陳湯命令將士四面齊用火攻，又擊鼓助威，漢軍冒著煙火突破外圍的木柵，並且趁機衝進土城。郅支單于身邊只有男女數百人及一些吏士，毫無抵禦能力。漢兵勇猛擊殺，將郅支刺死。軍侯杜勛割下郅支單于的首級，又從獄中解救出兩名漢朝的使者，誅殺了郅支單于的妻妾、太子以及得封的王公等共一千五百一十八人，生擒官吏一百四十五人，另外俘虜敵兵一千餘人。陳湯將這些戰利品，包括戰俘都交給了參與打擊郅支的小國軍隊。

在郅支之戰中，漢軍雖然是攻城方，但傷亡比例比匈奴小得多，陳湯認為：漢兵可「以一當五」：一個漢兵的戰鬥力相當於五個匈奴兵。

通過這場大捷，漢軍徹底殲滅了反漢的匈奴郅支部落，一舉確立了漢朝在西域的宗主國地位。接下來就是報告好消息，陳湯和甘延壽很開心地等著封賞，但是賞沒等來，還差點被抓進死牢。因為陳湯係假傳聖旨，這是死罪。眼看要遭遇殺身之禍，陳湯趕緊跟甘延壽商量上書漢元帝：「郅支單于慘毒行於民，大惡逼於天。臣延壽、臣湯將義兵，行天誅，賴陛下神靈，陰陽並應、陷陣克敵，斬郅支首及名王以下。宜懸頭槁於蠻夷邸間，以示萬里，明犯強漢者，雖遠必誅！」。

其實最主要是打了大勝仗，漢元帝也就沒有太過計較。而在這次的上書中，陳湯留下了一句流傳千古的名言：「**明犯強漢者，雖遠必誅！**」意思是說，敢於侵犯強大漢帝國的人，即使再遠，我們也一定會誅殺他們！

時至今日，當年陳湯留下的千古名言逐漸演化成了：「**犯我中華者，雖遠必誅！**」當今中華兒女每每聽到這一句話，莫不熱血沸騰！

漢元帝雖然性格溫和軟弱，但他並不是昏君，因此宣布赦免陳湯矯詔之罪，封關內侯。後來，陳湯逝世，又被追封為「破胡壯侯」。

陳湯令匈奴分裂勢力一蹶不振，原來就歸降的呼韓邪單于更加臣服，表示願守北藩，累世稱臣，大漢朝與匈奴打了一百多年的戰爭由陳湯畫上了一個圓滿的句號。而後，在漢朝的幫助下，呼韓邪單于重新統一了匈奴，接著呼韓邪單于誠惶誠恐地做了兩件事：一是對漢稱臣，二是迎娶漢女王昭君，恢復了舊日的漢匈間的和親關係，並將昭君奉為皇后（寧胡閼氏）。之後，漢匈之間六十年無戰事，和平時代到來。

從一介書生到平定西域大小五十餘國

實現萬里封侯夙願的定遠侯

班超

中國經營西域諸國始於西漢武帝時，漢武帝為了實現自己的大帝國夢，窮其一生打敗了強悍的匈奴軍隊。其間，漢武帝派出以著名外交家張騫為主的一百多人出使西域，經過張騫的多年的努力，中國和西域成功的開通了著名的絲綢之路。隨著西漢王朝的沒落，到劉秀建立東漢王朝時，這條絲綢之路已經不通多年。東漢王朝的中興，使重新開通絲綢之路的偉大使命落到了出身史學世家的班超身上。這就有了班超萬里投筆從戎的動人故事，是書香之家走出的班超投筆從戎、以自己的膽識與才智威震西域，重新修復並確保了這條中西大動脈的暢通。

投筆從戎，立志報國

班超，字仲升，陝西扶風人。班超出生在一個書香門第，他的父親班彪曾任縣令，後專門修史，是東漢著名的大文豪、史學家；他的哥哥班固繼承父業，編寫了《漢書》，這是中國歷史上的第一部斷代史；他的妹妹班昭是中國歷史上著名的才女及史學家，在班固死後，班昭繼承班固事業，完成了《漢書》。在這種氛圍中，班超博覽群書，思維敏捷，擅長雄辯。

西元六二年，漢明帝任命班固為校書郎（校刊書籍的低級官員），遷入京城洛陽，繼續完成他父親所進行的編寫史書工作，班超和母親也一起到了洛陽。班超暫時沒有什麼職業，光靠班固一個人的俸祿又不足以維持全家的生計，於是就跟著哥哥幫官府做些文書抄寫和資料整理工作貼補家用。然而，素懷大志的班超不甘於碌碌的工作，他聽到匈奴不斷地侵擾邊疆，掠奪居民和牲口，班超在一次抄書後，狠狠的把手中的筆擲掉，大聲喊出自己的心聲：「大丈夫當效傳介子、張騫那樣萬里覓封侯，豈能天天守著筆墨呢?!」

西元七三年，大將軍竇固出兵攻打匈奴。為了實現自己報國的志向，班超到他手下擔任了代理司馬（參謀），雖然是個很小的官，但卻是班超文墨生涯轉向軍旅生涯的第一步。

出使西域，威震各國

班超一到軍中，就顯示出了與眾不同的才能。西元七三年（明帝永平十六年），明帝派國舅奉車都尉竇固等人統帥四路大軍攻打北匈奴，身為代理司馬的班超參加了這次戰鬥。由於班超作戰勇猛，他統帥的一支偏師成功的攻下了位於絲綢之路咽喉要道的伊吾城，斬首甚多而深受竇固的賞識。竇固為了更好地抵抗匈奴，想採用漢武帝時的辦法，派人聯絡西域各國來共同對付匈奴。因為班超的才幹，他被派為使者前往西域。

竇固於是派班超帶著郭恂等三十六人去經營西域諸國，以達到孤立北匈奴重建絲綢之路的戰略目標。由於漢軍新敗北匈奴，班超等三十六人經過長途跋涉來到西域鄯善國（今新疆若羌），受到依附北匈奴的國王的熱情招待。開始的時候鄯善王對他們很周到熱情，可是過了幾天就變得冷淡怠慢了，班超察覺後，就對隨行人員說：「一定是匈奴派來了使者，鄯善王猶豫不決，不知所從才會這樣。」

為了證實這一判斷，班超把服侍他們的鄯善侍者召來，佯裝問道：「匈奴使者來了好幾天了，今天還在麼？」侍者一聽，以為班超他們都知道了，便把一切都說了。為了不走漏風聲，班超派人把鄯善侍者先軟禁起來，決定突襲匈奴使者。

為了協調好內部，他把手下全部三十六名隨員召集起來，擺酒聚飲，等大家喝得差不多的時候，故意用激將的語氣告知眾人情況危急，說鄯善王有傾向匈奴之意，一旦投降匈奴，勢必殺掉漢使，我們現在只有先下手為強，進攻匈奴人的住處，殺掉匈奴使者，到那時鄯善王肯定被我們的威勢所攝，我們就大功告成了。大家表示贊同，都說應該殺掉匈奴人，揚我大漢朝的威風。

於是班超率領這三十六人，趁著夜色奔赴匈奴使者的營地。其時，正趕上大風，班超命令十人躲藏在匈奴使者住房的後面，並約定，看到火起就鳴鼓大喊。其餘的人攜帶弓箭埋伏在住處大門兩側。這時差不多已到了後半夜，匈奴眾人好夢方酣，忽然聽到前後鼓聲、喊殺聲響成一片，又見火光沖天，個個驚慌失措，亂成一團。班超手刃三人，其餘眾人殺了三十多人，這一戰匈奴被燒死上百人，匈奴使者團全軍覆沒，漢使無一傷亡。

事後，班超提著匈奴使者首領的人頭來見鄯善王，鄯善王震驚不已，終於下定決心歸附東漢王朝，並將自己的愛子送質於漢。竇固聞訊，立即把這個好消息上報了朝庭。漢明帝大喜，封班超為司馬，並任命班超為漢使，使之再次出使西域。竇固想給班超多配些人馬，但班超覺得三十六人足夠了。因為西域諸國人口不多，士兵也少，班超這三十六位勇士足夠應付他們了。

這次他仍帶了原班人馬來到于闐（今新疆和闐）。于闐是西域南道的一個強國，此時于闐又新滅莎車國，國力正盛。于闐和匈奴關係不錯，匈奴還派使臣監護于闐國。因此，于闐王對班超一行的到來態度頗為冷淡。當時于闐國迷信巫師，而于闐的巫師更不把班超等人放在眼裡。他甚至要求國王和漢朝絕交，並想殺掉漢使的黑馬祭祀天神。班超決定將計就計，他答應巫師自己可以獻馬，但此馬必須巫師親自來取。當巫師到時，班超手起刀落，砍下了巫師的人頭來見國王。國王見通神的巫師這麼輕易的死在班超刀下，且對班超火燒匈奴使團的事早有耳聞，對班超深感畏服，急忙殺死匈奴的監護使者，立即向漢庭表示歸附。班超重賞了國王及其重臣，不僅鎮服了于闐國，同時也促使南道眾小國紛紛依附漢朝。

至此漢朝又重置了西域都護和戊、己二校尉，絲綢之路重新開通。班超出使西域第三年，即西元七五年，漢章帝即位，恰逢國內天災，決定放棄西域。又顧及班超孤懸域外，兵單力薄，便下詔要班超回京。這一消息在西域南道各國引起了很大的驚亂，他們深恐班超一去，匈奴會殘酷的報復。

在班超啟程那天，疏勒都尉黎煙說：「漢使拋棄我們，我們必定再被龜茲所滅，實在不忍見漢使離去。」說罷自刎而死。到了于闐時，王侯以下的官吏都哭著說：「漢使就像我們的父母，千萬不能走啊！」並抱著班超馬的腳，寸步不能走。班超很是感動，決定不計個人安危留在西域。此時，疏勒的兩個城在班超走後已經降了龜茲，班超迅速平定了反叛，穩定了局勢。

在班超的諫阻下，章帝決定不再放棄西域。章帝在班超率西域聯軍大破姑墨城後，又給班超派去了一千八百人的生力軍。此後，班超先後降服了南道、北道諸部，經過班超三年的艱苦卓絕的奮鬥，西域大小五十餘國全部歸附了漢朝。通往中亞、西亞、歐洲的「絲綢之路」重新暢通無阻。西元九一年，漢和帝時，為表彰他的特殊功績，六十三歲的班超被漢和帝封為定遠侯，食邑千戶，實現了他早年萬里封侯的夙願。

西元一〇〇年，班超已是六十九歲高齡了，班超已由年富力強的壯年變成了古稀之年的垂垂老者，他的身體也每況愈下。他思念故土，上書請求東歸洛陽，他妹妹班昭也寫了一篇文情並茂的文章為自己的兄長陳情，朝廷感念班超的功績，同意他回朝。班超兩年後回到洛陽，被拜為射聲校尉（僅次於將軍，由有戰功之人擔任），不久得病，漢和帝派人專程問候，並賜醫藥。但是，由於積勞成疾，他卻再也無力享受這份遲來的榮耀了，一個月後，班超病逝，享年七十一歲。

班超一生以出使西域為志向，以為國建功為榮耀。對西域各部，始終以誠相待，敢作敢為，這種高尚的人格魅力，使他能在艱險中團結部屬，取得勝利。不僅鞏固了漢朝對西域的統治，保護了西域各族人們的安全，並促進了各民族間的融合和團結。班超不僅是一位偉大的軍事家及外交家，更是一位為西域回歸、民族融合做出巨大貢獻而享譽史冊的了不起的人物。

他擊破匈奴無意間改寫世界歷史
結局卻很悽慘

竇憲

在古代中國，北方遊牧民族對中原王朝的騷擾侵略一直是揮之不去的陰影。中國的世界八大奇蹟：萬里長城，也是為了防禦北方匈奴的侵擾而築成。中國歷史上，曾出現過好幾位彪炳史冊的抗匈名將，如：李牧、蒙恬、李廣、衛青、霍去病、陳湯。

陳湯的「明犯強漢者，雖遠必誅」，霍去病的「匈奴未滅，何以為家」，李廣「但使龍城飛將在，不教胡馬度陰山」的飛將軍美名，還有衛青、李牧、蒙恬的威名大家都很熟悉。然而在中國歷史上，有一個人在抗擊匈奴的功績方面，並不遜色於上面幾位名將，甚至在前面幾位前輩將領的功績基礎上，在他手上徹底將匈奴滅國。但他的名氣卻遠沒有衛青等人出名，歷史上對他的評價甚至褒貶不一，他就是東漢的竇憲。

中國歷朝之中，外戚最得勢，地位最顯赫的當屬漢朝，外戚之中既有如衛青、霍去病這般名垂千古的名將，也有如霍光這樣獨攬朝政的權臣。而東漢外戚竇憲，他堪稱衛青和霍光的結合版，他不僅驅兵滅了北匈奴，還在權傾朝野時打算篡位，最後，「得意忘形、自我膨脹」的個性使他的所有尊榮瞬間化為烏有，連帶他為華夏中國，甚至整個世界歷史的重大影響都顯得黯淡無光，被後世刻意漠視淡化。

竇憲的家族，在東漢頗為顯赫，他的曾祖父，是劉秀開國功臣之一的竇融，官位做到大司徒。但他的父親和祖父都因罪被殺，竇憲很小就成了孤兒，妹妹竇氏還被迫進宮當了宮女，此為他人生一劫。因為缺少管教，竇憲成了一個不學無術的混混，為所欲為、性情急躁、放蕩不羈。後來，竇憲的妹妹成了漢章帝的皇后，竇憲也就順理成章成了國舅爺，他的人生從此發生了改變。

不過竇氏家族有一點像西漢漢武帝時期的衛氏家族（皇后衛子夫、大將軍衛青、霍去病，但歷史評價跟層次還是有相當的落差就是了），一個宮女被皇帝看中最後當上皇后，這機率雖低，但竇氏卻做到了。西元七七年，漢章帝立竇氏為皇后，國舅爺竇憲藉此一路高升，做到虎賁中郎將，竇憲開始囂張起來，甚至他還看上長公主的田園，企圖強買，後來此事被漢章帝知道，非常生氣。罷了竇憲的官，此後，竇憲在章帝在位時再未被啟用，此為他人生二劫。

後來，漢章帝三十一歲駕崩，十歲的小皇帝漢和帝即位，竇皇后變成了竇太后，臨朝聽政。這下，包括竇憲在內的竇氏家族雞犬升天，勢力急劇膨脹。一向天馬行空的竇憲這時更加有恃無恐、恣意妄為。竇太后年輕守寡，看上了身材高大的齊王的兒子都鄉侯劉暢，並讓劉暢成了她的情夫。

竇憲擔心劉暢在太后那裡得寵後會影響自己的權力，於是就派刺客刺殺了劉暢，還嫁禍給蔡倫（中國歷史上紙的發明人）與劉暢的弟弟。劉暢兄弟可是東漢開國皇帝劉秀的曾侄孫，是漢室宗親，此事在當時造成了非常大的影響。竇太后徹查後知道是自己的哥哥竇憲殺死了自己情夫，非常憤怒，就下令把竇憲抓起來揚言要殺了他，此為他人生三劫。

在竇憲性命攸關的時刻，歷史給了他一個求生的機會。時年，親漢的南匈奴請漢朝出兵攻打北匈奴。竇憲抓住這個時機，懇求戴罪立功，出兵北伐。畢竟是自己的親哥哥，竇太后力排眾議，批准了竇憲的請求，給了他一條生路。

衛青、李廣、霍去病等抗匈名將都是標準的軍人，而這位竇憲原本卻是名混世魔王，此時被封為車騎將軍，帶領八千漢騎兵和三萬邊疆少數民族軍隊出征匈奴。竇憲打仗也和衛青他們不同，和虎豹捕食差不多，悄悄地偵查敵情，慢慢靠近，時機成熟，一躍而起，將敵人一舉擊潰。稽落山一戰，竇憲只出動了一萬多騎兵，殲滅北匈奴一萬三千人，繳獲馬、牛、羊、駱駝等牲口百餘萬頭，北匈奴八十一部二十餘萬人投降。竇憲仿效霍去病，登上燕然山（今蒙古杭愛山），刻石頌功，班固還專門作了銘文，史稱「燕然勒石」。頗有些霍去病「封狼居胥」的味道。此時的竇憲也就三十出頭的年紀，何等的意氣風發！回去之後，就被封為大將軍。

後來，竇憲又帶兵向北匈奴發動金微山（今阿爾泰山）戰役，大獲全勝，殺、俘敵數萬人，並俘虜了北單于皇后。北匈奴單于逃走，《後漢書》記載「不知所在」，即不知北匈奴的去向，實際上是北單于率領殘軍一路向西，最終躲到歐洲地界，中國境內北匈奴滅亡，從此中國歷史上再無匈奴滋擾。竇憲驅逐北匈奴西遷造成人類史上的大宗蝴蝶效應，從此造成歐洲版圖翻天覆地的變化。至此，威脅中原數百年的匈奴徹底被滅國。

此時，竇氏家族在朝中勢力越來越大，竇太后臨朝稱制，竇憲是大將軍執掌軍隊，弟弟竇篤是衛尉，竇景是執金吾，竇環是侍中，朝廷各部門幾乎都有竇氏的親信，很多地方官也都和竇氏有牽連，兩個尚書僕射觸犯了竇氏被迫自殺。竇憲打起仗來是好手，和平時期就是搗亂分子一個，他以對待士兵的態度對待手下，結果他的賓客們「依倚形勢，侵陵小人，強奪財貨，篡取罪人，妻略婦女，商賈閉塞，如避寇讎。」

後來竇憲的女婿郭舉與竇太后私通，又結交了很多人，圖謀篡位殺害漢和帝。漢和帝和中常侍鄭眾策劃反制，在接見竇憲等人的時候，把竇憲的手下一舉抓獲，軟禁了竇太后，竇憲、竇篤、竇景被迫自殺，只有謹言慎行的竇環倖免於難。最終，漢和帝沒收竇憲大將軍印綬，改封為冠軍侯（漢朝歷史上霍去病也曾被封冠軍侯，兩個冠軍侯功績相當，但結局榮辱卻差距甚大），賜死竇憲，逼竇憲自殺身亡，竇憲從此再無東山再起的機會，此為他人生四劫。

至於北匈奴，西遷之後成了一道懲罰西方人的「上帝之鞭」。後來在歐洲引發了多米諾骨牌效應，他們向西擊敗哥特人，哥特人向西歸降羅馬帝國，此後哥特人判亂，羅馬皇帝在親征哥特時戰死，再加上日耳曼人的攻擊（也與哥特人西遷有關），羅馬帝國陷入混亂，最終分裂。作為東西方並存卻又完全隔絕的兩個大帝國：大漢和羅馬，大概從這個事件上能夠在一定程度上比較出二者之間戰力的高低。

匈奴人打不過竇憲，但打歐亞各民族綽綽有餘，在匈奴人的驅趕下，歐亞各民族幾乎全部西遷，從中亞到東歐，從東歐到中歐，從中歐到西歐，盎格魯薩克遜人遷到了英倫三島，汪達爾人（古代東日耳曼人）遷到了北非，西方世界被攪得天翻地覆，歐洲的種族版圖因為竇憲在東方引發的蝴蝶效應整個結構重組。而北匈奴最終在歐洲安定下來，一部份成為今天的匈牙利。還有些與歐洲混居，廣泛分佈在東歐地區。當然，經過兩千年的混血，如今他們的蒙古人種特徵已經不是很明顯了。

而另一方面，北匈奴的離去，為東胡的鮮卑族入主北方草原提供了可能，也為南匈奴等胡族湧入漢朝境內提供了機會，為日後的「五胡之亂」埋下了幽微而深遠的一筆，這是中國歷史上因為竇憲所引發的另一個蝴蝶效應。

提起抗擊匈奴的英雄，人們只知道衛青、霍去病等幾人，卻對竇憲知之甚少。事實上，正是竇憲徹底擊敗了匈奴，奠定了中國北部疆域的基本格局，對中國歷史乃至世界歷史都產生了深遠影響。匈奴被竇憲擊敗後，殘餘人馬逃亡西部，成了歐洲人的惡夢，強大的羅馬帝國因此分崩離析，歐洲歷史因此改寫。

竇憲的功績和對中國的貢獻，遠比衛青、霍去病大。如果沒有竇憲，中國的版圖可能就不是現在這個樣子，世界的格局也可能不是現在這個樣子。然而由於他自身的惡行，後世在寫歷史時都有意抹殺和迴避了他的歷史貢獻，造成了他相比其他抗匈名將默默無聞。

當然，還有另一個原因：中國兩千多年的封建朝代與文化，凡有謀逆之心的紀錄者，即使功績再大，都不會被當朝控制的史官所喜，貶抑或甚至刻意的忽略及抹滅真是再平常不過了！即便功績大如竇憲者，也逃不過這樣的歷史宿命！

第五篇　三國名將

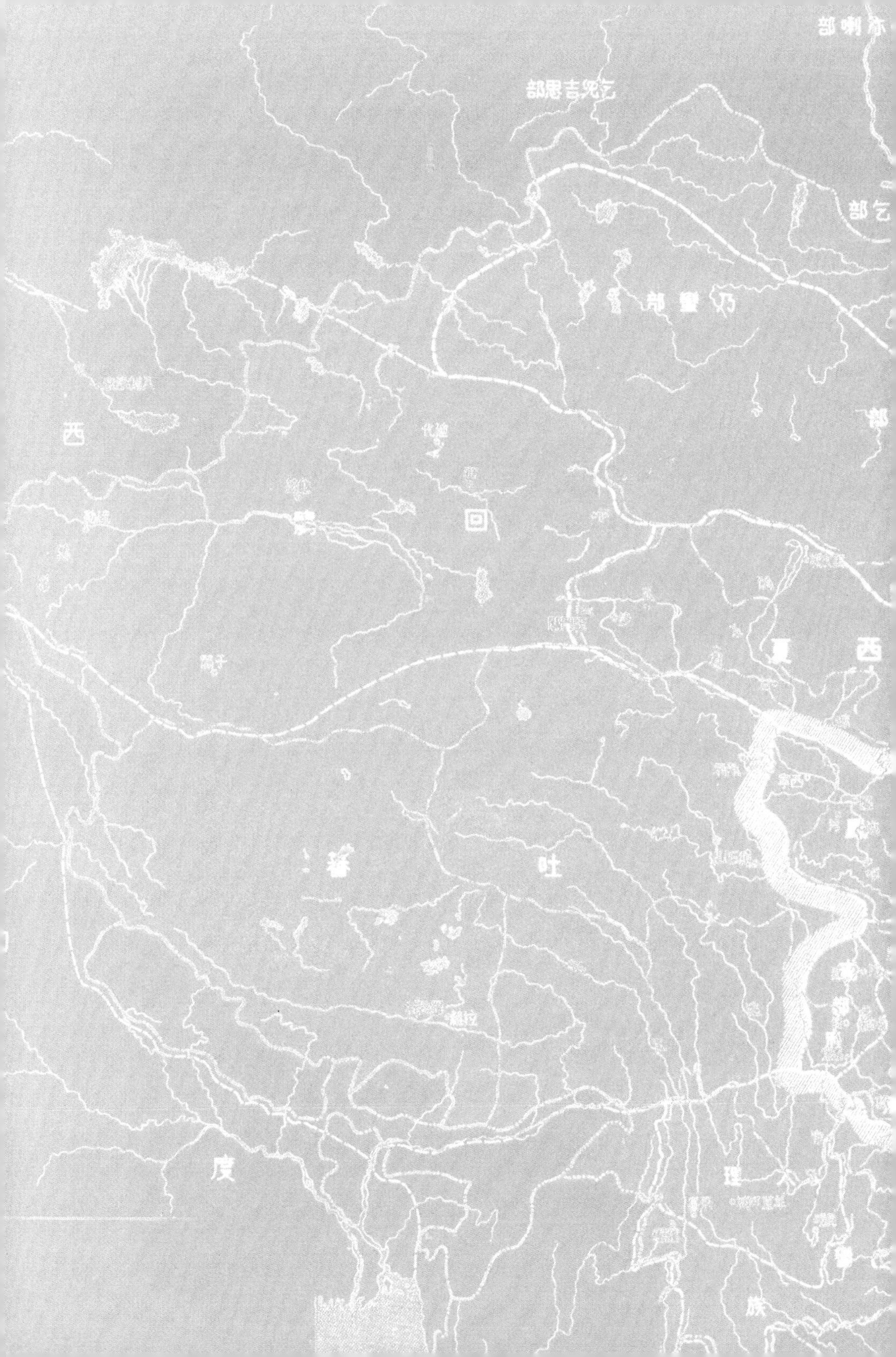

乃蠻部
西
回鶻
西夏
吐蕃
度
理

武聖關公

關羽

關羽（西元一六〇年～二二〇年），本字長生，後改字雲長，河東郡解縣（今山西運城）人，東漢末年三國名將，早期跟隨劉備輾轉各地，曾被曹操生擒，於白馬坡斬殺袁紹大將顏良，與張飛一同被稱為萬人敵。

赤壁之戰後，劉備助東吳周瑜攻打南郡曹仁，遣關羽絕北道，阻擋曹操援軍，曹仁退走後，關羽被劉備任命為襄陽太守。劉備入益州，關羽留守荊州。建安二十四年，關羽圍襄樊，曹操派于禁前來增援，關羽擒獲于禁，斬殺龐德，威震華夏，曹操甚至曾想遷都以避其鋒。

後曹操派徐晃前來增援，東吳呂蒙又偷襲荊州，關羽腹背受敵，兵敗被殺。關羽去世後，逐漸被神化，被民間尊為「關公」，又稱美髯公。歷代朝廷多有褒封，清代奉為「忠義神武靈佑仁勇威顯關聖大帝」，崇為「武聖」，與「文聖」孔子齊名。《三國演義》尊其為蜀國「五虎上將」之首，毛宗崗稱其為「《演義》三絕」之「義絕」。

恩若兄弟

中平元年（西元一八四年），漢室宗親劉備在涿縣組織起了一支義勇軍參與撲滅黃巾軍的戰爭，關羽與張飛同在其中。劉備輾轉擔任許多官職後，投奔昔日同窗公孫瓚，被封為平原相，任關羽、張飛為別部司馬，分統部曲。三人情同兄弟，常一起同床而睡，當劉備坐下時，關、張二人更不辭辛勞隨身守護。三國演義中有知名的**桃園三結義**，正史三國志裡雖沒有這樣的描述，但有記載劉、關、張三人形影不離，恩若兄弟。

興平元年（西元一九四年），曹操因曹嵩被殺而遷怒於陶謙，於是發兵攻打徐州。陶謙求救於劉備，劉備和關羽率千餘人前往救援。曹操兵退後，陶謙表奏朝廷封劉備為豫州刺史，關羽與劉備屯兵於小沛。而後在陶謙等人的再三相讓下，劉備領徐州牧。

建安元年（西元一九六年），劉備被袁術、呂布夾攻，丟失徐州，關羽便跟隨劉備一起投奔曹操。後與曹操許田圍獵時，關羽勸劉備殺掉曹操，但劉備此時認為當時的曹操是要匡扶漢室的，覺得殺了他可惜，於是不從。

建安三年（西元一九八年），劉備與曹操共擒呂布於下邳，奪得徐州，關羽與劉備便跟隨曹操班師回許昌，曹操任車冑為徐州刺史。後袁術北上投奔袁紹，劉備奉曹操命攔截袁術於徐州，劉備趁機襲殺車冑，命關羽守下邳（今江蘇省睢寧縣古邳鎮），代行太守職務，劉備則返回小沛（今江蘇沛縣）。

過五關、斬六將

建安五年（西元二〇〇年），曹操派劉岱、王忠攻打劉備，卻被劉備擊敗，曹操於是親提大軍出征，劉備敗逃投奔袁紹，關羽戰敗被生擒，不得已而投降，曹操待以厚禮，任命為偏將軍。後袁紹派大將顏良、文丑、郭圖等攻東郡太守劉延於白馬，曹操親自率軍救援，並命張遼與關羽為前鋒。關羽望見顏良的麾蓋，策馬衝鋒，斬殺顏良於萬軍之中，梟首而歸，袁軍將領無人能擋，白馬之圍被解，關羽被封為漢壽亭侯。

當時，曹操為知道關羽有沒有久留的心意，叫張遼用人情試探。關羽對張遼嘆息道：「我知道曹公對我的厚愛，但我受劉備將軍的厚恩，發誓共死，不可背棄。我終不會留下，在為曹公立下功勞後我便會離去。」張遼向曹操表明，曹操知道關羽終會離去，反而重加賞賜，想要留住他，但關羽盡封曹操的賞賜，留書告辭，曹操左右欲追殺之，關羽憑自己的勇猛，連續過五關、斬六將（過東嶺關時殺孔秀。過洛陽城時殺韓福、孟坦。過虎牢關時殺卞喜。過滎陽時殺太守王植。過黃河渡口時殺秦琪），回到劉備身邊。民間文化把這一段描述關羽忠肝義膽、義薄雲天，一心追隨大哥劉備的故事叫做「千里走單騎」。

鎮守荊州

建安十三年（西元二〇八年），劉備投靠劉表，屯兵於新野。曹操率領大軍南下，劉備南逃，另遣關羽乘數百艘船駛向江陵（今湖北荊州）會合，但劉備於途中當陽（今湖北宜昌）長坂坡被曹操軍追至，幸而關羽駛至漢津（今湖北荊門），一同乘船至夏口（今湖北武漢）。

而長板坡之戰中，劉備敗走潰逃，隨即發生了知名的**常山趙子龍**（**趙雲**）**七進七出血戰曹軍，單騎救主**（劉備尚在襁褓中的兒子劉禪）的英勇事蹟，但劉備夫人糜夫人為保幼小的阿斗劉禪，不惜犧牲自己，當場投井自盡。

劉備聯合孫權赤壁之戰擊敗曹操後，曹操留曹仁等防守荊州，於是劉備又與孫權大將周瑜夾攻曹仁，命關羽絕北道斷曹仁後路。待劉備取得荊南四郡（長沙、零陵、武陵、桂陽），拜關羽為元勛，受封襄陽太守、蕩寇將軍，此時襄陽實為曹操勢力範圍，由樂進駐守，所以關羽駐於江北。在此期間，關羽重修了江陵城。

建安十八年（西元二一三年），劉備入蜀助劉璋防禦張魯，張飛、趙雲、諸葛亮與關羽共守荊州。

建安十九年（西元二一四年），劉備與劉璋決裂，在攻打雒城（今四川廣漢）時，軍師龐統中流矢身亡，劉備乃召張飛、趙雲、諸葛亮入川支援，荊州只留關羽駐守。劉備平定蜀地後，以關羽統督荊州事，授權掌管荊州地區劉備控制的部份，包括荊州南部四郡和從東吳借來的南郡治所江陵和附近的公安，關羽事實上鎮守荊州五郡（南郡、長沙郡、零陵郡、武陵郡、桂陽郡）。

關羽聽說馬超歸降劉備，他過去與馬超毫不相識，於是便寫信給諸葛亮，詢問馬超武藝才幹與誰人可以相比。諸葛亮知道關羽氣傲心高，於是回信答道：「馬孟起兼有文武的資性，兇猛過人，可謂一代俊傑，屬於黥布、彭越一類，可與張翼德並駕齊驅，但還不及您美髯公絕倫逸群。」關羽蓄著一副漂亮的長鬚，所以諸葛亮稱他美髯公。看了諸葛亮的回信，關羽十分高興，還特地把信件交給賓客幕僚們傳閱。

關羽曾被流矢射中，箭頭穿透左臂，後來傷口雖然癒合，但一遇陰雨天氣，臂骨便常疼痛。醫生說：「箭頭有毒，其毒已滲入骨中，需要在臂上重新開刀，刮去臂骨上的毒素，才能徹底除掉這一病患。」關羽當即伸出手臂讓醫生為他開刀治病。當時關羽正請眾將飲酒進餐，臂上刀口鮮血淋漓，流滿了接在下面的盤子，即便如此，關羽依然面不改色地在餐桌上割肉而食，大口喝酒，與大家談笑自若，史稱「**刮骨療傷**」（關公刮骨療傷的確見諸正史記載，但醫治關羽的醫生卻不是三國演義中所說的神醫華佗，因為當時距離華佗被曹操所殺已過十一年，而真正醫治關羽的醫生究竟是何人，如今已不可考）。

建安二十年（西元二一五年），孫權知道劉備已奪得益州，希望取回荊州。劉備卻說：「當得到涼州時，便會把荊州交還。」孫權對此十分怨恨，便派魯肅索要荊州。孫劉兩方的將領在陣前「單刀會」，據理相爭但最終不歡而散。孫權命呂蒙準備進攻荊州南部，魯肅將萬餘人馬於益陽牽制關羽，劉備從益州帶兵回援。時關羽號稱有三萬人馬，自選五千精銳準備從上游渡河，吳將甘寧率領一千人前往駐守，關羽得知後就沒有過河，在河對岸紮營，這個地方後來稱為「關羽灘」。此時，曹操進取漢中的張魯，劉備便迅速和孫權修和，協議平分荊州，即分荊州的江夏郡、長沙郡、桂陽郡屬於孫權，分荊州的南郡、零陵郡、武陵郡屬於劉備，這就是三國史上著名的**湘水劃界**。

建安二十三年（西元二一八年），太醫令吉本，少府耿紀，司直韋晃等人謀反，但不久事蹟敗露，幾人被曹操所殺，曹操於是召曹仁為征南將軍，討伐關羽。曹仁屯樊期間，大肆徵調徭役，南陽郡一帶軍民苦不堪言。宛城太守侯音與衛開於是劫持太守造反，與關羽聯合。曹仁率軍前往平亂，於次年正月攻破宛城，將侯音斬殺，並屠城。

建安二十四年（西元二一九年），劉備軍與曹操軍相爭漢中，魏將夏侯淵被劉備大將黃忠所斬，曹操親提大軍來爭漢中，劉備據守，趙雲又在漢水劫去糧草，曹操無奈只得退出漢中，劉備遂占據漢中。

五虎上將

同年七月，劉備自稱漢中王，封關羽、張飛、趙雲、馬超、黃忠為五虎上將，並派益州前部司馬費詩去關羽駐地授予關羽官印，關羽一向瞧不起黃忠，聽聞黃忠地位和自己一樣，憤怒地說：「大丈夫絕不能和老兵同列！」不肯接受任命。

費詩對關羽說：「創立王業的人，所用的人不能都一樣。以前蕭何、曹參和漢高祖年幼時關係就很好，而陳平、韓信是後來的亡命之人；可是排列地位，韓信位居最上，沒有聽說蕭何、曹參對此有過怨恨。如今漢中王因為一時的功勞，尊崇黃忠，而在他心中的輕重，黃忠怎能和您相比呢？況且漢中王與您猶如一體，休戚相前，禍福與共。我認為您不應計較官號的高下，以及爵位和俸祿的多少。我僅是一個使者，奉命之人，您如果不接受任命，我就這樣回去。只是我為您這樣感到惋惜，恐怕您以後要後悔的。」關羽聽了他的話以後，大為感動，醒悟過來，立即接受了任命。

威震華夏

當時孫權進攻合肥。曹魏的主力都駐守在淮南。揚州刺史溫恢對兗州刺史裴潛說：「此處雖然有賊人，卻不值得擔憂。現在剛剛漲水，征南將軍曹仁卻孤軍深入，沒有長遠的準備，關羽強悍狡猾，只恐怕征南將軍會有變故。」不久，關羽果然令南郡太守糜芳守衛江陵，將軍傅士仁守公安，他自己率軍向樊城的曹仁進攻。

曹操派出大將于禁率領七軍援救襄樊。立義將軍龐德與關羽交戰，引箭射中關羽前額。其時龐德常乘白馬，關羽軍皆謂之白馬將軍，對他甚為忌憚。

到了八月，天降大雨十餘日，漢水因此暴漲，關羽因掘江堤以大水灌于禁軍，于禁軍雖在平地，卻被水淹五六丈，于禁七軍都被淹沒，于禁只與諸將登高望水，無所迴避，關羽乘大船進攻于禁，于禁投降。曹操事後得知于禁投降的消息非常震驚。

關羽乘船進攻龐德軍，龐德的軍隊大多投降關羽，龐德寡不敵眾，最後被關羽所擒，龐德的兄長在蜀漢漢中為官，關羽因此想要勸降龐德，但是龐德大罵不肯降，關羽於是將其斬首。

關羽乘勝對樊城發起猛攻，樊城進水，城牆崩塌，而曹仁的守軍也因為多次戰敗而大量削滅，只剩下幾千人，樊城被圍數重，內外斷絕，糧食也快被吃完，眾將都惶恐不安。曹仁在滿寵的勸說下，與將士們盟誓，以死守城。關羽又派別的將領把將軍呂常包圍在襄陽。荊州刺史胡修、南鄉太守傅方都投降了關羽。

同年十月，陸渾民孫狼等苦於徭役，叛上作亂，南附關羽，遙受關羽印號，為之支黨，關羽的聲勢一度威震華夏。

敗走麥城

建安二十四年（西元二一九年）末，曹操以為漢獻帝在許，與關羽軍相近，欲遷都避其鋒芒，司馬懿、蔣濟等勸阻，認為孫權必然不願看到關羽得志，可以用答應將江南封給孫權為條件讓他從背後出兵攻擊關羽。同時曹操派遣徐晃、趙儼等率軍救援樊城，更準備親自征討關羽。

救援樊城的徐晃因兵力不足，認為很難與關羽抗衡，不過之後曹操先後派遣徐商、呂建等將領以及殷署、朱蓋等十二營兵馬增援徐晃。關羽在圍頭派有軍隊駐守，在四冢還有駐軍。徐晃於是揚言將進攻圍頭，卻秘密攻打四冢。關羽見四冢危急，便親自率領步、騎兵五千人出戰，徐晃迎擊，關羽退走。關羽在塹壕前圍有十重鹿角，徐晃追擊關羽，二人都進入關羽對樊城的包圍圈，包圍圈被打破，傅方、胡修都被殺死，關羽於是撤圍退走，然而關羽的船隻仍據守沔水，去襄陽的路隔絕不通。

在此之前，孫權曾派人為自己的兒子向關羽的女兒求婚，心高氣傲的關羽辱罵來使，謂虎女（關羽之女）焉能嫁犬子（孫權之子）？一口回絕，拒絕結親，這句話換做是誰聽了也會大發雷霆，更何況是孫吳的當家掌門人孫權？孫權命呂蒙為主帥偷襲荊州，並親自率軍為後援。荊州重鎮江陵守將麋芳（劉備小舅子）、公安守將士仁因與關羽有嫌隙竟不戰而降。當關羽領兵出征時，由麋芳、士仁兩處負責供應糧草軍需，兩人不願全力救援關羽。關羽放出話說：「回去後就懲處他們。」麋、士二人都恐懼不安。於是孫權暗中派人去誘降麋、士二人。

此時關羽得知南郡失守後，立即向南回撤。回師途中，關羽多次派使者與呂蒙聯繫，呂蒙每次都厚待關羽的使者，允許在城中各種遊覽，向關羽部下親屬各家表示慰問，有人親手寫信託他帶走，作為平安的證明。使者返回，關羽部屬私下向他詢問家中情況，盡知家中平安，所受對待超過以前，因此關羽的將士都無心再戰了，士卒漸漸潰散，退至麥城。同年十二月，關羽率數十騎出逃，一路突圍至距益州不過一二十里的臨沮（今湖北省襄樊市南漳縣），遇潘璋部將馬忠的埋伏，被擒，和長子關平於臨沮被害。

孫權將關羽首級送給曹操，曹操敬慕關羽為人，刻沉香木為軀，追贈關羽為荊王，以諸侯之禮將其安葬於洛陽關林。同時孫權則將關羽身軀同樣以諸侯禮安葬於當陽，即關陵，也稱當陽大王塚。蜀漢劉備則在成都為關羽建衣冠塚，即成都關羽墓，以招魂祭祀。因此民間也稱關羽「頭枕洛陽，身臥當陽，魂歸故里（或稱「魂歸山西」）。

景耀三年（西元二六〇年）九月，蜀漢後主劉禪在追謚幾位重要大臣時，追謚關羽為「壯繆侯」。他的兒子關興則繼承了爵位。

關聖帝君

民間所供奉的「關公」，又被台灣信徒稱為「恩主公」，即救世主的意思。在東南亞地區、日本、新加坡、馬來西亞以及菲律賓等國家，甚至美國、英國的華人區域，關公的信仰也都相當盛行，華僑在國外從商者很多，因此對於作為武財神的關公也多加崇祀。

而關羽日後又是怎麼變成了武聖的呢？關羽有一個最大的優點，也是他能成為武聖的主要原因：忠義，忠於劉備也就是忠於漢室。這是中國歷代統治者最需要的，所以統治階級都大力宣傳關羽。

大約從隋朝開始，關羽就逐漸被人們捧上神壇。到了宋代，由於當時內憂外患的情境，統治者出於種種目的，使得關羽更加被完全的神話。關羽到了宋朝先是被宋徽宗封為忠惠公，旋即加封為義勇武安王。元文宗加封關羽為顯靈義勇武安英濟王。明萬曆年間，從道士張通元之請，敕封關羽為三界伏魔大帝神威遠震天尊關聖帝君。此後，關帝廟到處建起，關聖崇拜成了官方和民間的一項重要活動，清代對關羽更十次加封謚，乾隆三十二年更加為忠義神武靈佑關聖大帝。

就這樣，關羽由一個人變成了神。加上《三國演義》近八百年的宣傳，以及近代的一些尚武的幫派、現代的一些黑社會、甚至連警察都在拜關公，電影上也經常看到這些尚武單位崇尚關公（關二爺）的橋段，所以關羽成為神明的形象就更加鮮明了！

關羽生前雖然戰功卓著，但他的政治地位並不突出。生前並不顯赫的關羽在死後千餘年間地位直線上升，由侯而公，由公而王，由王而帝，由帝而聖。

中國自古有文聖孔子，人們把關羽抬高到「聖」的地位，與孔子並列，稱「武聖」，成為中國歷史人物中身後最為榮耀的典型。有一幅對聯高度概括了關羽由人到神到聖的變化：

儒稱聖，釋稱佛，道稱天尊，三教盡皈依。式詹廟貌長新，無人不肅然起敬。
漢封侯，宋封王，明封大帝，歷朝加尊號。矧是神功卓著，真所謂盪乎難名。

清人戴肇銘為黑龍江泰寧縣（今黑成江省寧安縣）關帝廟寫過一幅對聯，也十分精彩：

經文緯武立功勳，將封侯，侯封王，王封帝，帝封天尊，皓皓乎不可尚已。
出聖入神成變化，漢至唐，唐至宋，宋至明，明至大清，蕩蕩乎無能名焉。

到了光緒五年（西元一八七九年），清德宗加封關羽為「忠義神武靈佑仁勇威顯護國保民精誠綏靖翊贊宣德關聖大帝」，封號長達二十六字。於是，關羽終於登上了眾神仰慕、蒼生頂禮膜拜的神壇。時至今日，全球各地都有關帝廟，皆有關公的信眾。關羽忠義精神，流芳百世，關聖帝君永為世人所供奉景仰。

遙想公瑾當年　小喬初嫁了　雄姿英發

周瑜

大江東去，浪淘盡，千古風流人物。故壘西邊，人道是，三國周郎赤壁。亂石穿空，驚濤拍岸，捲起千堆雪。江山如畫，一時多少豪傑。遙想公瑾當年，小喬初嫁了，雄姿英發。羽扇綸巾，談笑間，檣櫓灰飛煙滅。

宋代大文學家蘇軾這首氣勢磅礴的《念奴嬌。赤壁懷古》詞作中提到的「遙想公瑾當年，小喬初嫁了，雄姿英發。羽扇綸巾，談笑間，檣櫓灰飛煙滅」的周郎正是三國時的風雲人物：江東孫權的大將周瑜，周公瑾。

或許受《三國演義》的影響，很多人將周瑜與「心胸狹窄」、「嫉賢妒能」連繫在一起，但歷史的真實卻正好與之相反，周瑜不僅相貌英俊、溫文儒雅、飽讀詩書、精通兵法、深諳音律，而且器量廣大，年紀輕輕便有雄才大略，因此才被劉備稱為「萬人之英」。

羽扇綸巾的儒將

據《三國志》記載，周瑜出生在今天安徽廬江舒縣一個世家大族，他的堂祖父周景、堂叔周忠都做過東漢的太尉（九卿之一），父親周異則做過洛陽令，在漢朝，太尉是屬於最高的武官，掌管軍事，和「丞相」、「御史大夫」（東漢是司徒、司空）並列為「三公」。而在群雄割據的東漢末年，洛陽則是江南一帶的繁華都市。可見，周瑜出生於東漢末年的官宦世家，可以說家世顯赫。

身為名門之後的周瑜還是個典型的「高富帥」，人稱「美周郎」。《三國志》中對其描述為：「瑜長壯有姿貌。」短短五個字足以概括其英俊貌美和身材。周瑜自幼接受良好的教育，習武練劍，學識廣博。與其他囂張跋扈，整天飲酒作樂的官二代不同，他是一個有抱負且才華橫溢之人。不但如此，周瑜還能文能武。

史載，周瑜年少時就精通音律，彈得一手好琴，即使在喝了三盅酒以後，彈奏者只要有些微的差錯，他都能覺察到，並立即會扭頭去看那個出錯者，予以指點。由於周瑜相貌英俊挺拔，彈奏的女子們為了博得他對自己多看一眼，往往故意將曲譜彈錯。民間因此流傳「曲有誤，周郎顧」之語。自魏晉時代之後，「周郎顧曲」常作為典故被各大文豪所引用，常常出現在各類詩歌、戲曲等文學作品中。唐人李端有《聽箏》詩讚道：「鳴箏金粟柱，素手玉房前。欲得周郎顧，時時誤拂弦。」

精通音律、儒雅的周瑜，在軍事上也具有非凡的才能。東漢末年，群雄並起。破虜將軍孫堅起兵討伐廢少帝的權臣董卓，並把家遷到了舒縣。孫堅的兒子「小霸王」孫策與周瑜同年，兩人志趣相投，情同手足。周瑜還將自家的一處大宅讓與孫策居住，不僅如此，他文質彬彬，極有禮貌和素養，還經常去拜見孫策的母親。之後，周瑜與孫策合兵征戰，所向披靡，稱霸江東。

當時勢力較強的袁術很欣賞周瑜的才幹，邀請他到自己手下為將（當時的孫策名義上還隸屬於袁術）。周瑜看出袁術不是一個可以成大器的人，就找藉口回到了孫策身邊。孫策聽聞周瑜回來，親自迎接，並授其建威中郎將，撥二千人和五十匹馬供其調遣。這一年，周瑜年僅二十四歲，吳中人都很推崇他，叫他「周郎」。

此後，周瑜協助孫策四處征戰，在攻下皖地後，得當地喬家兩個女兒，大喬原名橋靚，小喬原名橋婉，二人皆有沉魚落雁之容，閉月羞花之貌。且姐妹倆人都知書達禮，通音律，曉詩文，尤其女紅一事更是名聞遐邇，姐妹皆是名動三國的才女跟絕世美女。大喬、小喬嫁給兩個風華當世的豪傑，一個是雄略過人、威震江東的孫策，一個是風流倜儻、文武雙全的周瑜，美人配英雄，天作之合。孫策娶了姐姐大喬，周瑜娶了妹妹小喬（當時小喬正當二八年華，年方十六歲）。郎才女貌，一時傳為佳話。

在一夫多妻制的古代，三妻四妾實屬正常。而對愛情婚姻專一忠誠的周瑜，遇上絕色美女小喬後，終身沒有娶妾。其浪漫之情，讓許多人感動，也成了千古絕唱。

孫策於東漢獻帝建安五年（西元二〇〇年）打獵時遇刺身亡後，周瑜以中護軍的身份和長史張昭共同輔佐孫策的弟弟孫權。張昭負責朝廷之事，周瑜負責領兵在外，抵禦外敵，開疆拓土。當時江東有「內事不決問張昭，外事不決問周瑜」的說法。

忠心耿耿的周瑜在外領兵有方，接連殲滅寇匪一萬多人，並擊退了劉表軍隊的進攻。西元二〇八年，在孫權決意討伐江夏後，周瑜被任命為前部大都督。

氣度非凡，雅量高致

在《三國演義》中，周瑜被描寫成一個嫉妒諸葛亮、次次想置孔明於死地的心胸狹隘之人，但真實的歷史是，所謂的周瑜忌恨孔明、孔明三氣周瑜，乃至周瑜感慨「既生瑜，何生亮」後離世，全是子虛烏有。真正的周瑜氣度非凡，胸襟寬廣，雅量高致。

《三國志》稱周瑜「性度恢宏，大率為人，實奇才也」，他禮賢下士，深得眾人愛戴。而《江表傳》記載的周瑜與大將程普的故事更能說明周瑜的為人。《江表傳》曰：「普（程普）頗以年長，數陵侮瑜。瑜折節容下，終不與校。普後自敬服而親重之。」、「與周公瑾交，若飲醇醪，不覺自醉。」

程普是東吳老臣，曾跟隨孫堅出生入死，立下了赫赫戰功。他看見家世顯赫的周瑜年少得志，心生不快，認為是受前人庇蔭，因此常常在周瑜面前表現出盛氣凌人的一面，並多次羞辱周瑜。周瑜對此並不記恨，反而更加恭敬地對待程普，相忍為國。程普心生感動，對周瑜越發敬重，並對身邊的人說：「與周公瑾交往，如同喝甘甜的美酒，不知不覺自己便陶醉於他了。」

能讓心高氣傲的老臣程普折服讚美，足見周瑜的胸襟和人格魅力，這樣的人又如何能去嫉妒諸葛亮？

還有歷史上蔣干遊說江東，未能說動周瑜，回來向曹操覆命，稱周瑜「雅量高致，非言辭所開」。而劉備到京口來借荊州時，曾對孫權談起周瑜，說他「文武籌略，萬人之英」。此外，周瑜曾借兵兩千給劉備，這也不是一個心胸狹窄的人能做到的。

南宋洪邁的《容齋隨筆》中說到自古以來統兵的將帥，很少有不自視甚高、嫉妒超過自己的人的，但「孫吳四英將」，即周瑜、魯肅、呂蒙和陸遜都不是這樣的人，周瑜極力推薦魯肅就是個典型的例子。加之宋代大文學家蘇軾的詞作《念奴嬌。赤壁懷古》，可以肯定的是，至少在宋代，周瑜的形象還是非常正面的，不過從元朝開始，周瑜的形象開始被扭曲，並影響了後人。

赤壁大戰周郎雄姿英發

歷史上有名的以少勝多的三國赤壁大戰，將周瑜的軍事才能推上了一個新的位階，也使周瑜戰功流芳百世。因為赤壁之戰，是導致三國鼎立態勢形成的一次決定性的戰役。沒有周瑜，赤壁之戰不會勝利，甚至不會有赤壁之戰。因為彼時諸葛亮輔佐的劉備根本沒有戰勝曹軍的實力。

建安十三年（西元二〇八年）春，孫權任命周瑜為前部大督，率大軍占領江夏。九月，曹操大軍也奪取了荊州。此時因劉綜投降曹操，以致曹軍水陸軍力大增。東吳軍隊與曹軍一個陳兵江南，一個陳兵江北，大戰一觸即發。有著一統天下雄心並號稱擁水陸大軍八十萬的曹操，意欲吞併東吳。

面對曹操大軍壓境，東吳內部出現了主和與主戰兩派。主降派認為曹操名正言順，而且軍事力量強大，東吳不堪一擊，但被孫權召回的周瑜則力主抗曹。與《三國演義》中所描述的諸葛亮舌戰群儒，以及周瑜中了諸葛亮的激將法不同（《三國演義》描述諸葛亮改寫曹植的「銅雀台賦」中的兩句為「攬二橋於東南兮，樂朝夕之與共」，說曹操這次來赤壁為的就是要奪取大喬小喬。這對與愛妻小喬情深愛篤的周瑜來說，是可忍，孰不可忍？連之後唐朝知名詩人杜牧都寫下千古名句：「東風不與周郎便，銅雀春深鎖二喬。」雖說這是《三國演義》所杜撰，但是說實在的，歷史上曹操好色專奪人妻是出了名的，誰知道赤壁之戰時曹操有沒有動過「奪二喬」的心思？），正史中記載的是周瑜力排眾議，並進行了精闢的分析。

周瑜首先對孫權說道：「將軍以神武雄才，兼仗父兄之烈，割據江東，地方數千里，兵精足用，英雄樂業，尚當橫行天下。」進而指出曹軍不擅長水戰，況且冬天嚴寒，馬無草料，士兵長途跋涉水土不服，必定會生病，而這正是用兵的大忌。他還對孫權說，曹軍並不可怕，他只要五萬精兵，就可保證取勝。孫權非常認同周瑜的想法，說：「君言當擊，甚與孤合，此天以君授孤也。」孫權並說道：「五萬精兵一時難以湊齊，現在選編了三萬，請你與子敬、程公前去迎敵。」周瑜遂被任命為主帥佐都督，帶兵溯長江西上，準備與劉備的軍隊會合，共同對付曹操。於是孫、劉兩軍聯合共同抗曹，交戰於赤壁。也就有了史上廣為知名流傳的「赤壁之戰」。

此後的戰爭也證明了周瑜卓絕的軍事才能、獨到的眼光和大膽的謀略。周瑜領三萬水師獨自面對曹操的十五萬大軍，以一抵五，卻在談笑間，讓敵軍「灰飛煙滅」。

史載，孫劉聯軍會合後，在赤壁與曹軍先鋒遭遇。由於周瑜指揮得當，加之曹軍士兵水土不服，又不習水戰，聯軍取得勝利，曹軍暫時退回。之後，曹軍一方面訓練水軍，另一方面為解決北方陸軍不習水戰問題，下令將戰艦全部用鐵索連在一起。

黃蓋遂向周瑜建議道：「曹軍現在將戰艦用鐵索連在一起，我們正可用火攻來對付他們。」周瑜認為這一計很好，就讓黃蓋寫信給曹操詐降，並約定好了投降時間。曹操看信後，認為連黃蓋這樣的老臣都要投降，孫權指日可破。

之後，周瑜給黃蓋準備了十隻戰船，裡面裝滿硫磺及浸過油脂的乾草、蘆草，上面用油布蓋好，每艘戰船後面繫著一艘快艇。到了約降的那天晚上，老天相助，忽然颳起東南風。當詐降的船來到距曹營只有二里左右，黃蓋下令各船同時點火，然後跳到後面的快艇上，砍斷與火船相連的繩索離開現場。於是，大火蔓延江北燒到岸上的曹軍營寨。片刻之間，火光沖天，曹軍人馬被燒死無數，全軍大敗。這就是史上真正的以少勝多的赤壁之戰，火燒曹軍聯營。

作為赤壁大戰總指揮的周瑜，雄姿英發，贏得了關鍵的勝利，並聲震三國。連甚少打敗仗的曹操在回到許都後，也悵然嘆道：「我輸得並不丟人！」足見其內心對周瑜謀略的讚許。而《三國演義》中的諸葛亮草船借箭、登壇借風在正史中並不曾見到。

周瑜的政治軍事才能有目共睹，在他死後，《三國志》中寫到，孫權曾對眾臣說：「昔走曹操，拓有荊州，皆是公瑾，常不忘之。初聞峻亡，仍欲用護，聞護性行危險，用之適為作禍，故便止之。孤念公瑾，豈有已乎？（我思念公瑾，哪裡會有停止的時候呢？我永遠都不會忘了他）」

將星隕落

赤壁大戰後，劉備趁周瑜與曹仁在江陵相持的機會，奪取了荊州南部四郡。為了加強孫、劉聯盟，孫權將自己的妹妹孫尚香許配給劉備。周瑜料到劉備日後必成大事，就勸孫權將劉備留在東吳，但孫權沒有聽從。

之後，周瑜又建議孫權趁曹操新敗的時機進攻益州，奪取巴蜀，再與西涼馬超結盟，奪取襄陽，進攻曹操。曹操一破，劉備就不足慮了。這一設想與諸葛亮不謀而合。孫權覺得這個主意不錯，就讓周瑜回江陵整頓兵馬。

西元二一〇年，周瑜在返回江陵途中得了重病，但他還是竭力支撐來到了巴丘，檢閱軍隊。之後東吳大軍出發，但出發不久，周瑜病逝，年僅三十六歲。

孫權聽到消息後，悲痛異常，哭著說：「公瑾有王佐之才，卻忽然短命而死，以後我將依靠何人？」他親自為周瑜素服舉喪，並到蕪湖迎回周瑜的靈柩，在吳地下葬。

西元二二九年，孫權稱帝。在稱帝後，孫權又對公卿們說：「孤非周公瑾，不帝矣。」意思是如果沒有周瑜，他是當不上皇帝的。

東晉袁宏在其《三國名臣贊序》中寫道：「公瑾英達，朗心獨見。」「卓卓若人，曜奇赤壁。」周瑜雖然英年早逝，但滔滔的滾滾長江東逝水卻不會忘記當年周瑜的雄姿英發，談笑間，檣櫓灰飛煙滅。

三國爭霸　魏蜀吳三家歸晉

司馬懿

司馬懿（西元一七九年～西元二五一年九月七日），字仲達，出身士族，河內郡溫縣孝敬里（今河南省焦作市溫縣）人。三國時期魏國傑出的政治家、軍事家、戰略家，西晉王朝的奠基人。曾任職曹魏的大都督、大將軍、太尉、太傅。是輔佐魏國三代托孤輔政重臣，後期成為掌控魏國朝政的權臣。

他善謀奇策，多次征伐有功，其中最顯著的功績是兩次率大軍成功對抗諸葛亮北伐和遠征平定遼東。對屯田、水利等農耕經濟發展有重要貢獻。司馬懿七十三歲去世，辭郡公和殊禮，葬於首陽山，謚號宣文。次子司馬昭封晉王後，追封司馬懿為宣王。其孫司馬炎稱帝後，追尊司馬懿為高祖宣皇帝，廟號高祖，故也稱晉高祖、晉宣帝。

司馬懿在三國曹魏也算是風雨幾十年，輔佐四代君主，帶領軍隊為國出征，終究成功逆襲奪得魏國大權。可是司馬懿在歷史上卻經常被塑造成一個奸詐、狡猾、陰險的形象。歷史上的司馬懿真是這樣一個人嗎？看待歷史人物還是要從客觀角度出發，每個人在每個歷史時期都會有不用的境遇，所以他的心境也都會有所不同，司馬懿就是一個很典型的例子。

奇策善謀，謀士能臣

早期的司馬懿有人品有才華，恃才傲物，或許還保留著對漢朝劉氏的一份忠心，他對於曹操的招攬很是抗拒。司馬懿「少有奇節，聰明多大略，博學洽聞，伏膺儒教」。雖生於亂世，「常慨然有憂天下心」。司馬懿少年時和著名隱士胡昭關係很好。因與同郡的周生等人結怨而被謀害，胡昭知道後立刻涉險尋找，在崤山澠池之間找到周生一行，請求他們放過司馬懿，周生開始不肯，但胡昭哭泣的誠意最終還是感動了他，救下司馬懿。

東漢建安六年（西元二〇一年），郡中推舉他為計掾（計掾類似現代的民政，要把一年來處所上的錢糧、戶口、刑事訴訟等事件做成整理記載，稱為「計簿」，然後上報中央審定）。時曹操正任司空，聽到他的名聲後，派人召他到府中任職。司馬懿見漢朝國運已經衰微，不想在曹操手下，便藉口自己有風痹病，身體不能起居。曹操不信，派人夜間去刺探消息，司馬懿躺在那裡，一動不動，像真染上風痹一般。

但是擋不住曹操的強勢，建安十三年（西元二〇八年），曹操為丞相之後，使用強制手段聘司馬懿為文學掾（文學掾主要掌管文字起草、文書管理、處理與奏章文字相關的事務等，和主官的關係較為密切，司馬懿等於被迫跟在曹操身邊作為曹操的特助及文膽）。曹操對使者說，「若復盤桓，便收之」。司馬懿畏懼，只得就職。曹操讓他與太子往來遊處，歷任黃門侍郎、議郎、丞相東曹屬、丞相主簿等職。這一時期的司馬懿，被曹操逼出來為官，心裡極為不快，卻也無奈，只能妥協。並且在曹操的壓制下也不敢有什麼不臣之心。

後來，善於識人的曹操逐漸察覺司馬懿「有雄豪志」，又發現他有「狼顧之相」，心裡很忌諱。因此對曹丕說，司馬懿不是甘為臣下的人，必會干預我們家族之事。但因曹丕和司馬懿關係很好，總是維護他，而得以無事。於是司馬懿勤於職守，廢寢忘食，終使曹操安心。曹操以為只要告訴兒子提防司馬懿就能平安無事，事實上曹丕也是既用司馬懿又提防了一手，但是曹丕在位僅僅六年，四十歲就駕崩了。這一點就算是聰明絕頂的曹操當初卻也著實沒有想到。

接下來魏明帝曹叡即位，他也是一個明君，可惜一樣出乎曹操的預料，司馬懿再一次活過了曹叡。曹叡在位十三年，使得大魏進一步強盛，可惜英年早逝，三十六歲駕崩。司馬懿熬過了曹家三代君主。魏明帝曹叡在朝年代，出於外部戰事的需求，司馬懿得以把握軍權，他手中的權力進一步擴展，可是這個時候司馬懿仍然是魏國的忠臣，雖然魏明帝曹叡時時猜疑，可是司馬懿仍善盡做臣子的本份，升官不自傲，貶官無怨言。

輔政平亂，制衡蜀吳

曹操時期，司馬懿就證明了自己的奇謀善策，在曹丕、曹叡時代，司馬懿得以更大施展自己的才能：

東漢建安二十四年（西元二一九年），司馬懿升任太子中庶子（太子侍從及顧問，出則同車、入則同室、朝夕相處），佐助曹丕。時司馬懿「每與大謀，輒有奇策」，劉備繼取漢中後，派孟達、劉封攻占漢中郡東部的房陵、上庸等地，勢力有所擴展。七月，孫權欲攻合肥，魏軍大部調動淮南防備吳軍。鎮守荊州的關羽，乘此機會率主力北攻荊襄。關羽圍魏將曹仁，水淹于禁七軍，斬龐德。胡、傅二人果然乘機降蜀。

一時間關羽聲勢「威震華夏」，因漢獻帝在許縣，距樊城很近，曹操感到威脅，為避關羽鋒芒，一度準備遷都黃河以北。司馬懿和曹椽、蔣濟即時勸阻曹操說：「于禁被水軍所淹，不是戰守上的失誤，對於國家的大局並沒有大損失，為此而遷都，即是向敵人示弱，又會使淮河漢水一帶人心不穩。劉備、孫權外親內疏，現在關羽坐大，孫權必定更不高興，把這事告之孫權，使他牽制關羽，則樊城之圍自解。」曹操從其計，孫權果然派呂蒙襲取公安，關羽大意失荊州，最終被孫權俘殺。

此戰利用孫、劉爭奪荊州的矛盾，充份運用外交謀略，坐收漁利，不僅挫敗關羽的強大攻勢，解除了樊城之圍，而且也使諸葛亮原定的一路向宛洛、一路出秦川的兩面鉗擊中原的計劃無法實現。更重要的是破壞孫、劉聯盟，改變了當時的戰略格局，掌握了主動權。

之後曹操認為荊州遺民及在潁川屯田的軍民逼近南方寇賊，想把他們遷走。司馬懿認為：「荊楚輕脫，易動難安。關羽新破，諸為惡者藏竄觀望。今徙其善者，既傷其意，將令去者不敢復還。」曹操聽了他的建議，沒有移民。之前藏竄逃亡者果然都復出歸化。

延康元年（西元二二〇年），曹操去世，朝野危懼，司馬懿管理喪葬諸事，內外肅然。同年，曹丕即魏王位，司馬懿受封河津亭侯，轉丞相長史。當時孫權正率軍向西。朝臣們認為樊城、襄陽缺糧，不能抵禦吳軍，請召守將曹仁回駐宛城。司馬懿則表示：「孫權剛剛打敗關羽，正是他想和魏國結好的時候，一定不敢為患。襄陽是水陸交通要地，不能放棄。」曹丕沒聽其建議，命曹仁放火燒毀二城。後來孫權果然沒來入侵，曹丕悔之不及。

黃初元年（西元二二〇年）十一月，曹丕登皇帝位，史稱魏文帝。登基後，任命司馬懿為尚書，不久轉督軍、御史中丞，封安國鄉侯。黃初七年（西元二二六年）五月，曹丕駕崩，享年四十歲。臨終時，令司馬懿與中軍大將軍曹真、鎮軍大將軍陳群、征東大將軍曹休為輔政大臣。曹丕對太子曹叡說：「有間此三公者，慎勿疑之。」曹叡即位，改封司馬懿為舞陽侯。孫權得知魏文帝去世後，於八月出兵攻魏。命諸葛瑾、張霸兵分兩路進攻襄陽，親自率軍進攻江夏郡。司馬懿擊退了孫權，又擊敗諸葛瑾，並斬殺張霸，斬首千餘級。十二月，升任驃騎將軍。

太和元年（西元二二七年）六月，魏明帝曹叡命司馬懿駐紮宛城，加督荊、豫二州諸軍事。蜀將孟達降魏時，魏朝待其甚厚，司馬懿認為他言行傾巧，不可信任。後果然再度反叛，司馬懿用計擒斬孟達，免除了漢中被蜀漢吞併之禍。蜀漢丞相諸葛亮多次出兵伐魏都被司馬懿巧妙化解，可以說司馬懿對曹魏是有汗馬之功的。

抗蜀北伐

曹魏太和三年（西元二二九年），蜀漢丞相諸葛亮第三次出兵攻魏，並占據武都、陰平二郡。太和四年（西元二三〇年），魏明帝決定興師伐蜀。升司馬懿任大將軍、加大都督、假黃鉞，與大司馬曹真一起伐蜀。

八月，魏明帝曹叡命曹真率主力由長安入子午谷，左將軍張郃出斜谷，司馬懿自荊州溯漢水出西城，將兵分三路會攻漢中。司馬懿從西城開拓道路，水陸並進，沿著沔水逆流而上，直達朐忍，攻克新豐縣，駐軍丹口，後遇大雨班師。

曹魏太和五年（西元二三一年）二月，蜀漢丞相諸葛亮率軍第四度攻魏，包圍祁山賈嗣、魏平部，並以木牛流馬運輸糧草。魏明帝對司馬懿說：「西南邊境戰事吃緊，除了你沒有可以應對的」，於是派他西駐長安，都督左將軍張郃、雍州刺史郭淮等防禦蜀軍。司馬懿留部將費曜、戴陵率四千人守邽，自率主力西救祁山。

張郃勸司馬懿分兵駐紮雍、郿兩地，以作大軍後鎮，司馬懿不同意，司馬懿認為：「料前軍獨能當之者，將軍言是也。若不能當，而分為前後，此楚之三軍所以為黥布禽也（這也就是當年楚國三軍被劉邦手下大將英布擊潰的原因。黥布即英布）。」於是挺進喻麋，對戰諸葛亮。青龍元年（西元二三三年），安定保塞匈奴大人胡薄居姿職等叛，司馬懿派遣胡遵等追討並破降。

蜀軍退軍後，軍師杜襲、督軍薛悌都預計諸葛亮第二年麥熟時還會入侵，建議趁冬天調運糧草，解決隴右糧少問題。司馬懿認為：「諸葛亮兩次出祁山，一次攻陳倉，都受挫而返。即使以後他還會出兵，將不再攻城，而是尋求野戰，地點必在隴東，而不會在西邊。諸葛亮常以糧少為恨，回去後必然廣積糧草，我估計不經過三年，他是不會出兵的。」

對陣五丈原

曹魏青龍二年（西元二三四年）二月，諸葛亮率軍十萬出斜谷攻魏。四月，諸葛亮至郿縣，進駐渭水之南。司馬懿率軍渡渭水，背水築壘阻擊。諸將想在渭北與諸葛亮隔水相持，司馬懿分析形勢後，對諸將說：「百姓積聚的糧秣財物都在渭南，這是必爭之地。」遂渡渭背水紮營。

當時，司馬懿屯兵渭南。郭淮估計諸葛亮一定會爭奪北原，主張先占領，他說：「如果諸葛亮跨過渭水登上北原，就可以連兵北山，斷絕隴道，驚嚇臣民和胡人，此乃國家安危之大患。」很多人不以為然，但司馬懿很認同，讓郭淮屯兵北原。

戰壕還沒修好，蜀軍迅即壓境，魏軍奮力回擊。不久，諸葛亮率大軍西行，諸將都認為諸葛亮想攻西圍。郭淮則認為，諸葛亮虛張聲勢是要讓魏軍大舉回應，而他的目標是陽遂。夜裡，蜀軍果然進攻陽遂，因城中早有防備，諸葛亮沒能成功。

諸葛亮遂分兵屯田，做長久屯駐的準備。司馬懿的弟弟司馬孚也來信問前線軍情，司馬懿回信說：「亮志大而不見機，多謀而少決，好兵而無權（手握重兵卻不知權變、變通），雖提卒十萬，已墮吾畫中，破之必矣！」不久，諸葛亮遣使求戰，司馬懿不談軍事，問使者：「諸葛公起居飲食如何？一頓能吃多少米？」使者說：「三四升。」

司馬懿接著對問政事，使者說：「打二十軍棍以上的處罰，都是諸葛公自己閱批。」經過一番不經意的詢問，司馬懿對人說：「諸葛亮將要死了！」諸葛亮連打二十軍棍以上的處罰都要親力親為，過度勞心勞力，就算是鐵打的神仙也扛不住，真正鞠躬盡瘁，死而後已。果然，諸葛亮於當月病故於五丈原軍中。蜀將秘不發喪，整軍後退。

當地百姓跑來報告，司馬懿派兵追擊，蜀將楊儀返旗鳴鼓，做出回擊的樣子，司馬懿以「窮寇莫追」收軍退回。當時有人傳：「死諸葛走生仲達（死去的諸葛亮嚇走活著的司馬仲達，意思是司馬懿見蜀軍突然返身回擊，突然疑懼該不會是諸葛亮沒死吧？活脫脫另一個空城計嚇退多疑的司馬懿）」，司馬懿聽聞之後笑說：「這是因為我長於預測活人的事，不長於預測人的生死啊！」第二天，司馬懿到諸葛亮營壘巡視，並贊諸葛亮「天下奇才也！」

歷時七年的諸葛亮北伐至此結束。諸葛亮以一州之地強攻雄踞中原的曹魏，縱使竭忠盡智，終因實力懸殊而難以實現其戰略目的。而曹魏則在司馬懿、曹真等人的人正確指揮下，以優勢兵力採取防禦戰略迫退蜀軍，取得了最後的勝利。

蜀漢將領楊儀、魏延在撤軍後爭權，楊儀殺死魏延。司馬懿想乘機攻蜀，魏明帝曹叡未准，只得作罷。青龍三年（西元二三五年），司馬懿升任太尉，累增封邑。蜀將馬岱入境侵擾，司馬懿派牛金迎擊，斬蜀軍千餘人。武都氐王苻雙和強端率領其屬下六千餘人來降。

平定遼東

東漢末年軍閥混戰時，公孫度據有遼東。這個割據勢力對曹魏一直時叛時降，保持著半獨立的地位。公孫淵繼為遼東太守後，對魏更加不遜。魏明帝曹叡震怒，派荊州刺史毌丘儉出任幽州刺史，時遼水大漲，毌丘儉討伐不利而還。毌丘儉討伐受阻，使公孫淵更加得意。景初元年（西元二三七年），原魏遼東太守公孫淵背叛魏國，自立為燕王，置列百官，定都襄平。

這讓魏明帝終於意識到要解決遼東，必須竭盡全力痛下決心派出大軍討伐遼東。司馬懿奉令率領四萬大軍到達遼東前線時，公孫淵派出部將卑衍和楊祚率軍屯於大遼河和遼河的交匯處陽燧，構築圍牆二十餘里，以抵抗曹魏四萬大軍。司馬懿派出疑兵，向南移動，卑衍果然率大軍追趕。而司馬懿卻親率大軍渡過遼水，直撲襄平。卑衍聞訊後，明白自己上了司馬懿的當，不得不率軍回救襄平。

司馬懿率軍與卑衍大軍在襄平附近大戰，魏軍大勝，司馬懿趁勝利率軍進圍襄平。在圍困襄平期間，天降大雨，司馬懿藉助水利，令船自遼水直達襄平，運輸兵力、糧草和武器。

雨停後，司馬懿命令大軍縮緊對襄平的包圍圈。襄平已經被圍困一個多月，城內無多餘的糧草，餓死者不計其數。城外又無外援，眼看勝利無望，便有遼東軍投降。公孫淵無奈，便派人出去找到司馬懿乞降，司馬懿拒絕。

數日後，魏軍攻破襄平，公孫淵和他兒子公孫修率領數百騎兵向東南逃去，魏軍緊追不捨，最後在梁水附近斬殺公孫淵父子。

平定遼東之後，司馬懿還將遼東軍民悉數遷回中原，讓遼東為之一空，防備更加空虛。而胡人乘機慢慢滲入遼東，通過藉助遼東這塊土地慢慢壯大，終於在西晉王朝內亂時，這些胡人趁火打劫，南下中原，從而造成了西晉末年五胡亂華的大災難。

司馬懿雖然平定遼東，讓遼東納入了魏國的版圖，統一了北方，立下奇功。但因戰後的一些舉措，使遼東空虛，造成胡人乘機進入遼東，為後世埋下了遺禍中華大地超過百年的禍根。

剷除曹爽、王凌

司馬懿的最大轉變就發生在曹魏曹芳在朝年代，魏明帝曹叡臨死之前將養子曹芳託付給宗親大將軍曹爽和輔政大臣司馬懿，而且特意組織曹爽的官職在司馬懿之上。對此，司馬懿也是聽候安排毫無異議。開始時兩人的協作還不錯，曹爽對司馬懿畢恭畢敬，有什麼事都商量著來。可是後來曹爽遭到謀士丁謐的離間，將司馬懿架空，自己獨掌大權。對此，司馬懿雖有不滿，但也只能忍讓。但曹爽過度膨脹，欲立威名，對外發起對蜀國戰爭，司馬懿勸阻，曹爽不聽，結果魏軍大敗。

對內曹爽廣占良田，包庇心腹貪贓枉法，敲詐官員，營造豪華宮殿，儼然一副皇帝派頭。

魏國境內烏煙瘴氣，百姓官員怨聲載道。看到此情此景，於公司馬懿不願意看到魏國毀在曹爽手裡，於私他也怕司馬家族被曹爽所害。經過深思熟慮，司馬懿發起高平陵政變，將曹爽集團連根拔起。司馬懿除曹爽，魏國反對者屈指可數，反而支持者甚多，其中甚至還有很多曹氏宗族。究其原因，大家都知道假如再讓曹爽這麼折騰下去，國家早晚消亡，司馬懿當政國家或許還有希望，這即是民心所向。

除去曹爽，把握魏國大權，司馬懿陷入進退兩難，放棄權力，司馬宗族或許消亡，把握權力，他人或許不滿。太尉王凌即是一個例子。西元二五一年正月，太尉王凌企圖發起對於司馬懿的政變，司馬懿竟以七十三歲高齡親自征伐。王凌最終失利，被司馬懿誅滅三族，王凌被剖棺暴屍。無可否認，司馬懿對王凌的處置的確過份兇橫，但是從宗族和國家安靖思考，司馬懿只能如此。因為他不想看到宗族被滅，也同樣不想看到國家因而騷動不穩。

去世辭封

放眼魏國乃至全國現已沒有人再是司馬懿的對手了，臨死之前魏國的軍政大權都在自己手上。據史書記載，司馬懿在臨死之前將兩個兒子司馬師和司馬昭叫到床前對他們提到：「吾事魏歷年，官授太傅，人臣之位極矣！人皆疑吾有異志，吾嘗懷驚駭。吾死以後，汝二人善理國政，輔帝平神州，慎之！慎之！」

大約意思即是我在魏國當官多年，現在當官做到了太傅這個位子，位極人臣，職位已經夠高的了！大家都質疑我對魏國不忠誠，我常常因而感到擔驚受怕。我死以後，你們兄弟二人要將國家治理好，輔佐皇帝平定全國，一定要非常當心！司馬懿對自己的一生很滿意，可是他也很明白自己身居高位，有多少雙眼睛盯著他，有多少人等著看他的笑話，他期望他的兒子們能像他一樣，盡心輔佐皇帝，保護司馬宗族。

嘉平三年八月戊寅（西元二五一年九月七日），司馬懿在洛陽去世，享年七十三歲。當年九月庚申，司馬懿被葬於河陰首陽山，謚文貞，追封相國、郡公，司馬孚秉承他的遺願，辭讓郡公和殊禮，遺命簡葬，作顧命三篇，斂以時服，不樹不墳，不設明器。謚號後改為文宣。但《三國志》和《晉書。文帝紀》均記載謚號為「宣文」，故多以後者為準。同年十一月，有司奏請將各位已故功臣的靈位置於魏太祖廟中，以配享祭祀，排位以生前擔任的官職大小為序。太傅司馬懿因位高爵顯，列為第一。

司馬懿次子司馬昭封晉王後，追封司馬懿為宣王。其孫司馬炎稱帝後，追尊司馬懿為高祖宣皇帝，廟號高祖，故也稱晉高祖、晉宣帝。

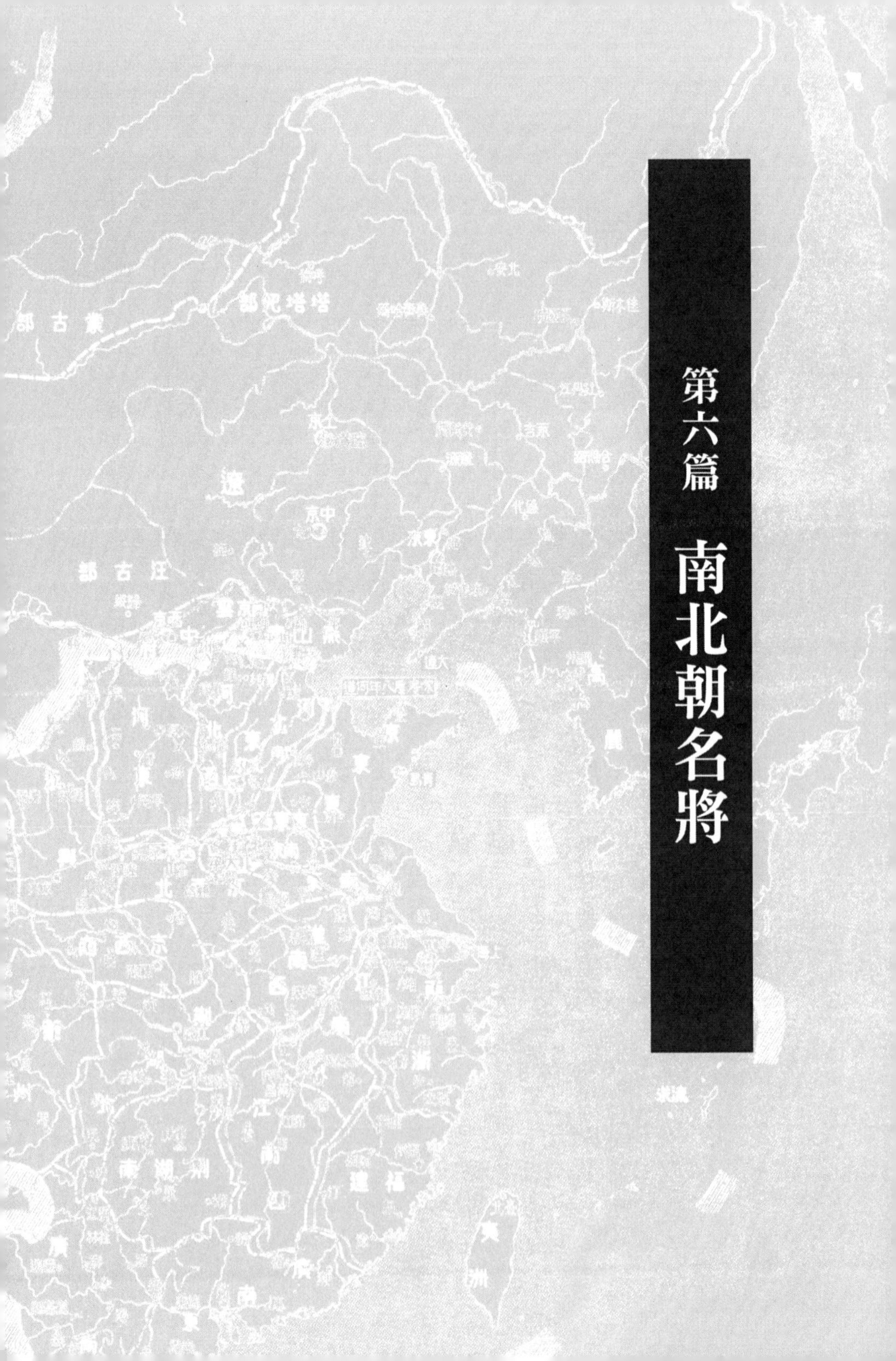

第六篇

南北朝名將

一千七百多年前　漢民族的英雄

頒布「殺胡令」　影響千古　拯救了中華文明

冉閔

中國、古巴比倫、古埃及和古印度乃是四大文明古國，是世界文明的發源地。縱觀世界歷史，中華民族是世界上唯一一個沒有滅絕持續到現代的民族，中華文明源遠流長幾千年，影響全世界。其實在中國古代五胡亂華的時候，野蠻的胡人入侵中原，大肆屠殺漢人，對華夏文明造成了巨大的破壞，中華民族真正到了生死存亡的關鍵時刻。冉閔卻憑一己之力，扭轉乾坤，屠胡滅石，拯救了幾千年來源遠流長的中華文明香火。

他力大無窮，可比西楚霸王項羽，武藝絕倫，蓋過三國猛將呂布。

冉閔，字永曾，小字棘奴，魏郡內黃（今河南內黃西北）人，乃是後趙武帝石虎的養孫。冉閔的祖先曾任漢朝黎陽騎都督，父親冉良世襲擔任牙門將。後趙明帝石勒擊敗陳午，俘獲冉良，當時冉閔十二歲，石勒見冉閔力大無窮，勇猛過人，喜不自勝。命石虎收他為養子，並改名為石瞻。

年幼的冉閔，不僅武藝超群，而且果斷敏銳。石虎非常寵愛他，待他如自己兒孫一般。冉閔長大後，身高八尺，虎背熊腰，驍勇善戰，智勇過人。先後被授任建節將軍、北中郎將、游擊將軍。咸康四年，石虎在昌黎之戰中大敗，後趙各路軍隊紛紛棄甲潰逃，只有冉閔帶領的一支軍隊毫髮無損，從此冉閔善於治軍的威名廣為流傳。

五胡亂華，漢族和華夏文明真正到了生死存亡的關鍵時刻。

漢朝以來，胡人不斷由北向南遷徙，開始盤踞華北地區，勢力日益壯大。到了西晉，胡人已入居關中及涇水、渭水等流域。晉惠帝時期的八王之亂以後，晉室內部王室相互爭奪皇權，導致國家四分五裂，國力空虛，民生凋敝，並使晉朝的軍事力量迅速瓦解。而作為西晉朝奴隸的胡人趁機起兵，侵擾西晉。在百餘年間，先後由胡人及漢人建立了數十個強弱不等、大小各異的政權，史稱「五胡亂華」。

五胡亂華時期是中國歷史上最黑暗的時期，由於華北的六族（漢族、匈奴、鮮卑、羯、羌、氐）之間進行了長期的混戰和廝殺，到處是「人皆相食」、「白骨遍野」、「千里無煙爨之氣，華夏無冠帶之人」。

西晉滅亡後，出於避亂，晉朝皇室和北方黃河流域廣大居民進入安定的長江流域，史稱衣冠南渡。南渡導致了經濟重心南移。《晉書》卷六十五《王導傳》記載：「洛京傾覆，中州士女避亂江左者十六七。」就是說洛陽陷落後中原百姓為了逃難有百分之六七十的人南遷江南，如此大規模的離開故鄉遷徙便是由於逃避胡人的屠殺！遷居南方的愛國將士每每以北伐中原、收復失土為己任。東晉與五胡的戰爭，十六國之間的廝殺，使得這一時期戰亂連連。河淮地區為南北交戰的主戰場。

胡人的殘暴罄竹難書，後趙石虎曾經發漢人男女十六萬，運土築華林苑及長牆於鄴北。時逢暴雨，漳水水漲，死者數萬人；他已有多處宮殿，還不滿足，又驅漢丁四十餘萬營洛陽、長安二宮，造成屍積原野；修林苑甲兵，五十萬人造甲，十七萬人造船，死亡超過三分之二；奪漢女五萬入後宮肆意變態凌殺污辱之行，其間由於負婦義夫的反抗，死者不計其數；從長安到洛陽再到鄴城，成漢的使者見到沿途樹上掛滿上吊自殺的人，城牆上掛滿漢人人頭，屍骨則被做成「屍觀」，恐嚇世人，數萬反抗將士的屍體被棄之荒野餵獸；血腥屠殺和殘酷的民族壓迫，北方漢人從兩千萬人銳減至四、五百萬人，造成赤地千里的景象；人口的大量減少，土地的大量荒蕪，伴之虎狼等野獸成群出現繁殖。

在鮮卑族進入中原之後，看見男人就殺，看見女人就俘虜，由於這些少數民族在入侵過程中都沒有隨軍攜帶軍糧，於是就將這些被俘的女子先姦後殺充當軍糧，開啟了將人當成軍糧的惡習。隨後的羯趙政權更是將漢族女子直接抓起來當成軍糧來飼養，甚至將這些女子命名為雙腳羊。

匈奴、羯等族軍隊所到之處，屠城掠地千里，橫屍遍野，滿目瘡痍。野蠻的胡人到處屠殺和驅趕漢人，對華夏文明造成了巨大的破壞，外族屠戮漢人甚至以漢人為糧食，以牲畜視之，漢民族和華夏文明真正到了生死存亡的關鍵時刻。

古代真實世界的蕭峰，屠胡滅石，拯救了幾千年的中華文明。

石遵死後，石虎第三子石鑒登基稱帝，任命冉閔為大將軍、封其為武德王。西元三四九年十一月，石鑒派遣石苞及中書令李松、殿中將軍張才等人深夜埋伏在琨華殿，想藉機殺掉冉閔、李農等人，卻未能成功。石鑒害怕冉閔報復自己，發生叛亂，便假裝不知此事，連夜在西中華門斬了李松、張才、石苞等人。

後來，龍驤將軍孫伏都、劉銖等人集結了三千羯兵暗中埋伏在胡人居住的區域，也想藉機殺掉冉閔等人，也未能獲勝，只能駐兵鳳陽門。冉閔、李農帶著數千士卒毀壞了金明門而入宮，然後從鳳陽門至琨華殿一路屠殺，橫屍遍地，血流成河。

冉閔發布命令告知宮廷內外，六夷凡敢動用兵器者一律斬殺。嚇得胡人有的攻破城門，有的越牆而出，逃亡者不可勝數。他在城內發令稱：「與官同心者留下，不同心者聽任各自離開。」一命令城門不再戒嚴，於是百里之內的趙人都紛紛要求進城，想離城而去的胡羯也堵滿了城門。冉閔明白這些胡人不願為己所用，便親自率領趙人誅殺胡羯，不論貴賤男女少長一律殺頭，死者達二十餘萬，屍體在城外，全被野犬豺狼所吃。

西元三五〇年，冉閔殺死石鑒後，司徒申鍾、司空郎闓等四十八人尊冉閔為帝，冉閔執意要將帝位讓給李農，李農卻以死來堅決請求冉閔登上帝位，於是冉閔於南郊登基稱帝，大赦天下。

他改年號為永興，國號大魏，史稱冉魏，並恢復漢姓冉姓。

為報復胡人對漢人長年的殘暴屠殺，剛剛建政的冉魏皇帝冉閔公開發佈中國歷史上著名的「殺胡令」，飽受胡人殘暴的中原漢軍積極響應，四處屠殺胡人。

冉閔推翻羯趙，稱帝建國後，挾勝利之勢，帶領中原各路漢軍突襲各地胡軍，先後經歷六場惡戰：

（1）、首戰以漢騎三千夜破匈奴營，殺敵將數名，逐百里，斬匈奴首三萬。

（2）、再戰以五千漢騎大破胡騎七萬。

（3）、三戰以漢軍七萬加四萬乞活義軍破眾胡聯軍三十餘萬。

（4）、四戰先敗後勝以萬人斬胡首四萬。

（5）、五戰以漢軍六萬幾乎全殲羌氏聯軍十餘萬。

（6）、六戰又有以步卒不足萬人敵慕容鮮卑鐵騎十四萬不退反進，竟十戰十捷！

迫於冉閔和諸路中原漢軍的武力威脅，氐、羌、匈奴、鮮卑數百萬人不得不退出中土，各自返還隴西或河套草原一帶原來生活的地方，一些胡族甚至從此遷回萬里之外的中亞老家。在返還的路上這些不同民族的野蠻胡族也相互進攻對方，掠殺對方，搶食糧食，甚至以人肉相食，能成功回去的，十個人中僅有二、三人。

五胡亂華時，北方漢人被屠殺到只餘下四、五百萬人，最主要的兇手是匈奴人和源於東歐高加索山脈到黑海草原地區的白種羯族（這個民族有拿人頭祭祀的習慣）。冉閔滅羯趙，殲滅三十多萬羯族與匈奴為主的胡兵。冉閔後來在鄴城對羯族屠殺了二十幾萬，加上全國各省各地的復仇屠殺，羯族與匈奴在血腥的民族報復中被基本殺絕。

匈奴、羌、氐等胡人勢力被迫撤出中原。石遵、石鑒、石琨、石寵、石蟠被滅三族，羯族的主力軍被完全消滅。至此，石虎的十四個兒子，兩個被他自己處死；六個自相殘殺而死；五個被冉閔滅族，一個投靠東晉，被斬於街市；全部死於非命。石虎一生殘殺造孽無數，終於在子孫身上得到了報應。

到五胡亂華的後期，匈奴、羯（匈奴中的白奴白種人）、羌、氐戰敗後式微，只有漢族和鮮卑族仍保持其勢力。

亡國被殺

西元三五二年，鮮卑人慕容儁已攻下幽、薊二州等地，冉閔帶領騎兵與前燕將領慕容恪在魏昌城相遇。冉閔大將軍董閏、車騎將軍張溫說鮮卑氣勢強盛，不可硬抗，先避其鋒芒，等待時機。

冉閔見城中無糧，便將糧食分給百姓，帶領一萬騎兵去慕容恪營中搶糧，結果被鮮卑十四萬大軍（騎兵，還有數萬後續部隊）包圍。冉閔身先士卒，銳不可當，連勝十場。慕容恪命令用鐵鎖把戰馬連接起來成「連環馬」陣，挑選了英勇善射的五千名鮮卑士兵，列成方陣前進。冉閔卻毫無怯意，左持雙刃矛，右執鉤戟，胯下朱龍寶馬，順風迎擊，斬殺三百餘名鮮卑兵。頃刻間燕地騎兵蜂擁而至，重重包圍住冉閔。冉閔寡不敵眾，只能躍馬衝破重圍向東逃跑，走了二十餘里，朱龍寶馬力竭暴斃而亡，冉閔才被慕容恪擒獲，送至薊城（今天津薊縣）。

慕容儁站在冉閔面前問他：「你這個奴僕下人，為何妄自稱作天子？」冉閔怒道：「天下大亂，爾曹夷狄禽獸之類尤稱帝，況我中土英雄呼！（天下大亂，你們夷狄之族，人面獸心，尚且意欲篡位謀反稱帝。我乃一世英雄，憑什麼不能做帝王呢？）」慕容儁大怒，把冉閔鞭打三百下，五月初三日（西元三五二年六月一日），冉閔被送至龍城（今遼寧朝陽），斬冉閔於遏陘山，告祭祖父慕容廆、父親慕容皝廟廷。

冉閔死後，山左右七里草木悉枯，蝗蟲大起，從五月到十二月，天上滴雨未降。慕容儁大驚，以為是天譴，遂派人前往祭祀，追封冉閔為武悼天王，當日天降大雪，過人雙膝（此段內容為正史記載）。

冉閔失敗後，尚書令王簡、左僕射張乾、右僕射郎肅等大臣自殺殉國。

近代歷史學家范文瀾先生評價道：冉閔逞勇殘殺，立國三年，死人無數，失敗是必然的。但是，他的野蠻行動反映著漢族對羯族、匈奴族野蠻統治的反抗情緒，所以他的被殺，獲得漢族人的普遍同情。慕容儁致祭贈謚，正是害怕漢族人給予冉閔的同情心激發敵愾同仇的民族情緒恐將帶來毀滅性的後患。漢魏晉從來沒有亡國後自殺的大臣，因亡國而自殺，是從冉閔的魏國開始的，這也說明漢族與非漢族間鬥爭的極端尖銳。

至於冉閔以區區之力馳騁中原，而東晉又只作壁上觀，是以亡不旋踵，只成為歷史上的悲劇英雄而已。話雖如此，冉閔在距今一千七百多年前，身為漢家兒郎，冉閔的確為華夏文明的延續，以及炎黃子孫的血脈香火承傳做出了扭轉乾坤的偉大貢獻！

冉閔的國家，起於滅胡之志，亡於滅胡之路，雖濫殺以致衰敗，但給亂華的胡人一記錐心的劇痛及教訓：欺我中華者必殺之，亂我中華者必殺之！

名軍大將莫自牢　千軍萬馬避白袍

史上最能打仗的書生

陳慶之

南北朝時期南梁中大通二年四月，梁武帝蕭衍命飆勇將軍陳慶之率南梁七千白袍軍護送北魏皇室元顥北歸洛陽繼位。陳慶之白袍軍歷時一年有餘的北伐，經歷了大小戰役四十七戰全勝！攻城三十二座全克！占領北魏帝都洛陽，席捲北魏半國，打敗北魏五十萬大軍的包圍追擊堵截從容退回南方，威震天下！北方民謠稱：名軍大將莫自牢，千軍萬馬避白袍！

民謠中的白袍是南朝梁的一支軍隊，由於他們都身著白袍而得名。這支白袍神兵只有區區七千人，人數雖少，但是驍勇善戰，面對敵軍數倍，甚至數十倍於他們的規模，白袍軍戰無不勝，攻無不克，前後斬敵三十萬，未曾嚐過敗績。究其原因，因為這支白袍神兵擁有一位充滿傳奇色彩的帶兵主將，號稱史上最會打仗的傳奇文人書生將軍——陳慶之。

陳慶之（西元四八四年～西元五三九年），字子云，義興國山（今江蘇省宜興市）人，南北朝時期南朝梁將領。陳慶之身體文弱，雙臂難開普通弓弩，亦不善於騎馬射箭，但是卻富有膽略，善籌謀，帶兵有方，是一位深得眾心的儒將。史書上並沒有任何關於陳慶之出身的記載，但從他幼年時就給梁武帝蕭衍做隨從來看，陳家絕不是什麼名門望族，頂多也就是個寒門小地主之家。（蕭衍後來在褒獎他的詔書中寫「本非將種，又非豪家」）出生在「上品無寒門，下品無士族」的南北朝時期，陳慶之原本是難以翻身的，可是他有幸給後來的梁武帝當隨從，這才改變了其一生的命運。

南北朝時期，圍棋非常興盛，時任南齊雍州刺史的蕭衍（梁武帝）愛棋如命，下起棋來沒日沒夜。當時侍候蕭衍的隨從們都忍不住勞累打起了瞌睡，只有年幼的陳慶之以超強的精力隨時等待蕭衍的招呼。時間一久，蕭衍也對這個忠於職守的少年有了青睞之心。

南齊永元二年（西元五〇〇年），梁武帝蕭衍起兵討伐暴虐的東昏侯蕭寶卷。當年十二月，蕭衍的大軍就打進了建康城。不久，蕭衍稱帝，改國號為梁。這時的梁武帝蕭衍並沒有忘記自己雍州府邸的那個小書僮，他封年僅十八歲的陳慶之為主書，專門負責處理文書等文職工作。

主書這個官職是晉朝設立的，附屬於中書省，為標準的文職。所以在蕭衍登基的時候，是把陳慶之作為文人對待的。而據《梁書》記載，陳慶之「射不穿札，馬非所便」，也解釋他在勇力方面雖然還不至於手無縛雞之力，然而也絕不是力拔山兮氣蓋世的勇冠三軍的猛將，這也是他和那些留名千古的名將們最大的差別所在。

梁武帝普通六年（西元五二五年）正月，陳慶之四十一歲始領兵，北魏徐州刺史元法僧叛亂不成，在彭城投降南朝梁，並請求梁武帝派兵接應。梁武帝以陳慶之為武威將軍，與胡龍牙、成景俊率梁軍前去接應。北魏君臣一看梁朝不但收留自己的叛臣，還居然順勢霸占自己的地盤，是可忍，孰不可忍！北魏迅速派出安豐王元延明率兩萬騎兵南下進逼徐州。兩千南方步兵對上兩萬北國精騎，恐怕任何一個文官碰到這樣的場面都會退卻。可是陳慶之卻率梁軍一鼓作氣，連續蕩平魏軍兩處營壘，硬是和魏軍打了個平分秋色。

《梁書》中用「進薄其壘，一鼓便潰」這八個字記敘了陳慶之以摧枯拉朽的攻勢撕破敵人的防線。雖然首戰告捷，然而此時卻產生了一件出人意料的變故。問題出在南梁大軍主帥蕭綜身上，他竟然在一天夜裡，扔下整個大軍，隻身一人投降了魏軍。因此梁軍產生混亂，魏軍趁亂攻打，梁軍損失慘重。只有陳慶之帶領本部人馬解圍。雖然這次戰役最終失利，然而陳慶之卻開始顯露過人的軍事才能。

之後，北魏進入多事之秋。西元五二六年，北魏由於胡太后專權，引發了一系列內部動亂。這對於南梁來說正是千載難逢的好機會，南梁派安西將軍元樹進攻壽春，由陳慶之隨同並負責軍事上的指揮。此戰南梁大獲全勝，取得壽陽等五十二座北魏的城池。為了表彰陳慶之在壽春戰役中的出色表現，蕭衍賜封他為關中侯。經過這次戰役，陳慶之已經成長為一位能征善戰的將軍。

西元五二七年，上天再次垂青南梁。此時北魏境內的葛榮率領起義軍攻陷信都，圍攻鄴城。另一方面蕭寶寅在長安兵變稱帝，其他大小叛亂此起彼伏。南梁剛剛在前一年拿下壽春，乘勝進攻廣陵和渦陽（今安徽蒙城）。負責進攻渦陽的南梁方面指揮是曹仲宗，陳慶之當時也在這支軍隊中擔任假節（皇帝的代表）。北魏為解渦陽之圍，派征南將軍常山王元昭率領十五萬人馬（亦說數萬步騎）增援渦陽。魏援軍的先頭部隊行進到距渦陽四十里的駝澗，陳慶之力排眾議提議主動出擊，他親自帶領部下幾百人，突然對敵人前鋒發起進攻，打敗敵軍前鋒。這一仗給魏軍的士氣造成很大打擊，以至魏軍的增援並沒能扭轉渦陽戰場的局勢，雙方進入相持階段。

在隨後大半年的時間裡，其間大小戰鬥數百次，雙方將士苦不堪言。此時魏軍又派來了增援部隊，並且在梁軍的後方開始修築工事，梁軍主將曹仲宗害怕腹背受敵而準備率軍南撤。關鍵時刻，陳慶之拿出了梁武帝賜給他的節仗（性質等同於尚方寶劍），在軍營門前大聲說：「我們這次出兵，經歷了將近一年的時間，耗費了國家巨額的錢糧，經歷了無數戰鬥。現在，你們竟然不考慮如何獲勝，而想著撤軍，你們這哪裡是想著為國家立功，不過是借行軍之名，進行搶掠罷了！我聽說過置之死地而後生的道理，現在如果你們執意要撤退，我只好拿出皇帝賜給我的密詔，依照密詔中的指示行事了！」經過這次營門陳詞，陳慶之取得了梁軍的實際指揮權。

當時魏軍在梁軍周圍已經築起了十三座堡壘，互成犄角之勢。於是陳慶之挑選軍中的精銳數千人馬，趁夜銜枚（戰士嘴上含著像筷子的木棍，即不說話，儘可能絕對的靜音）而出，一夜就攻陷了敵軍的四座堡壘。渦陽守軍經歷了大半年的消耗後，此時也已接近崩潰。渦陽守將王緯開城投降。魏軍剩下的九座堡壘兵力仍然雄厚，梁軍乘勝強攻，剩下的九座堡壘瞬間瓦解，魏軍大舉潰敗。此戰魏軍幾乎全軍覆沒，書稱「屍首淤塞淮水」（屍體和遺棄的兵器車馬竟將淮河的一段河道阻塞）。

渦陽一戰使陳慶之聞名大江南北，梁武帝蕭衍對於他這次的果決行動給予高度讚賞，親身下詔表彰：「本非將種，又非豪家，觖望風波，以致於此。可沉思奇略，善克令終。開朱門而待賓，揚聲明於竹帛，豈非大丈夫哉！」意思就是說陳慶之既不是名將的後代，也不是士族的傳人，可是卻能在戰場上深思熟慮，屢建奇功，陳家也將由寒門變為豪門，陳慶之的名聲也會見於史冊，這才是大丈夫本色啊！

西元五二八年，北魏宮廷再次發生政變，胡太后毒死了十九歲的親生兒子孝明帝，另立三歲的元釗為帝。北魏將領爾朱榮（姓爾朱，名榮）打著替孝明帝報仇的旗號，起兵進入洛陽，在洛陽外河陰，屠殺了包括胡太后和小皇帝在內的兩千多名皇親重臣，這就是著名的河陰之變。一時間北魏朝野人人自危，紛紛投降南梁，其中包括北海王元顥。

梁大通二年（西元五二八年）四月，北魏的北海王元顥帶著自己的部隊向梁武帝投降，請求梁武帝派兵幫其坐上北魏的皇帝寶座。梁武帝欲利用其向北拓地，再不濟也能在魏梁間建立個防衛緩衝地帶，遂封元顥為魏王，命陳慶之率白袍軍七千護送北歸。七千兵馬就想北伐中原，不知道是梁武帝太自信，還是太信任陳慶之的軍事才能，總之陳慶之接到命令後，帶上自己訓練出來的白袍精兵就上路了。當然最後的結局出乎所有人的意料，這一切都因為領軍的人是陳慶之。

陳慶之率軍隊從邊境出發，很快就進逼睢陽（今河南商丘）城下。睢陽守將丘大千，就是那位陳慶之出道時以兩千人馬擊破他的堡壘的魏將，此時擁有七萬重兵把守睢陽。他這次不敢再輕視陳慶之，在睢陽城外連築九道連營，企圖阻擋陳慶之的北進。這是一場七千遠征軍對七萬嚴陣以待以逸待勞守軍的戰鬥，可是這場戰鬥從開始到結束竟只用了不到一天的時間。統帥陳慶之清晨開始發動進攻，在午後申時左右，就連續攻克了九座連營中的三座，丘大千率領剩下的人馬棄械投降。

為了阻止陳慶之繼續北上，魏徵東將軍濟陰王元暉業率領羽林軍兩萬，駐守考城（今河南民權東北）。考城的地勢非常特殊，環城四面被水包圍。元暉業自以為憑藉天險，量陳慶之區區七千人馬如何攻克考城？四月二十日，陳慶之進軍考城。沒想到陳慶之在水上築起浮壘，沒費吹灰之力就攻下考城，並且生擒元暉業。這一戰梁軍繳獲了豐富的戰利品，僅戰車就俘獲了七千八百輛。陳慶之攻克考城後，大軍繼續向西進發，一路上魏軍守將望風而降。五月一日，魏大梁守軍望白袍軍不戰而降。

此時北魏國內局勢發生了轉變，爾朱榮在鄴城以七千精銳騎兵剿滅了葛榮幾十萬起義軍，又打敗了割據長安的蕭寶寅，其他叛亂也紛紛被鎮壓，北魏暫時可以集結強大的兵力來對付陳慶之了。這時，陳慶之的遠征軍被北魏左僕射楊昱率領的七萬羽林軍，擋在了滎陽。而元天穆奉爾朱榮之命，正率領大軍日夜兼程趕赴滎陽。另一支由爾朱世隆（爾朱榮堂弟）率領的一萬人馬進駐虎牢關，截斷了陳慶之的退路。駐守滎陽的七萬羽林軍裝備精良，憑藉滎陽城高池深，守得固若金湯。而元天穆帶來的更是久經沙場的北魏精銳騎兵。北魏這次動員了國內最精銳的軍事力量，誓把陳慶之剿滅於滎陽城下。

陳慶之背後出現元天穆的援軍的時候，滎陽仍然沒有攻克。梁軍看到已方陷入腹背受敵的境地時，軍心開始動搖。此時，陳慶之命令人馬稍作休息，他對手下兵將說：「我們這一路打過來，攻城略地，殺死人家的父兄，搶掠人家的子女不計其數。所以元天穆手下的人馬和我們不共戴天。而今我們只有七千人，而敵人接近三十萬，咱們只能抱定決死一戰的信念了！元天穆帶來的都是騎兵，如果在平原交戰，我們必敗無疑，只有趁元天穆沒有進攻之前攻下滎陽。大家再猶豫的話，那我們只有等人屠宰的份了！」聽了陳慶之的話，眾將士情緒激昂，摩拳擦掌。陳慶之立刻命令發動攻擊，手下勇士前仆後繼，終於在元天穆形成包圍之前攻克滎陽，並且生擒楊昱。

隨後，陳慶之趁著元天穆大軍剛到，陣腳未穩的時機，帶領三千騎兵反撲敵軍。魏軍萬萬沒想到剛剛浴血奮戰疲憊不堪的梁軍，居然敢放棄固守滎陽的有利條件，主動對數倍於己的敵人發動進攻。也許是過於措手不及，總之這場戰鬥的結果是幾萬魏軍全線潰敗，元天穆隻身帶領幾十騎倉皇北逃。陳慶之乘勝奔馳虎牢關，原本駐守虎牢關的爾朱世隆此時已經被陳慶之嚇破了膽，七萬守軍的滎陽都不堪一擊，更何況自己區區一萬人馬？爾朱世隆連猶豫一下都沒有，馬上放棄虎牢關逃跑了。

在北魏將領的心目中，陳慶之是不可戰勝的。北魏孝莊帝倉皇逃往河內（今河南沁陽），留在洛陽的魏臣很識相的迎接元顥進入洛陽。五月二十五日，元顥入洛陽，改元建武。

陳慶之七千白袍軍北伐北魏，居然連戰連捷。在睢陽大破七萬守軍，攻占城池；考城殲滅二萬守軍，攻占城池；進攻七萬御林軍防守的滎陽，膠著中遭北魏援軍二十餘萬包圍，然後在包圍圈形成之前，大破滎陽，攻占城池。創下春秋時期吳國軍隊統帥孫武攻滅楚國國都之後，又一孤軍深入，以少勝多攻占敵國京都的經典戰績。

就在這時，駐守晉陽（今山西太原）的北魏柱國大將軍爾朱榮已經在北面集結了三十萬左右的大軍（號稱一百萬），伺機反撲洛陽。就在元顥入主洛陽六十五天後，爾朱榮帶著從洛陽逃走的孝莊帝，揮師洛陽。此次北魏大軍由爾朱榮親自領兵指揮，這個曾經在北魏不可一世的軍事奇才終於要和陳慶之這個後起之秀的不敗戰神對決疆場。

聽說爾朱榮的大軍南下，那些前期投降元顥的地方勢力又紛紛倒戈投向了爾朱榮，局勢對於元顥一方非常不利。陳慶之為了爭取戰略上的主動，帶領自己的七千白袍軍渡過黃河，駐守中郎城。在中郎城下，和北魏大軍展開鏖戰。

從人數上說，陳慶之處於絕對的劣勢，而且北魏此次的總司令是曾經以七千軍破葛榮幾十萬起義軍的爾朱榮。按理說此次陳慶之完全沒有勝算。然而陳慶之卻再一次創造了軍事奇蹟，在中郎城阻截了爾朱榮三天，這三天裡戰鬥異常激烈，緊接十天內，陳慶之七千白袍軍與爾朱榮大戰十一場，爾朱榮部傷亡慘重，卻不得渡黃河半步。爾朱榮一度心灰意冷，「不得即渡，議欲還北，更圖後舉」，由此可見陳慶之對爾朱榮大軍的打擊有多麼嚴重。最終爾朱榮因為損失慘重而被迫撤兵。

爾朱榮不敢再和陳慶之正面攻戰，偷偷渡過黃河，繞過陳慶之駐守的中郎城，直接攻擊洛陽。北魏大軍渡河成功後，元顥的南防線全線崩潰。元顥本人率帳下數百騎南逃，奔至臨穎時被北魏軍追上被殺身亡，隨即洛陽失陷。至此，陳慶之北伐北魏之戰旋即宣告結束。

元顥死後，陳慶之與七千白袍軍成了孤軍，決定集結南歸回梁。爾朱榮怎會放過這樣的敵人，率軍追擊，但他又不敢追得過近。白袍軍一路從容而退，爾朱榮的部隊不即不離地跟著，就像護送陳慶之南歸一樣。然而這支北魏五十萬大軍都無法殲滅的百勝軍隊，在南歸途中在蒿高一帶渡河時竟然遇到了山洪暴發，受到重創團滅。陳慶之麾下的白袍軍最終竟敗於人類不可預知的天災，蒼天如此，夫復何言？

神奇的南梁白袍軍團遭遇了天災，但他的締造者陳慶之卻神奇倖免於難。失去軍隊的陳慶之化妝成一個僧人躲過爾朱榮大軍的搜捕，逃到豫州，在豫州得到當地人的幫助，才輾轉返回南梁。回到南梁，蕭衍對陳慶之大加封賞，升陳慶之為右衛將軍，永興侯，封邑一千五百戶。

此後陳慶之繼續著他傳奇的戎馬生涯，為南梁捍守疆土，於西元五三九年去世，終年五十六歲。「本非將種，又非豪家，觖望風雲，以至於此。可深思奇略，善克令終。開朱門而待賓，揚聲名於竹帛，豈非大丈夫哉！」梁武帝蕭衍對陳慶之的評價，可謂中肯。

南梁此次北伐，飆勇將軍陳慶之持假節統帥七千白袍軍，將近一年多的時間歷經大小四十七戰，全勝！攻城三十二座，皆克！攻取帝都洛陽，卷北魏半國，威震天下！陳慶之的戰績在歷史上赫赫有名，若非南歸途中遭遇天災，陳慶之和白袍軍還將全身而退。北方民謠稱：名軍大將莫自牢，千軍萬馬避白袍！

第七篇 唐朝名將

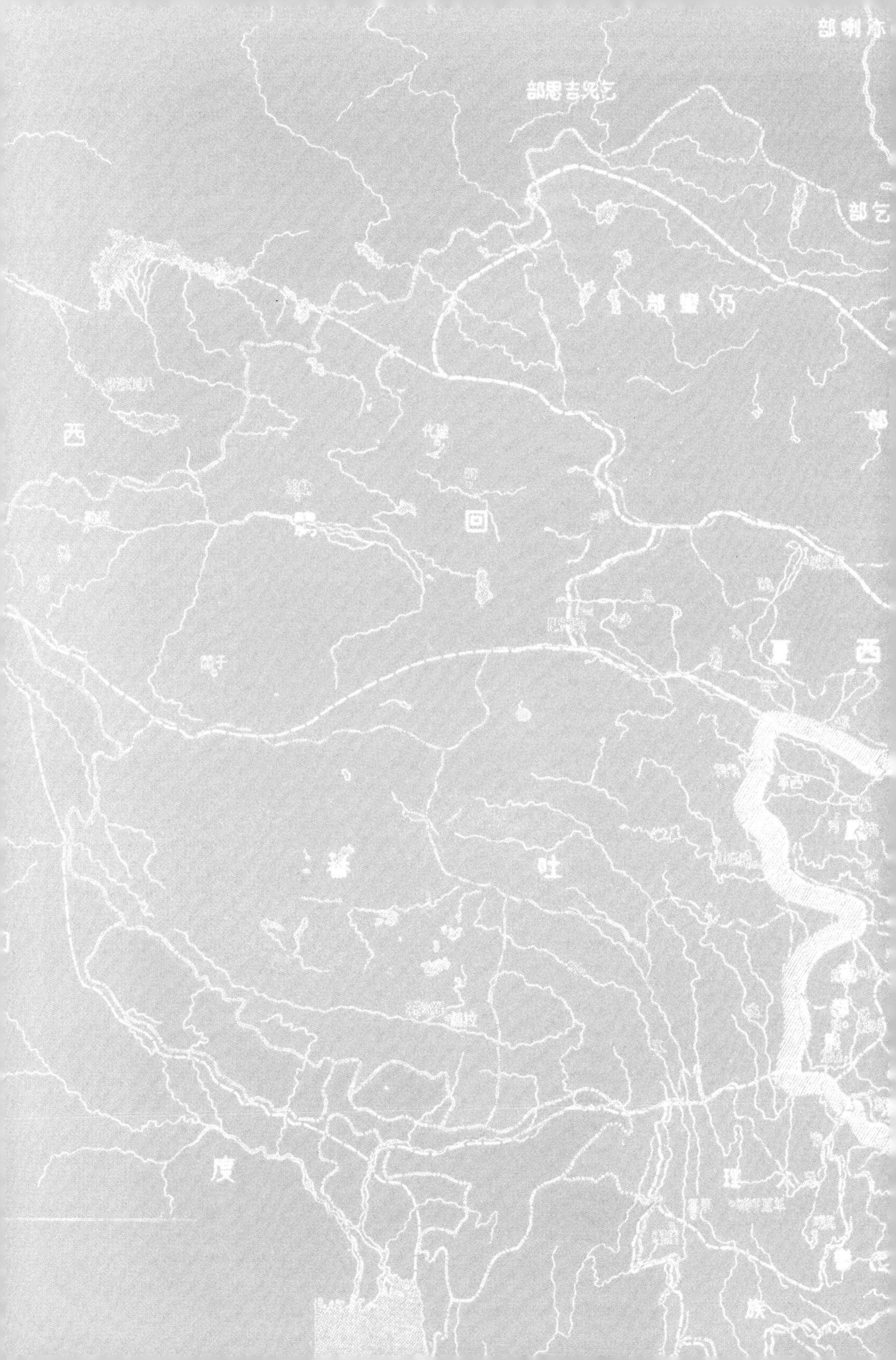

乞兒吉思部
西
回
西夏
吐
蕃
度
理
大
族

托塔天王的原型　絕色美女與名不見經傳的他私奔

輔佐他躋身古代十大名將　兵書傳世

李靖

提起「李靖」這個名字，人們第一個想到的恐怕就是《封神演義》中的陳塘關總兵，哪吒的老爸——李靖了，在《封神演義》這部小說中，李靖最早是拜度厄真人為師，修成了無形幻術，後來哪吒尋仇，他被逼得上天無路、入地無門，最後遇到燃燈道人，密授一寶塔給李靖，李靖用寶塔困住了哪吒。後來父子二人跟隨姜子牙，隨武王起兵伐紂，立下了汗馬功勞，但李靖不願入朝為官，最終肉身成神。

除了這個神話中的李靖之外，中國歷史上還有一位響噹噹的人物，他就是唐朝出征突厥，生擒頡利可汗，滅亡東突厥，肅清塞北，逼得突厥舉族西遷。轉戰西北，平息吐谷渾，為大唐立下不世功勳的千古名將。同時又被民間稱為「風塵三俠」（他和虬髯客、紅拂女）之一的絕代天驕李靖李藥師。當然，也有人認為神話中的托塔天王李靖，其原型其實就是這位唐朝大將軍李靖。

李靖（西元五七一年~西元六四九年），原名李藥師（一說字藥師），是雍州三原（今陝西三原縣東北）人，唐代偉大的軍事家、軍事理論家和政治家。李靖年輕的時候，就以文才武略而聞名，李靖的舅舅——隋朝名將韓擒虎就曾經稱讚外甥李靖：「可與吾論孫吳兵法者，惟李靖一人爾。」

隋朝末年，李靖擔任馬邑（今山西朔縣）的郡丞，他發現太原留守李淵有反隋意圖後，就跑到長安進行告發，哪知道他剛到長安，李淵的大軍就攻入長安，於是被擒，李淵很生氣，欲殺李靖，秦王李世民知道李靖很有才能，極力勸阻，把李靖營救下來，並收歸到自己幕府。

大唐武德三年（西元六二〇年），李靖跟隨秦王李世民攻王世充，功勳卓著，被李世民以軍功授命開府。從此以後，李靖的軍事才能得到了充份施展。唐太宗即位之後，李靖歷任刑部尚書、兵部尚書、檢校中書令等，後來又被封為代國公、衛國公。

李靖將其一生所學，著成兵書，著有《李靖六軍鏡》等兵書多部，但可惜的是，大多兵書已散佚。不過有幸的是，後人還輯有《唐太宗李衛公問對》、《衛公兵法》等兵書。《唐太宗李衛公問對》在北宋神宗時期被定為《武經七書》之一，是中國古代的軍事經典著作，其中的戰爭思想成為歷代名將必學的軍事理論與策略。

論影響，李靖所著兵法及其軍事思想完善和發展了中國古代軍事思想和理論。唐初名將多出自李靖門下，或受李靖教導，造就和發展了藥師系這一支唐初善於避實擊虛，遠程奔襲，連續進攻，徹底瓦解敵軍這樣明顯風格的軍隊。

南平蕭銑

李靖為大唐的統一起到了舉足輕重的影響，唐武德四年（西元六二一年），李靖隨趙郡王李孝恭征討盤踞在長江中下游的蕭銑。九月，李靖趁長江水位暴漲、蕭銑疏於防範的有利時機，帶兵從夔州出三峽，沿長江東下，一路疾兵快馬，一舉攻至江陵城下，蕭銑迫於無奈只得投降。李靖率軍隊進入江陵後，與民秋毫無犯，軍紀嚴明，江南各州郡聞風歸附。接著，李靖再率軍南下廣西，派人到各州進行招撫，使得嶺南地區九十六個州，六十多萬戶歸順了大唐。武德六年（西元六二三年），李靖作為李孝恭的副元帥，輔佐李孝恭平定了輔公祏領導的江淮起義軍。

北滅東突厥

大唐在完成國家統一後，緊接著，解除西北方少數民族長期以來的威脅被提上議事日程。早在唐武德八年（西元六二五年），突厥就有大軍進犯過太原，唐高祖李淵命李靖為行軍總管，帶領江淮軍一萬北上抵禦突厥。唐武德九年（西元六二六年）四月，李靖率軍在靈州與突厥頡利可汗激戰一天，並迫使頡利可汗引兵北退。但在這個時期，大唐還沒有實力與突厥長期全面作戰，為了取得和平，大唐被迫接受了突厥提出的一些屈辱的和解條件。

唐太宗李世民即位後，唐朝的實力日益強大。貞觀三年（西元六二九年），唐太宗李世民決定大舉進攻突厥，於是任命李靖為定襄道行軍總管，統兵十萬，分六路出擊突厥。貞觀四年（西元六三〇年）正月，李靖親自率領三千精騎趁黑夜攻下了頡利可汗的牙帳所在地定襄。後來唐太宗稱讚道：「昔李陵提步卒五千，不免身降匈奴，尚得名書竹帛。卿以三千輕騎，深入虜庭，克復定襄，威振北狄，實古今未有！」

這場戰役勝利後，李靖就被封為代國公。貞觀四年（西元六三〇年）二月，李靖又帶領一萬精騎突襲陰山，俘虜突厥兵千餘。接著趁著大霧向鐵山急進，一舉攻破頡利可汗的牙帳，生擒頡利可汗。就這樣，李靖完成了中國歷史上最著名的一次閃電奇襲戰。更為神奇的是，李靖不僅以幾十分之一的兵力戰勝了三十萬的突厥大軍，而且使得突厥軍隊與大唐軍隊的傷亡比例高達十比一，這一切堪稱世界戰爭史上的奇蹟。從此之後，為患中原多年的東突厥自此滅亡，突厥族被迫西遷。

西破吐谷渾

大唐貞觀八年（西元六三四年），西北方的少數民族吐谷渾進犯邊境。吐谷渾盤踞在現在的青海，這裡地勢險要，唐朝三次征討均無功而返。這一次李靖主動請纓出征，唐太宗任命李靖為西海道行軍大總管，統帥大軍征討土谷渾。李靖一改之前正面進攻的策略，幾十萬唐軍居然改道從青海甘肅交界的狹窄小路穿越而過，變成了從吐谷渾身後發起攻擊，一舉殲滅了吐谷渾的主力部隊（這種從不可能攻擊處予以閃電奇襲的作戰方式，一千兩百年後的法國拿破崙非常擅長，並橫掃歐洲）。後來李靖又在積石山大敗吐谷渾軍，吐谷渾的可汗伏允被殺，其國土盡歸唐朝，從此吐谷渾徹底滅亡。貞觀十一年（西元六三七年），太宗改封李靖為衛國公。

可以說，李靖平東南、逐西北這幾場戰爭使大唐成為了當時最強大的帝國，可見其功勳之大，在大唐的陣營中無出其右，這使他不僅成為唐朝開國第一名將，更晉身成為中國歷史上的十大名將之列。

風塵三俠：李靖與紅拂女的愛情故事

李靖不但是一代名將，在追隨李世民之前還是一位除暴安良的俠士。在民間傳說和野史小說中，他和虬髯客、紅拂女並稱為風塵三俠。李靖與紅拂女的故事更是家喻戶曉。

中國歷史上最浪漫的私奔，除了當年西漢美麗才女卓文君跟司馬相如的故事之外，當屬唐代開國元勛李靖與另一個絕世美女紅拂女的那段迷人往事了。

紅拂女是隋末「風塵三俠」之一，姓張，名出塵，是隋末權相楊素的侍妓。在唐傳奇《虬髯客傳》中，紅拂女為隋朝權臣、司空楊素府中的婢女。因手執紅色拂塵，故稱作紅拂女。紅拂女是李靖的結髮之妻，也是李靖的紅顏知己。

紅拂女初識李靖的時候，李靖還只是一個名不見經傳的年輕人。

由於楊素當時執掌朝政，權傾天下，每天門庭若市。有一天，一個身著布衣的青年來見楊素，向楊素暢談天下大勢。這個青年就是李靖，他一心尋求報國之路。閱人無數的楊素開始非常怠慢，後與李靖談論一番，覺得此人很有前途。但他畢竟年老體弱，不再有遠大的理想，只是安於現狀而已。二人談論之時，當時有一個年輕美貌的女子手執紅拂，侍立在楊素的身邊。

此女正是紅拂，她見李靖氣宇軒昂，身材偉岸，英姿勃勃，神態從容，見解非凡，真英雄俠士也。她被李靖的言辭風采所吸引，而紅拂的美麗也讓李靖印象深刻。李靖與楊素談論多時，李靖確認楊素此人不可扶持，就告辭而去。紅拂見狀，內心已經有了計議。

自古美女愛英雄。紅拂女對李靖一見傾心，不由得心中暗暗傾慕，於是派門人跟蹤李靖，得知他下榻的客棧，自己深夜前往。這天夜晚，李靖獨坐燈前，想著白天的事，覺得前途渺茫，正在發悶，忽聽敲門之聲，一個少年手持行囊闖進來，催促李靖趕快閉門。然後少年解開紫色的衣衫，摘下黑色的帽子，竟變成一個十八九歲眉目如畫的絕世麗人。定睛一看，竟然是白天在司空府見到的侍女。紅拂女開門見山地表明自己的心意：願意投奔李靖，伴隨其闖蕩天下。李靖喜出望外，卻也擔心楊素那邊沒法交代。紅拂女安慰他說：楊素年紀大了，近來多有侍女逃走，司空府不會追究。

有心儀美人主動投奔告白情愫，李靖自然很是高興，當即應允。司空府找不到紅拂女，派人查詢了幾日，最終還是不了了之。於是紅拂女與李靖二人私奔了，扮成商人離開長安。

《舊唐書》說李靖年輕時「姿貌瑰偉」，是個翩翩美少年。而紅拂女更是一個傾國傾城的絕代佳人，而且「觀其肌膚儀狀，言詞氣性，真天人也！」。美女英雄，惺惺相惜！他們的私奔，奔向了大唐開國的歷史戰場，成就了唐初赫赫遠揚的盛世威名。

在愛妻紅拂女的陪伴輔佐下，精通兵法的李靖，盡情施展才華，東征西伐，滅蕭銑、滅輔公佑；平突厥、平吐谷渾，皆獲全勝，是博古通今的軍事大家。唐太宗李世民稱其武功乃「古今所未有」。李靖出將入相，位極人臣，但處世謹慎，明哲保身，卒得善終。

貞觀十七年二月，唐太宗李世民為懷念當初一同打天下的眾位功臣，命閻立本在凌煙閣內描繪了二十四位功臣的圖像，褚遂良題之，皆真人大小，時常前往懷舊。凌煙閣二十四功臣中，衛公李靖排名第八。

貞觀十四年（西元六四〇年），李靖的妻子張出塵（即紅拂女）因病去世。這時李靖已經七十歲了，晚年喪妻，讓失去一生摯愛老伴的李靖不禁老淚縱橫，痛不欲生。他似乎意識到，自己的生命也將走到盡頭了。

張出塵去世後，李靖的身體也每況愈下。與李靖相濡以沫幾十年的妻子撒手而去，李靖回想往事，不禁傷痛欲絕，從此疾病纏身。

貞觀二十三年（西元六四九年）四月，李靖與世長辭，享年七十九歲。唐太宗冊贈司徒、并州都督，給班劍、羽葆、鼓吹，陪葬昭陵。謚曰景武。墳墓如同衛青、霍去病故事，築墳形如同突厥燕然山、吐谷渾積石山二山形狀，「以旌殊績」（以彰顯他特殊的功績）。上元元年（西元七六〇年），唐肅宗把李靖列為歷史上十大名將之一，並配享於武成王（姜太公）廟。

由於李靖戰功顯赫，屢為社稷百姓解危，深受萬民擁戴，並為其建廟供奉，於是到晚唐時候，李靖漸漸被神化了。後來的《封神演義》中，李靖演化成為托塔天王。甚至後來的演義小說如《說唐全傳》更把李靖說成是移山倒海、撒豆成兵的仙人。這些雖然都只是傳說，卻也反映了人們對李靖的敬仰以及對其文治武功的神往。

李世民手下第一猛將
百萬軍中取上將首級

後代民間門神

秦瓊

隋唐時期是個英雄輩出的年代，李元霸（李淵之子）、宇文成都（宇文化及之子）、程咬金、尉遲敬德、秦瓊，都是耳熟能詳的名字，只不過前面兩位是虛構的，真正在當時呼風喚雨、領兵打仗的還是秦瓊、程咬金、尉遲敬德這些人。特別是秦瓊和尉遲恭（字敬德）兩人甚至還都變成了後世民間的門神，一登神界，流傳千古。

在唐朝的眾多將領中，李靖和李勣屬於統帥性質的人物，單兵作戰能力應該不是很強，真正個人實力比較強的應該還是秦瓊、尉遲敬德、程咬金這些人。在這三人中，論武藝高強，最勇猛的就是秦瓊和尉遲恭了，而秦瓊在戰場上戰勝過尉遲恭，因此，在唐太宗李世民的眾多手下將領中武藝格鬥實力最強，位居第一位的非秦瓊這位山東大漢無疑。

隋朝將軍　備受器重

秦瓊（約西元五八五年～六三八年），字叔寶，齊州歷城（今山東濟南市）人，隋末唐初唐朝開國名將，凌煙閣二十四功臣之一，因勇武過人而遠近聞名。一生經歷戰役多達二百場。唐統一後，秦瓊久病纏身，於貞觀十二年（西元六三八年）病逝。秦瓊生前官至左武衛大將軍、翼國公，死後追贈為徐州都督、胡國公，謚號曰「壯」，身後陪葬在唐太宗的昭陵，墓前雕立著石人石馬，以表彰他的戰功。

秦瓊出生於官宦世家，只是家裡的官不是很大，秦瓊長大之後就參軍了，剛開始在來護兒手下任職，來護兒是隋煬帝的寵臣，隋煬帝三征高麗，來護兒都是行軍總管，秦瓊當時具體的職位不清楚，應該是名下層軍官，所以秦瓊母親去世時候，來護兒派人前去弔唁。手下軍士們對此感到奇怪，就問來護兒說：「士兵死亡和家中有喪事的很多，將軍為何只弔唁秦叔寶的家人呢？」來護兒回答道：「此人驍勇彪悍，又有志向氣節，將來必能自己取得富貴，怎能當做卑微之人對待呢？」由此可以看出秦瓊在最早參軍時期就嶄露頭角，得到了長官的賞識。

大敗盧明月，投靠瓦崗軍

隋大業十年（西元六一四年）十二月，秦瓊和羅士信的成名戰，從此揭開了輝煌的新篇章。叛軍盧明月率軍十餘萬進攻祝阿（一說下邳），秦瓊隨齊郡通守張須陀領軍一萬餘人前往征討，雙方對峙數十日後，張須陀糧草將耗盡，形勢對其十分不利。張須陀只能兵行險招，出奇制勝，對將士們說：「盧明月見我軍撤退必定前來追擊，待他們大軍出動營內空虛之時，若有人率兵一千前去襲營定能出奇制勝。只是這個行動實在兇險，不知諸位有誰能去？」

眾將無人應聲，唯有秦瓊和羅士信奮而請戰。張須陀於是讓他們各自領兵千人埋伏於蘆葦叢中，自己率領大軍佯裝棄營逃遁。盧明月果然傾巢而出前往追擊，秦瓊和羅士信趁機發動偷襲。見敵營寨門緊閉無法進入，二人爬上門樓拔下叛軍旗幟，各自殺死數人，之後斬斷門鎖放進了門外的伏兵，一舉縱火燒毀了盧明月軍三十多處營寨。趁著盧明月匆忙回援之時，張須陀率主力掉頭掩殺，大破盧明月軍。盧明月僅率百餘名騎兵逃走，其餘部下皆被俘虜。此戰之後，秦瓊和羅士信的勇武之名遠近馳名。

秦瓊隨張須陀征討瓦崗軍，被李密佯敗後誘至大海寺北林一帶伏擊。張須陀身陷重圍力竭戰死，秦瓊率隋軍殘部依附了據守虎牢的裴仁基。後來秦瓊隨裴仁基歸降後李密非常高興，封秦瓊為帳內驃騎，與程咬金等一起統領八千內軍，待遇十分豐厚。瓦崗軍與宇文化及軍於黎陽童山大戰，混戰中李密被流矢射中墜馬昏厥，部下都逃散而去，秦瓊拚死捍衛保護李密，才使其得以脫險，救出李密後，秦瓊又收攏潰軍與宇文化及軍力戰，將其擊退。

投奔李唐

李密因為勝利變得驕傲自負，不再體恤將士，使得部下紛紛離心，同時由於對王世充的蔑視，紮營時甚至不修築壁壘工事。王世充趁機突然發動襲擊，在邙山腳下大破李密。

瓦崗軍在歷史上名氣非常的響，只可惜將領李密的戰略失誤，導致強盛一時的瓦崗軍土崩瓦解，李密戰敗後懼怕翟讓舊部報復，倉惶西逃長安投奔了李淵。秦瓊被俘後暫時投奔了王世充，被封為龍驤大將軍。

秦瓊因不恥王世充奸詐的為人，與程咬金等人乘王世充和李世民兩軍於九曲對陣之時投奔了李唐，被唐高祖李淵安排到秦王李世民府上任職。李世民對秦瓊的英勇早有耳聞，對他十分禮遇，授予了他馬軍總管的職位，隨自己一同鎮守長春宮。

大敗宋金剛，收服尉遲恭，參與玄武門事變

武德三年（西元六二〇年），當時正好遇到宋金剛、劉武周帶著尉遲恭造反，李世民派秦瓊在美良川（山西聞喜）大敗尉遲恭。隨後唐軍大敗宋金剛，尉遲恭等人獻出介休、永安二城降唐。

秦王李世民征伐竇建德，秦瓊身先士卒，親率數十名精銳騎兵率先衝破竇軍大陣，戰後獲封翼國公，又獲賞賜黃金百斤、帛七千段。秦瓊又隨李世民前往河北平叛劉黑闥。秦瓊並參與玄武門事變，隨李世民誅殺李建成、李元吉，因立功封為左武衛大將軍。後來秦瓊經常生病，每逢病時就對人說：「我戎馬一生，歷經大小戰鬥二百餘陣，屢受重傷，前前後後流的血能都有幾斛多，怎麼會不生病呢？」

玄甲軍將領，百萬軍中取上將首級

秦瓊跟隨李世民討伐王世充、竇建德、劉黑闥當時，李世民旗下有一支精銳部隊玄甲軍，身穿黑衣玄甲，由秦瓊、程咬金、尉遲恭和翟長孫四人分別統領，每次作戰秦瓊都是前鋒，所向披靡，戰無不勝，攻無不克。

民間傳說常看到說某位將軍如何神勇，可以百萬軍中取上將首級，但一般多半沒有確切的證據，但秦瓊不是，《新唐書》和《舊唐書》都有記載，秦瓊有一項能力讓唐太宗李世民很是欣賞，秦瓊自己也頗為自負，那就是躍馬負槍而進，必刺之萬眾之中，莫不如志。簡單說就是，秦瓊騎馬持槍在敵人陣營中奔馳，必能在萬軍中擊敗對手，沒有不成功的。

這種場景應該就是趙子龍長坂坡救主的那種情形，或者是金庸天龍八部裡蕭峰在層層遼軍大軍中幫助耶律洪基捉拿擊敗造反的楚王那一幕，在敵陣千軍萬馬中來去自如，場面應該非常精彩。

秦瓊的武器

說到秦瓊慣用的武器，一般印象中，秦瓊是持雙鐧的，實際上不是。包括程咬金，他慣用的也不是歷史上有名的三板斧。秦瓊、程咬金、尉遲恭他們的武器都是馬槊（馬槊是一種馬上使用的長槍）。史書曾記載，李世民評價尉遲恭，說公執槊相隨，雖百萬眾若我何，可見對尉遲恭功夫的欣賞。程咬金也是，《舊唐書》記載程咬金，程知節，少驍勇，善用馬槊。秦瓊更不用說了，《舊唐書》：叔寶善用馬槊，拔賊壘則以寡敵眾，可謂勇。

民間門神

民間過年時貼門神的習俗就是從唐朝而來，就是在過年的時候在自家門上貼上秦瓊與尉遲恭的畫像。相傳，唐朝貞觀年間，涇河龍王為了和一個算卜先生賭氣打賭，結果犯了天條，罪該問斬，玉帝任命魏徵為監斬官。涇河龍王為求活命，向唐太宗求情，唐太宗答應了。

到了斬龍王的那個時辰，唐太宗李世民便宣召魏徵與之對弈。沒想到魏徵下著下著，打了一個盹兒，就靈魂升天，將龍王斬了。龍王抱怨唐太宗言而無信，日夜在宮外呼號討命。唐太宗告知群臣，秦叔寶奏道：「願同尉遲敬德（尉遲恭字敬德）戎裝立門外以待。」太宗應允，那一夜果然無事。太宗因不忍二將辛苦，遂命巧手丹青，畫二將真容，貼於門上。後代人相沿下來，於是，這兩員大將便成為千家萬戶的守門神了。其中執鐧者便是秦瓊（據史書所記及前述，秦瓊習慣擅長的兵器應是馬上使用的長槍曰馬槊，而非雙鐧），執鞭者是尉遲敬德。

此將勇猛如項羽　神射賽哲別
屢立奇功

薛仁貴

他是中國歷史上唯一一位，能讓敵人在未開戰之時就下馬跪拜的將軍！他打敗過鐵勒等諸多外族侵略，他是一個讓華夏民族驕傲的將領，一個讓人尊敬的英雄！薛仁貴（西元六一四年～六八三年），絳州龍門（今山西河津）人，唐太宗、唐高宗時期名將。隨唐太宗李世民創造了「白衣破高麗」、「三箭定天山」、「脫帽退萬敵」等諸方面在軍事、政治上的赫赫功勳，為國鞠躬盡瘁，死而後已。

薛禮，字仁貴，是南北朝時期北魏名將薛安都的六世孫，出身於河東薛氏世族，曾祖父薛榮，官至北魏新野、武關二郡太守、都督，封澄城縣公。祖父薛衍，北周御伯中大夫。父薛軌，隋朝襄城郡贊治，其父薛軌早喪，因此家道中落。

薛仁貴少年時家境貧寒、地位卑微，但是薛仁貴勤於習文練武，刻苦努力，天生臂力過人，雖然一身本事，但是生於亂世之中，也不能有什麼發展，長大務農，娶妻柳氏（柳迎春）。到三十歲時，記載中描寫他窮困不得志，希望遷移祖墳，帶來好運，他的妻子柳迎春說：「有本事的人，要善於抓住時機。現在當今皇帝御駕親征遼東，正是需要猛將的時候，你既有這一身的本事，何不從軍立個功名？等你富貴還鄉，再改葬父母也不遲！」薛仁貴聽了覺得有道理，就告別妻子，去新絳州城裡拜見張士貴將軍，應徵入伍，開始了他馳騁沙場四十年的傳奇經歷。

白衣破高麗

薛仁貴儘管只是唐朝軍隊中的一名小兵，但他從小深受父親影響，對於行軍打仗是非常嫻熟的。他投軍後參加的第一次戰鬥，就是唐太宗皇帝御駕親征的征伐高句麗戰爭。在戰鬥中，唐朝的將領劉君邛受到對方的圍攻，眼看就要性命不保的關鍵時刻，薛仁貴儘管只是一個小兵，卻按捺不住拍馬殺出，一出手當即就取了對方將軍的首級，將頭懸掛於馬上，大有三國關羽溫酒斬華雄的氣勢與殺氣。而唐朝將領劉君邛也趁機脫圍，敵軍沒有想到唐朝軍隊光一個小兵就這麼勇猛剽悍，高句麗軍觀之膽寒，當即嚇得立刻撤軍。

初立戰功，他在唐朝軍隊中立刻就享有了赫赫威名，而他在戰場上的這番表現，更是被唐太宗現場親眼看在眼裡，只不過因薛仁貴人微言輕，唐太宗一時也沒有太把薛仁貴放在心上。

然而此後薛仁貴在又一次戰鬥中的表現，徹底地征服了太宗皇帝。在這場由唐太宗李世民親自主導的戰役中，薛仁貴一馬當先，手裡提著戟槍，腰間挎著雙弓，一馬當先站在前面，所到之處勢不可擋，白色的戰袍在兩軍交戰中顯得格外耀眼，唐朝軍隊士氣大振，紛紛跟在他後面奮勇殺敵，當即就擊潰了高句麗的軍隊，一戰殺敵兩萬餘人。在這次戰役後，唐太宗李世民對薛仁貴讚賞有加，親自接見了當時還默默無名的薛仁貴，除了送上很多的賞賜之外，還將他直接提拔成了游擊將軍。

在此後征討高句麗的戰鬥中，由於唐軍將領李勣不把對方看在眼裡，甚至大放厥詞，表示破城以後要屠殺城中百姓，使得高句麗軍民一心、誓死抵抗，在天寒地凍的條件下，大唐軍隊只好班師回國。在回朝途中，唐太宗李世民親自對薛仁貴表示，儘管沒有拿下遼東高句麗，但我很高興能夠得到你這員猛將，並任命他為中郎將，派他守衛玄武門，可見對他有多麼的信任。

太宗皇帝去世之後，唐高宗繼位，有一次天降暴雨，洪水泛濫，眼看就要淹過玄武門，當時把守城門的將士從來沒有見過這樣的狀況，嚇得四散奔逃。就在這個時候，薛仁貴為了救出高宗皇帝，他冒著被砍頭的危險（未按體制接近當今聖上），及時向宮內示警，這才使得唐高宗李治驚險地避過了這場洪水。但也因他的當機立斷，冒死救駕有功，獲得唐高宗的讚賞。為此，高宗特地賜給了他一匹御馬。

高宗乾封元年（西元六六六年），唐朝屬國高句麗出現政變，唐高宗派出使者前往慰納，卻遭到高句麗軍隊的襲擊，薛仁貴率軍與李勣等人前往平定叛亂，他身先士卒，不顧生死，使得軍心振奮，一到了高句麗就連破數城，降敵數萬。唐高宗此後再派他作為唐將程名振的助手再次進攻高句麗，這時對方有一名將軍能騎善射，殺得唐軍不敢上前，他一怒之下單槍匹馬殺了過去，竟然當場生擒對方戰將，經此一戰，唐軍殺敵三千以上，高句麗潰不成軍。

高宗干封三年（西元六六八年），薛仁貴的部隊攻占堅固的扶餘城。之後高句麗連續四十多座城市直接向薛仁貴投降，薛仁貴威震遼海，神威四方。自此，高句麗所最懼怕之人為薛仁貴。

就這樣薛仁貴大軍沿途破城抵達平壤城下，與從行軍大總管李績等諸路大軍會師平壤，大軍合圍，攻破平壤，薛仁貴親自接受高句麗國王投降。根據史料記載，高句麗國王高藏在向薛仁貴投降簽字的時候，連抬頭看薛仁貴的勇氣都沒有，可見威懾力到了何種地步。薛仁貴此次平定叛亂功勞巨大，被授右武衛大將軍，封平陽郡公，奉命率兵鎮守平壤。

自此，隋唐幾代帝王滅亡高句麗的願望終於在唐高宗這裡得到了實現。如果仔細研讀過這段史料的話，大家就會很清楚，高句麗實為薛仁貴所滅，他起了關鍵和決定性的作用，而並非是李績。可惜後世史書上卻把征東的大功勞給了薛仁貴這次任務的元帥李績。

三箭定天山

薛仁貴是中國歷史上唯一一位，能讓敵人在未正式開戰之前就直接下馬跪拜投降的將軍。堪稱前無古人，後無來者！

唐高宗龍朔元年（西元六六一年），回紇首領去世，新任的首領鐵勒酋長比粟夥同其他部落大舉起兵犯境，唐高宗任命鄭仁泰為鐵勒道行軍大總管，薛仁貴為鐵勒道行軍副大總管，出兵討伐思結、拔也固、仆骨、同羅四部。

臨行，唐高宗特在內殿賜宴，席間唐高宗對薛仁貴說：「古代有善於射箭的人，能穿透七層鎧甲，你射五層看看。」薛仁貴應命，置甲取弓箭射去，只聽弓弦響過，箭已穿五甲而過。唐高宗大吃一驚，當即命人取堅甲賞賜薛仁貴。

當時鐵勒九姓擁十萬鐵騎嚴陣以待，打算憑藉天山地利，企圖與大唐雄師一決勝負。當時他們派出數十名驍勇善戰的勇士向著薛仁貴殺了過來，在形勢危急時刻，薛仁貴眼明手快地騎馬彎弓射箭，只聽得嗖嗖嗖三聲箭響，敵方衝在最前面的三名勇士立刻中箭倒在馬前身亡，其他人嚇得當即不敢前進，為了能夠活命，紛紛從馬上跳下來投降，放棄抵抗。薛仁貴帶著大軍掩殺過去，大敗回紇軍，也留下了三箭定天山的美名。

鐵勒騷擾唐朝邊境數十年，為了消除後患，薛仁貴命令部下將十三萬已經投降的回紇鐵勒人就地坑殺，製造了中國歷史上駭人聽聞的殺降暴行。鐵勒人害怕了，拚命逃竄，薛仁貴追擊到漠北，擒獲了鐵勒九姓首領葉護三兄弟。從此鐵勒九姓突厥衰落，唐朝軍中戰士歌唱道：「將軍三箭定天山，壯士長歌入漢關」。

活埋鐵勒軍十三萬，使薛仁貴成了歷史上著名的屠俘將領。在外族眼中，薛仁貴成了天上下凡的殺星，大唐敵人眼中的惡煞死神。

脫帽退萬敵

唐高宗開耀元年（西元六八一年），已經六十八歲高齡的薛仁貴開始了自己人生最後的一場光輝戰爭。薛仁貴帶病冒雪率軍進擊，以安定北邊。領兵到達雲州時（今大同一帶），和突厥的阿史德元珍作戰。突厥人問道：「唐朝的將軍是誰？」唐兵說：「薛仁貴。」突厥人不信，說：「我們聽說薛仁貴將軍發配到象州，已經死了，怎麼還能活過來？別騙人了！」薛仁貴於是脫下頭盔，讓突厥人看。

因為薛仁貴威名太大了，以前曾經打敗過九姓突厥，殺過許多人，突厥人提起他都怕，眼前看見了活的薛仁貴，立即下馬跪拜，把部隊撤回去。薛仁貴來了就是打仗的，哪裡會因為受了幾拜就客氣，立即率兵追擊，打了一個大勝仗，斬首一萬多，俘虜三萬多，還繳獲了許多牛馬。

薛仁貴作戰勇猛，並且善用奇兵，屢敗北方各族，還曾任安東都護數年管理朝鮮一帶，薛仁貴治理期間，撫養孤兒，贍養老人，治理盜賊，提拔任用高句麗的人才，表彰獎勵品德高尚、行為優異的百姓，高句麗人民安居樂業，有人甚至忘卻亡國之痛，代表薛仁貴理政才能也是不錯的。

不過他在戰爭中有時治軍不嚴，縱兵擄掠，收受賂賄，又往往殺戮過多，失之殘酷。與演義中的人物相比，薛仁貴武功並無多少誇大，但人品則略顯不足。在小說中，他是被親生兒子薛丁山射殺的。但是在歷史記載中可不是，老將軍去世的真正原因是在雁門關病死的，享年七十歲。追認為左驍衛大將軍、幽州都督。人生七十古來稀，這在古代已經算是很大的年紀了，更何況是武將。

功蓋天下而主不疑　位極人臣而眾不嫉　一生歷經七朝

四朝為將　《天官圖》五福俱全老人

郭子儀

中國歷代王朝文臣武將因功高震主而被殺的多如牛毛，能做到位極人臣而眾不嫉的也沒幾個。而歷史上偏偏就有這麼一位奇人，司馬光在《資治通鑑》中用四句話評價他：功蓋天下而主不疑，位極人臣而眾不嫉。窮奢極欲而人不非之，天下以其身為安危殆三十年。這就是郭子儀，唐朝名將。

郭子儀（西元六九七年~西元七八一年），華州鄭縣（今陝西華縣）人，祖籍山西太原，唐代政治家、軍事家。郭子儀領兵打仗往往都是以身作則身先士卒。軍隊所到之處對百姓秋毫不犯。官兵在閒時還要自己參與耕種勞動，自給自足。郭子儀在安史之亂中對於保衛大唐國祚發揮著極其關鍵的作用，可以說挽狂瀾於既倒，扶大廈之將傾。

郭子儀一生中最輝煌的時刻始於安史之亂。他本是武則天時期的武狀元，並因此入仕從軍，積功至九原太守，一直未受重用。直到安史之亂這場叛亂方才將他推到了歷史的風口浪尖上。安史之亂爆發後，郭子儀任朔方節度使，此時的郭子儀奉肅宗之命，率軍勤王，收復河北、河東等地，拜兵部尚書、同中書門下平章事。西元七五七年，郭子儀與廣平王李俶收復西京長安、東都洛陽，以功加司徒，封代國公。西元七五八年，進位中書令。安史之亂平定後，郭子儀功高蓋主被皇帝解除兵權。此時的郭子儀表現出超高的情商，表示坦然接受，賦閒在家。

西元七六二年，太原、絳州兵變，郭子儀再度奉召出馬，被封為汾陽王，出鎮絳州，不久又被解除兵權。西元七六三年，僕固懷恩勾結吐蕃、回紇入侵，長安失陷。郭子儀被再度啟用，任關內副元帥，再次收復長安。西元七六五年，吐蕃、回紇再度聯兵內侵，郭子儀在涇陽單騎說退回紇，並擊潰吐蕃，穩住關中。

西元七七九年，郭子儀被德宗李适尊為「尚父」，進位太尉、中書令。郭子儀相貌英俊，身材魁梧，為人果敢，公正無私。他一生經歷了武則天、唐中宗、唐睿宗、唐玄宗、唐肅宗、唐代宗、唐德宗七朝。在玄宗、肅宗、代宗、德宗四朝為將，前後共六十餘年，其中有二十餘年繫天下安危於一身，為維護唐朝的統一和社會的安定做出了巨大的貢獻。

郭子儀在平定安史之亂、收復兩京、智退吐蕃回紇的戰鬥中有勇有謀、立下赫赫戰功。但他為人居功不傲，寬厚待人，知所進退，是由武舉起家逐步成長起來的聞名遐邇的軍事將領。史書稱他「再造王室，勛高一代」，「以身為天下安危者二十年」。西元七八一年，郭子儀去世，追贈太師，謚號忠武。在中國歷代，「忠武」為臣子謚號的最高等級，郭子儀與歷史上備受尊崇的諸葛孔明及岳飛謚號同為「忠武」，可見他對國家的貢獻及當朝皇帝對他的器重。

郭子儀一生兢兢業業，皇帝隨傳隨到。雖然因為功高蓋主無形中威脅到皇帝的寶座，但郭子儀從未動過一絲邪念，即使一生屢次遭皇帝解除兵權，郭子儀亦從未有過一絲怨念。他總是在李唐需要他的時刻及時出現。一生為李唐立下汗馬功勞，也贏得了生前身後名。

郭子儀，被歷史定位為「忠貞懸日月、德義貫天地」，「雖呂望、周公比之不及，齊桓、晉文較之為遜，自秦而漢，無與倫比」的大唐忠武之魂。

誠感魚朝恩

郭子儀抵禦吐蕃時，魚朝恩（唐代宦官，曾為觀軍容宣慰處置使，監軍九節度，一度權傾朝野）指使人挖掘其父墳墓，大臣都擔心郭子儀舉兵造反。郭子儀入朝後，代宗將此事告訴他，他流淚道：「我長期帶兵，不能禁止士兵損壞百姓的墳墓，別人挖我父親的墳墓，這是上天懲罰，不是有人和我過不去。」後來，魚朝恩請郭子儀赴宴，宰相元載派人對他說魚朝恩將對他不利，部下也要求跟隨前往。郭子儀沒有同意，只帶十幾個家僮前去。魚朝恩問道：「您的隨從怎麼這麼少？」郭子儀把聽到的話告訴了他。魚朝恩感動得哭道：「若非您是長者，能不起疑心嗎？」

懇辭尚書令

唐代宗任命郭子儀為尚書令，郭子儀懇辭不受。唐代宗又命五百騎兵持戟護衛，催促他到官署就職。郭子儀仍不肯接受任命，道：「太宗皇帝曾任此職，因此歷代皇帝都不任命，皇太子任雍王，平定關東，才授此官，怎能偏愛我，違背重要規定。而且平叛以後，冒領賞賜的人很多，甚至一人兼任幾職，貪圖升官不顧廉恥。現在叛賊基本平定，正是端正法紀審查官員的時機，應從我開始。」代宗無奈，只得應允，並將他辭謝的事跡交給史官，記入國史。

單騎退回紇

僕固懷恩引回紇、吐蕃入寇，時已年屆古稀的郭子儀，身不卸甲，馬不歇鞍，率兵屯駐涇陽。敵軍圍城，郭子儀親自上陣。回紇兵奇怪地問：「這個人是誰？」得知是郭令公後吃驚地說道：「郭令公還在嗎？僕固懷恩說大唐天子駕崩，郭令公去世，中國無人主持，所以才入侵。郭令公如今健在，大唐天子還在嗎？」得知皇帝健在後，道：「我們被僕固懷恩給騙了。」

郭子儀派人對回紇人道：「過去你們不遠萬里，幫助我們平定叛賊，收復長安、洛陽，我和你們共過患難。現在你們拋棄舊友，幫助叛變臣子，對你們有什麼好處？」回紇人回答道：「我們本來以為郭令公去世了，不然怎麼會來這裡？如果令公活著，我們能見他一面嗎？」郭子儀便要出城相見，部下紛紛勸阻。

郭子儀道：「敵軍是我們的幾十倍，我們無法抵敵，我要用誠意感動他們。」命人喊道：「郭令公來了！」郭子儀率幾十名騎兵出城，面見回紇首領道：「我們曾一起共患難，怎麼如今把這些交情給忘了？」回紇人都放下兵器下馬跪拜，並說道：「果然是我們的父輩。」

郭子儀就喊他們一起喝酒，送綢緞結交，發誓保證雙方將和以前一樣友好，接著說道：「吐蕃本是與大唐和親的國家，無端侵略，是不認親人。吐蕃的馬牛佈滿幾百里地，諸位如果反戈攻擊吐蕃，就如同拾取（地上撿到的）一樣，這是上天的恩賜，不能失去良機。況且逐走異族獲取實利，和我國繼續友好，不是一舉兩得嗎？」回紇人聽後，答應退兵。郭子儀在涇陽單騎說退回紇後，接著大破三十萬軍吐蕃軍，穩住關中。

大唐（甚至中國）名留青史的名將中，面對敵人大軍卻能靠著往日威名，光靠露個臉即能退敵而挽國家兵戎之危者，惟郭子儀與薛仁貴二人矣！

醉打金枝，囚子請罪

郭子儀的駙馬兒子郭曖曾醉酒後掌摑妻子昇平公主，罵道：「你仗著父親是皇帝嗎？我父親不稀罕當皇帝！」公主大怒，回宮告訴父親。代宗道：「他說的沒有錯，郭令公要是想當皇帝的話，天下就不是我們家的了！」並命公主回家。

郭子儀得知後，將郭曖關起來，自己去向皇帝請罪。代宗道：「俗話說『不痴不聾，不做阿家阿翁』，子女夫妻間的事，不用理他！」郭子儀回來後，將郭曖杖打數十。這就是醉打金枝（駙馬喝醉打了金枝玉葉的公主）的由來。

唐肅宗曾對郭子儀說：「吾之家國，由卿再造」。唐德宗時，賜稱「尚父」。歷史記載，郭子儀年八十五而終。他所提拔的部下幕府中，有六十多人，後來皆為將相。八子七婿，皆貴顯於當代。

做人當做郭子儀，「五福俱全」萬人羨

《天官圖》是中國古代民間懸掛在中堂內的畫，畫上的人物就是郭子儀。人們之所以樂於供奉郭子儀畫像，是因為郭子儀是個「五福俱全」之人。

「天官」是老百姓對郭子儀的尊稱，就像民間把關羽尊為「武聖」一樣。這是因為郭子儀為人大度、與人為善、品德醇厚。由於其人生軌跡完全符合中國古代所言的「五福」特徵，因此稱為「五福俱全」之人。

據《尚書》記載：「五福，一曰壽，二曰富，三曰康寧，四曰攸好德，五曰考終命。」《新論》：「五福，壽、富、貴、安樂、子孫眾多。」可見五福指的是長壽、富貴、健康、安樂、善終、子孫眾多等含義。

據《太平廣記》記載，郭子儀：「權傾天下而朝不忌，功蓋一代而主不疑，侈窮人慾而君子不罪。富貴壽考，繁衍安泰，終使人倫之盛無缺焉」。

郭子儀是唐代軍事家，平定安史之亂，收復洛陽、長安兩京，戰功赫赫，晉為中書令，封汾陽郡王。郭子儀戎馬一生，屢建奇功，在當時的朝廷和民間都具有很高的威望。他所提拔的部下幕府中，有六十多人，後來皆為將相。唐肅宗曾對郭子儀說：「吾之家國，由卿再造」。唐德宗時，賜稱「尚父」。

郭子儀一生榮華富貴，善始善終，八子七婿，皆貴顯於當代。兒孫滿堂，終年八十五歲，在當時絕對是高壽。這在古人眼裡就是完美人生的體現。人們崇敬他，希望能有和他一樣的幸福美滿人生，於是稱其為「天官」，繪圖加以供奉。

第八篇　宋朝名將

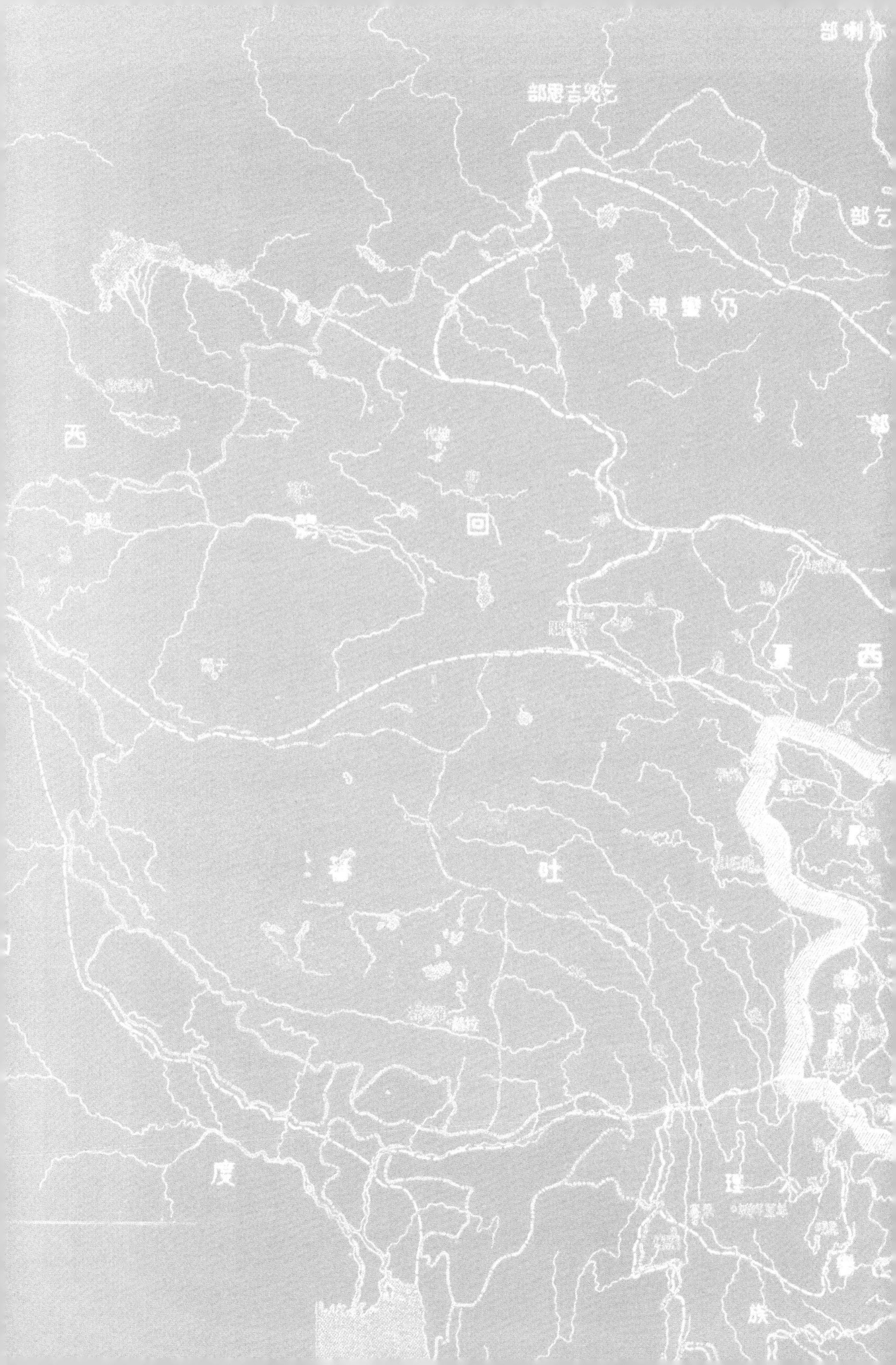

乃蠻部
回
西夏
吐
度

青山有幸埋忠骨　白鐵無辜鑄佞臣

南宋抗金名將　民族英雄

岳飛

怒髮衝冠，憑闌處、瀟瀟雨歇。抬望眼，仰天長嘯，壯懷激烈。三十功名塵與土，八千里路雲和月。莫等閒，白了少年頭，空悲切。靖康恥，猶未雪。臣子恨，何時滅。駕長車，踏破賀蘭山缺。壯志飢餐胡虜肉，笑談渴飲匈奴血。待從頭、收拾舊山河，朝天闕。

——《滿江紅》岳飛

岳飛（西元一一〇三年～西元一一四二年）字鵬舉，宋相州湯陰縣永和鄉孝悌里（今河南安陽市湯陰縣程崗村）人，中國歷史上著名的軍事家、戰略家、書法家、詩人、抗金名將、民族英雄，位列南宋中興四將之首。他堅決力主抗金，十餘年間，率領岳家軍同金軍進行了大小數百次戰鬥，所向披靡，位至將相。

相傳岳飛小時候家境貧困，母親就用樹枝在沙上教他識文斷字。岳飛自幼聰慧過人，讀書過目不忘，且痴迷武功，習練甚勤。岳飛十九歲時投軍抗遼，不久因父喪，退伍還鄉守孝。西元一一二六年金兵大舉入侵中原，岳飛再次投入軍旅，開始了他抗擊金軍，保家衛國的戎馬生涯。傳說岳飛臨走時，其母姚氏在他背上刺了「精忠報國」四個大字，這成為岳飛終生遵奉的信條。

西元一一四〇年，岳飛揮師北伐，相繼收復鄭州、洛陽、蔡州、陳州、鄭州等地，接著在郾城、潁昌大破金軍精銳鐵騎兵「鐵浮圖」和「拐子馬」，乘勝進占朱仙鎮，距開封僅四十五里。

此次北伐岳家軍連戰皆捷，勢如破竹，岳飛消滅了金軍主力部隊，金軍全軍軍心動搖，金人領袖金兀朮連夜準備從開封撤逃。南宋抗金戰爭有了根本的轉機，再向前跨出一步，淪陷十多年的中原，就可望收復了。在朱仙鎮，岳飛招兵買馬，連絡河北義軍，積極準備渡過黃河收復失地，直搗黃龍府。他激動地對諸將說「直搗黃龍府，與諸君痛飲爾！」收復大宋河山近在咫尺！而金軍諸將則發出了「撼山易，撼岳家軍難」的哀嘆。

但是，外敵難以撼動的岳家軍，卻遭到了南宋朝廷內部投降派的摧殘。就在這抗金戰爭取得輝煌勝利的時刻，甘心充當兒皇帝的宋高宗趙構和秦檜卻依然一心求和，連發十二道金牌班師詔，命令岳飛退兵。岳飛抑制不住內心的悲憤，仰天長嘆：「十年之功，毀於一旦！所得州郡，一朝全休！社稷江山，難以中興！乾坤世界，無由再復！」他壯志難酬，只有揮淚班師。

後在宋金議和過程中，「殺岳飛」成為金人堅持的議和前提（金兀朮寫信給秦檜：必殺岳飛而後可和），岳飛因此遭受秦檜、張俊等人的誣陷，被捕入獄。岳飛正氣凜然，光明正大，忠心報國。從他身上，秦檜一夥找不到任何反叛朝廷的證據，韓世忠當面質問秦檜，秦檜支吾其詞「其事體莫須有（難道沒有嗎？）」韓世忠當場駁斥：「莫須有」三字，何以服天下？

岳飛被宋高宗趙構以及奸臣秦檜以「莫須有」的「謀反」罪名，於紹興十一年（西元一一四二年）農曆除夕夜，被宋高宗下令賜死於臨安大理寺內，時年三十九歲。岳飛部將張憲、兒子岳雲亦被腰斬於市門。民族英雄岳飛，就在「莫須有」的罪名下，含冤而死。臨死前，他在供狀上寫下「天日昭昭，天日昭昭」八個大字。這是悲憤的呼喊！

岳飛是南宋最傑出的統帥，他重視人民抗金力量，締造了「連結河朔」之謀，主張黃河以北的抗金義軍和宋軍互相配合，夾擊金軍，以收復失地。

當時岳飛的戰略思考是正確的：以南宋的經濟實力，加上多年來岳家軍的戰功所累積的軍事實力，南宋完全有能力可以收復失地，但卻因宋高宗趙構的錯誤決定（或自私的決定：一來不願迎回徽、欽二帝，二來宋朝自開國以來既有國策，擔心武將坐大謀反取而代之，無論該武將是有心或無意。猶如當年宋太祖趙匡胤陳橋兵變，黃袍加身，建立宋朝事件重演。而這兩個顧慮每一個都讓宋高宗趙構感到芒刺在背，坐立難安）貽誤了戰機。

金國滅了北宋以後，趙構登基為帝，而趙構的登基為金軍所佔據的當年北宋土地的義師們帶來了期望，知道這個國家還沒有亡國，而北宋又是個重文輕武的國家，因而大眾的心裏對宋朝的歸屬感很強，即使被金兵佔據了，可是依然團結起來反抗，不肯卑屈做亡國之民。

岳飛精通韜略，也精於騎射，並長於詩詞、書法。岳飛文才出眾，儒雅博學，文學造詣頗高。他率領的軍隊被稱為「岳家軍」，金人流傳著「撼山易，撼岳家軍難」的名句，是當世對「岳家軍」的最高讚譽。岳飛的文學才華也是歷代將帥中少有的，他在出師北伐，壯志未酬的悲憤心情下寫的千古絕唱《滿江紅》，一直激勵著無數中華兒女不畏艱難困苦，自強不息的精忠報國情懷。

岳飛治軍，賞罰分明，紀律嚴整，又能以身作則體恤部屬，岳家軍有「凍殺不拆屋，餓殺不打虜」的軍紀。岳家軍戰功彪炳，超過百戰從無敗績，堪稱金軍剋星天敵，連金軍也感嘆：「撼山易，撼岳家軍難！」岳飛反對南宋朝廷「僅令自守以待敵，不敢遠攻而求勝」的消極防禦戰略，一貫主張積極進攻，以奪取抗金戰爭的勝利。他是南宋初期唯一組織大規模進攻戰役的統帥。

岳飛是中國歷史上最偉大的軍事家之一。從正史《宋史。岳飛傳》上的記載可見，岳飛作戰絕大多數是以少擊多，每戰必勝。生平大小一百三十餘戰無一敗績。南熏門之戰等戰役甚至以八百壯士擊潰五十萬敵軍，稱之為戰神亦當之無愧！岳家軍戰術多變，常常分成多個獨立的戰鬥小組，緊密配合。與敵人作戰時，往往在距離敵人一百餘步時就由七八人放箭，七八人用短弩射馬，然後長刀對劈，迅速衝鋒，集結，再衝鋒，從而大量殺傷敵兵。憑藉著這支強悍的部隊，岳飛百戰百勝。

宋金時期，金滅遼、滅北宋占據中原，又頻繁發動南侵戰爭，所到之處燒殺淫擄，許多城市重鎮經金軍洗劫，幾成為空城。給國家、民族帶來巨大災難和痛苦。因此，抗擊金兵，收復中原，是時代的要求，也符合廣大人民的願望。《宋史》稱岳飛「忠憤激烈，議論持正」，所言頗當。而以「莫須有」罪名坑殺岳飛的宋高宗趙構、奸臣秦檜、秦檜妻王氏、萬俟卨等人在華夏歷史則是永遠的千古罪人。

青山有幸埋忠骨，白鐵無辜鑄佞臣。

在杭州岳王廟外，以奸臣秦檜為首的幾個當年陷害岳飛的團夥們被白鐵鑄造成跪姿的人像，近千年來遭盡世人唾罵，以他們的漢奸罪行，將永無被原諒的一天！

收入豐厚生活簡樸，感情專一拒絕納妾。

岳飛有一句流傳近千年的名言：「文臣不愛錢，武臣不惜死，天下太平矣。」（今人曰：文官不愛錢，武官不怕死，則天下太平！）在宋代社會，官場中充溢著崇文抑武的習氣，武將被指為粗人。武將能講出如此一針見血、言簡意賅的名言，已屬極為不易，更何況是身體力行。

岳飛擔任高官之後，收入自然頗高，卻一直維持著相當簡樸的生活。後妻李娃有一次穿絲織品，岳飛就一定要她更換為低檔的麻衣。他的私財收入是十分豐厚的，卻經常化私為公，以私財補貼軍用。有一次，以宅庫中的物品變賣，造成弓二千張。他遇害後抄家，家中根本沒有金玉珠寶，貴重物只有三千餘匹麻布和絲絹，五千餘斛米麥，顯然還是準備拿來貼補軍用。

宋代的統治階層納妾是很平常的事。如抗金名將吳玠服用金石，酒色過度，咯血而死。韓世忠不僅納妾多人，還喜歡侮辱部將妻女，竟迫使猛將呼延通自殺。岳飛的前妻劉氏是在戰亂情況下，自動離家改嫁的。他與後妻李娃廝守一生。有一次，吳玠屬官出差到岳飛軍營，對於岳家軍中別無姬妾、歌童、舞女等勸酒作陪，頗感驚訝。回去報告吳玠後，吳玠特別為岳飛送來一個四川名姝，並置辦許多金玉珠寶做妝奩，然卻被岳飛打發回去。

岳飛毫不戀棧官位，他幾次上奏，都表白了準備功成身退的心跡。「三十功名塵與土」的名句，正是表達他賤視官爵的心態。南宋的百姓對此有廣泛崇高的評價，說他「**手握天戈能決勝，心輕人爵只尋幽**」。

岳飛有五個兒子，他死時年僅三十九歲，卻已是抱兒弄孫的祖父了，長孫岳甫比幼子岳靄大一歲。因年齡關係，真正能隨他出入戰陣的就只有長子岳雲，他對岳雲的要求可說是超乎尋常的嚴格，這應是與力圖矯正宋軍中的各種裙帶關係的腐敗有關。

當岳雲還只是一名小軍士時，在訓練時不慎跌下馬來，就被岳飛嚴責一百軍棍。岳雲年齡稍大，就成為一名十分驍勇的戰將。他的兵器並不像演義或戲曲中所說的是一對鐵錘，而是一對鐵錐槍，軍中稱他為「贏官人」，意思是這個「官人」（官員的尊稱）總能打贏。

岳雲參加過多次重要的戰役，特別在著名的潁昌大戰中，打得人為血人，馬為血馬，全身創傷一百多處，對扭轉戰局起了重大作用。但岳飛在一般情況下，只報將士們的戰功，卻對岳雲的戰功扣押不報，並且多次拒絕上級或皇帝為岳雲加官。岳飛平時不准兒子們近酒，在學習的間隙，還讓他們參加農事，理由是「稼穡艱難，不可不知也」。

岳飛強調「正己然後可以正物，自治然後可以治人。」他能很自然地說到做到，岳家軍的名揚千古不是沒有道理的。

岳飛無專門軍事著作遺留，其軍事思想，治軍方略，散見於書啟、奏章、詩詞等。後人將岳飛的文章、詩詞編成《岳武穆遺文》，又名《岳忠武王文集》。世間盛傳岳飛有傳世百勝兵法《武穆遺書》，加之金庸小說的生動描繪，惟歷代史書全無記載，應屬虛構。

岳飛死後葬於杭州西湖畔棲霞嶺，宋高宗之後岳飛冤屈終得昭雪，宋孝宗時追謚武穆，宋寧宗時追封鄂王，宋理宗時改謚忠武（在中國歷代，「忠武」為臣子謚號的最高等級，岳飛與歷史上備受尊崇的諸葛孔明謚號同為「忠武」，可見他對國家的貢獻及當朝皇帝對他的器重）。近千年來，岳飛以其精忠報國的忠義化身，全國各地廣設岳王廟紀念之，香火鼎盛。

文武雙全　英雄虎膽
不輸三國趙雲的猛將

辛棄疾

辛棄疾是南宋著名的愛國大詞人、文學家、軍事戰略家、抗金名將，其人在詞作上成就甚高，文采斐然，豪邁大氣，為豪放派代表之一，與另一豪放派代表蘇軾並稱「蘇辛」。辛棄疾所作之詞，具有強烈的愛國主義思想和戰鬥精神，加上他在戰場上的驍勇善戰，一身是膽，不輸三國趙子龍，正因為他的文武雙全，當時人們送給他「詞中之龍」的稱號。

西元一一四〇年，隨著靖康之恥，宋朝徽、欽二帝被金人北擄，中國北方大地已基本淪陷在金人的鐵蹄之下。然而，國破山河在，亂世出豪傑，在山東歷城，一代愛國主義詞人辛棄疾出生了。辛棄疾就出生在金人統治下的淪陷區，辛棄疾的父親早逝，由祖父辛贊一手撫養成人，自幼他的爺爺就時常帶著他登上山高處指著南方（南宋）對他說那才是家鄉，希望辛棄疾能夠發憤圖強，收復失地，還我河山。

當時，女真人（金人）長期壓榨占領區的漢人，他們自己不事農耕，卻逼迫漢人耕田種地，霸占漢人的土地房產，又逼迫漢人為他們勞動做牛做馬，而金人坐享其成。更有甚者，燒殺擄掠，糟蹋婦女，種種惡行，幾成常態。終於，占領區的漢人忍無可忍，爆發了大規模抗金起義的鬥爭，中華北方大地的漢人紛紛揭竿而起，組織義軍，投入抗金大業。

辛棄疾二十一歲那年，祖父辛贊去世，辛棄疾在萬分悲痛的同時，再也沒有了留在金國土地的理由。他開始全力為抗金做準備，並很快就在山東濟南揚起抗金大旗，組織了一支兩千人左右的義軍。一位飽讀詩書的知識分子，就此轉變成為了叱吒疆場的將領。在戰場上，辛棄疾打起仗來就像一頭犀牛一樣兇猛，所以，時人給他起了個綽號叫「辛青兕」（青兕即犀牛）。

這個稱號體現了辛棄疾勇猛豪邁的性格和少年英雄的壯烈，與他宋詞豪放派領袖的身份，可以說是相得益彰。也正是因為有這種上過戰場殺敵的真實經歷，使辛棄疾的豪放，比之其他豪放派詞人，包括蘇軾在內，都多了些令人動容的慷慨激昂之情。

西元一一六一年，金國本想率大軍滅亡南宋，攻占首都臨安（今杭州），可是沒想到在采石磯被南宋儒將虞允文打得落花流水，稱帝率六十萬金兵大舉南侵的海陵王完顏亮也被部下兵變所殺，金國元氣大傷，給中原各地義軍帶來前所未有的機會。為了復國大業有更大發揮的空間，辛棄疾很快率領他的兩千義軍投靠了當時的起義軍領袖耿京，耿京對辛棄疾十分器重，不僅委以重任，而且還非常信任他，甚至將自己的帥印都交給辛棄疾掌管。

然而此時全國的抗金形勢卻發生了轉變，金國皇帝金世宗完顏雍登基後，採取雷霆手段穩定住了局面，準備調集大軍消滅境內起義軍，抗金大業面臨著前所未有的挑戰，在此危急關頭，辛棄疾建議耿京歸順南宋朝廷，以南宋朝廷為後援，繼續堅持抗金，耿京思慮再三最終接受了這個建議，西元一一六二年，耿京便派使者渡過長江面見南宋宋高宗趙構，宋高宗趙構欣然接受了耿京這支起義軍，不僅對起義軍的首領封官加爵，而且還派人隨辛棄疾奔赴山東指導工作，起義軍軍心大振。

西元一一六二年，辛棄疾代表起義軍剛聯絡上南宋朝廷的時候（當初岳飛規劃締造的「連結河朔」之謀，主張黃河以北淪陷區的抗金義軍和宋軍互相配合，夾擊金軍，以收復失地），起義軍的內部卻發生了巨變，起義軍首領耿京被叛徒張安國出賣並且殺害了！

辛棄疾剛從南宋回歸，聽到消息之後痛心疾首，於是便和自己的兩位兄弟一起率領五十位死士準備為耿京報仇。於是他們便單槍匹馬衝進了金國大營，面對五萬金兵，以及大量因戰敗降金的漢人士兵，辛棄疾毫不畏懼。張安國此時正在為自己的加官進爵感到慶幸，在大帳中飲酒作樂喝得大醉，辛棄疾如天降神兵般地深入敵營，張安國還沒反應過來就被辛棄疾給掠走。辛棄疾同時向耿京的老部下喊話，動員他們一起重舉義旗合力抗金，當即就有萬餘名士兵表示願意跟隨辛棄疾，叛將張安國就這樣被辛棄疾奇蹟般的俘虜，辛棄疾行動迅如鬼魅，金國將士追之不及。

辛棄疾俘虜張安國後，立刻馬不停蹄奔襲千里，準備將張安國押回南宋獻給南宋朝廷，可是，濟州距離宋金邊界淮水還有一段不短的距離，沿途所駐紮的金國軍隊估計還不止傳說中五萬這個數字，為了避免不小心發出聲音被敵人發現，他們「束馬銜枚」。

所謂「束馬」就是把馬蹄包裹起來，減小聲音，所謂「銜枚」就是人人含著一根像筷子一樣的竹木棍，木棍含在嘴裡，這樣就不會動嘴唇去講話了。辛棄疾一行人就這樣日夜兼程，一路狂飆，不吃飯不喝水的趕到了淮水，最後把俘虜張安國押送到臨安。在臨安（杭州）街頭，叛將張安國在眾人的唾罵聲中，被斬首於市。

辛棄疾由此聲名大振，名揚天下。這一英雄壯舉，在南宋引起了轟動，不僅南宋朝野為之振奮，連宋高宗也大為驚異。據南宋人洪邁在《稼軒記》中說，「壯聲英概，懦士為之興起，聖天子一見三嘆息」（意思就是說，辛棄疾勇闖金營，生擒叛徒，回歸南宋的偉大名聲，英雄氣概，連懦弱的人見了都要為之振奮起立，而南宋的皇帝見到了勇士的風采以後，也是連聲讚嘆）。而辛棄疾也得到了朝廷的嘉獎，這一年他才二十三歲，當真少年英雄！

到這裡，辛棄疾在北方的生活算是有了一個光彩奪目的結尾。而他在北方的這一段崢嶸歲月，也就成了他一生中最快樂燦爛的回憶。直到晚年，依舊念念不忘，想著總有一天能夠東山再起、再造榮光、奮起殺敵、報效國家。

宋高宗感於其功績，任命辛棄疾為右承務郎，任滿。改廣德軍通判，乾道四年，通判建康府。乾道八年知滁州，淳熙元年辟江東安撫司參議官，遷倉部郎官，出為江西提點刑獄，調京西轉運判官，差知江陵府兼湖北安撫，遷知隆興府兼江西安撫。後又召為大理少卿，出為湖北轉運副使，改湖南轉運副使。又改知潭州兼湖南安撫使，創建飛虎軍，雄鎮一方，為江上諸軍之冠。

辛棄疾雖然軍事謀略極高，並且具有極高的愛國主義情懷，可是辛棄疾如此剛烈的個性注定無法在南宋黑暗的官場上立足，朝中奸臣妒忌辛棄疾的才能，對其百般加害，後來南宋朝廷徹底被金軍打怕了，以辛棄疾為代表的主戰派自然被排擠到了一邊（跟前輩岳飛比，辛棄疾尚能全身而退，已經算好的了！岳飛有岳家軍，功高震主。辛棄疾基本算孤狼般的一名戰將，不致對南宋朝廷投降派有戰略生存上的威脅）。因此在他任職為國之時，時常會受到他人彈劾，以至於後來有二十多年的時間是閒置在家的。他中年之時閒置在上饒帶湖稼軒莊園內，這才有了他稼軒的號（辛棄疾亦常被稱為辛稼軒）。

在閒居的這一段時間內，是辛棄疾詞作創作的巔峰時期，這一期間出現了許多優品佳作，大多都在抒發自己強烈的愛國之情和壯志難酬之感。

西元一二三〇年，已經步入年老之列的辛棄疾再次被朝廷起用，先後任紹興知府、鎮江知府等職。可惜兩年之後，再次遭遇罷官，最終徒留滿腔憂憤之情。

回到家中的又兩年，已經六十八歲的辛棄疾，最終因病去世。據說當時已經身患重病，年老體衰的辛棄疾再次接到了朝廷旨意，任命他為樞密都承旨。然而身體的病弱，使得辛棄疾滿腔壯志不能實現，最終只能遺憾上奏請辭。

而最讓人痛心悲哀的是，辛棄疾最終是因憂憤致病而卒，他在死前對抗金大業十分絕望，卻又心有不甘，在臨終之時還大喊三聲：殺賊！殺賊！殺賊！

辛棄疾死後，葬鉛山南十五里陽原山中，朝廷聞訊，賜對衣、金帶，視其以守龍圖閣待制之職致仕，特贈四官。紹定六年（西元一二三三年），追贈光祿大夫。德祐元年（西元一二七五年），經謝枋得（南宋文學家）申請，宋恭帝追贈辛棄疾為少師，諡號「忠敏」。

回頭再看一次辛棄疾流傳後世的佳作《破陣子》，更能體會一名滿腔忠義、孤臣孽子的心情：

醉里挑燈看劍，夢回吹角連營。
八百里分麾下炙，五十弦翻塞外聲。沙場秋點兵。
馬作的盧飛快，弓如霹靂弦驚。
了卻君王天下事，贏得生前身後名。可憐白髮生。

註解：

醉夢裡挑亮油燈觀看寶劍，夢中回到了當年的各個營壘，耳邊接連響起號角的聲音。把烤牛肉（八百里：牛名）分給部下，樂隊演奏北疆歌曲。這是秋天在戰場上閱兵。

戰馬像的盧馬一樣跑得飛快，弓箭像驚雷一樣，震耳離弦。我一心想替君主完成收復國家失地的大業，取得世代相傳的美名。可憐已成了白髮人！

南宋書生　勇猛抗金　采石大戰以寡擊眾

延續南宋國祚一百年　宛如岳飛再世

虞允文

說起南宋歷史，首先讓人想到的是岳飛、韓世忠等名將，他們在戰場上的勝利卻換來無奈的結局。而繼這些名將之後有這麼一位書生不得不讓人敬佩，正是由於他的滿腔熱血力挽狂瀾，保住了南宋半壁江山，也讓金國皇帝完顏亮命喪長江邊，他就是虞允文，南宋抗金名將，隆州仁壽（今屬四川省眉山市仁壽縣藕塘鄉）人，紹興年間進士。雖然他並沒有岳飛、韓世忠等名將那麼婦孺皆知，卻用他的勇氣和擔當讓南宋又延續了百年國祚。

南宋紹興三十一年（西元一一六一年）九月，金國皇帝完顏亮率領六十萬大軍，兵分東路、中路、西路，還有海路共計四路兵馬，南下攻打南宋，準備一舉滅亡南宋。出兵前，完顏亮狂妄宣示，一百天內必滅南宋，完顏亮的理想雖然美好，然而最終的結果卻遠遠非他所願。

在這場宋金大戰中，金兵不僅大敗，連皇帝完顏亮最終也丟了性命，而大敗金兵的南宋軍事指揮官則是一名文官，毫無軍事訓練及閱歷。更神奇的是，這名文官本來只是奉皇帝之命到前線來慰勞士兵的，只是看到前線形勢危急，情急之下竟然自告奮勇指揮軍隊跟金兵打了一仗，沒想到結果竟然大敗金兵。如果說金國南侵大宋是歷史的必然，那麼虞允文指揮宋金采石大捷的結局真的就只能說是歷史的偶然跟意外了！

金軍南下，勢如破竹

西元一一四八年，金兀朮死去，海陵王完顏亮當右丞相。次年，完顏亮發動宮廷政變，殺死金熙宗，自立為帝。他夢想一舉滅宋，盡享江南繁華。

經過近十年的準備和籌劃，金國最終於西元一一六一年四月，率領超過六十萬大軍南下，欲一舉滅亡南宋。金兵一路勢如破竹，南宋軍隊不是一戰即潰，就是望風而逃，金軍臨江消息傳到臨安，京城亂作一團。文武官員紛紛把家屬送走，宋高宗也想要「浮海避敵」。經宰相陳康伯極力勸阻，高宗才勉強同意派兵抵抗。這時金國皇帝完顏亮已經在和州準備船隻強渡長江。

由於完顏亮得來的皇位來路本來就不正，加上這十餘年時間裡瘋狂徵兵，導致民怨四起。金宗室完顏雍乘機奪取政權，黃河以北地區很快歸附新皇帝金世宗。退無可退的完顏亮得知這一消息孤注一擲更加瘋狂南侵。當時，他領兵駐紮在和州雞籠山，並決定從采石磯渡江，一舉攻破南宋首都臨安。

此時高宗皇帝免去貪生怕死、不戰而逃的守將王權職務，命令蕪湖守將李顯忠儘快趕到和州對岸的采石磯（今安徽馬鞍山市境內）佈置長江防線，並派時年五十一歲，任正四品中書舍人的文官虞允文代表朝廷到采石磯慰問前線將士，就是這個身為文官的虞允文意外改變了整個戰局。

身為文官臨危不懼，自告奮勇指揮守軍禦敵

虞允文接到聖命，日夜兼程，馬不停蹄地往采石磯趕。沿途，他看到不少王權部下的士兵，三三兩兩地蹲在路邊，棄甲卸鞍，沒精打采。虞允文跳下馬，吃驚地問：「金兵們馬上就要渡

江，你們怎麼都還閒坐在這裡？」士兵們無可奈何地搖搖頭：「大將軍都跑了，我們還留在這兒幹什麼呢？」虞允文一驚，大事不妙！他縱馬疾馳，很快進入采石磯，察看了地形，只見江對岸的金兵營寨相連，一眼望不到邊際，隱約還能聽見人喊馬嘶，軍號陣陣。

金兵那麼多人馬，而王權留下的不過一萬八千人馬，無論如何宋軍是對付不了比自己多三十倍的金兵的。虞允文憂心如焚，連夜趕到離采石磯八十里的蕪湖，想請那裡的守將助一臂之力。誰知蕪湖也很吃緊，一點力量也抽不出來。虞允文只得折回采石磯，把散兵們招集起來，給大家鼓勵。

他說：「現在，敵我力量雖然懸殊很大，但長江天塹還在我們手中，只要大家鼓足勇氣，奮勇殺敵，就一定能死中求生！」副將時俊大聲道：「可是我們群龍無首呀！」虞允文心頭一熱，拍拍胸口道：「大敵當前，國事為重，如大家信得過我，我願臨時負責軍務，同諸位一起與金兵決一死戰！」將士們聽了，激動萬分，紛紛喊道：「只要你當我們的元帥，我們願以死報國！」「我們就叫你大將軍，虞大將軍！」虞允文嘴上雖然這麼說，心裡不免有些忐忑，因為他僅僅是個中書舍人，皇帝沒有聖旨，他竟敢在這兒稱起了將軍，萬一傳到京城，皇上是不會放過他的。想到這裡，虞允文把心一橫，責問自己：都什麼時候了？怎麼還在考慮自己的得失呢！男兒志在報國，眼下，只要能打敗金兵，怎麼都行！

和他一起來勞軍的人都勸他，我們是來勞軍的，何必冒這個風險呢？何況到了這個地步，也不怪我們，而我們卻代他人受過，犯得著嗎？還有人諷刺他，想當將軍想瘋了，跑到這裡來過癮。對於這些，虞允文全然不理，他說：「身為朝廷官員，不論職位高低，都應該在國家危難時挺身而出。國家養了我們這批人，難道我們就不能以死報國嗎？」那些人看他態度如此堅決，深受感動，有的表示願意留下來，同他並肩作戰。也有的連夜逃回了臨安。事到如今，虞允文也顧不得許多了。

當夜，他和時俊等幾位將官設什出一種用車輪激水，在水中行動很快的海鰍船來，並派工匠日以繼夜地趕製了幾十艘，把它們隱蔽在江邊的港叉里，同時整頓軍隊，做好了迎戰的準備。採石的老百姓聽說要打金兵，紛紛跑來參戰，極大地鼓舞了士氣，將士們個個摩拳擦掌，精神煥發，嚴陣以待。

以弱敵強，初戰告捷

虞允文剛部署好軍隊，完顏亮就指揮金兵開始渡江。剎那間，七十多艘滿載金兵的先遣戰船已經抵達長江南岸，後面的金兵更是源源不斷的陸續攻來。

虞允文命令南宋大將時俊出戰，自己站在時俊背後為時俊助威。時俊看到虞允文毫不怯敵，頓時也勇氣倍增，揮舞雙刀，帶兵沖向正在登岸的金兵。時俊拚死殺敵，他帶領的將士也個個奮勇殺敵，登岸的金軍死的死，傷的傷，有的甚至又轉身往回退，金兵的攻勢未能攻破南宋守軍的陣地。

虞允文看準時機，命令宋軍駕駛戰船沖向正在渡江的金軍戰船。當時南宋的戰船十分先進，不僅船體十分龐大，而且裝有踏輪，不但可以藉助風力航行，還可以用人力踩動踏輪航行，船速很快。

金兵因為久居北方，不善水戰，所用的戰船大都是普通的船隻，船體小，航行速度也慢，被宋軍的戰船一撞就翻，船上的金軍落水後，大多不善水性，不是被宋軍殺死，就是淹死在長江裡。太陽下山了，天色暗了下來，江面上的戰鬥還沒有結束。

這時候，正好有一批從光州逃回來的宋兵到了采石磯。虞允文要他們整好隊伍，發給他們許多戰旗和軍鼓，從山後面搖動旗幟，敲著鼓繞到江邊來。江上的金兵聽到南岸鼓聲震天，看到山後無數旗幟在晃動，以為是宋軍大批援兵到來，鬥志全消，紛紛逃命。金軍遭到意料不到的慘敗，完顏亮損兵折將，未能渡過長江。惱羞成怒的完顏亮收攏人馬，準備再次強渡長江。

大戰采石磯，金軍主力損失殆盡

第二天，完顏亮果然又派大軍開始渡江。宋軍因為人少，虞允文不與金軍硬拼，而是命令宋軍用「神臂弩」射擊金兵。「神臂弩」是一種強弓，射程遠達四百多米，可穿透厚重的鎧甲。駕船渡江的金兵在船上，由於地方狹小，難以躲避宋軍「神臂弩」的射擊，死傷慘重。宋軍又趁勢放火，三百多艘金兵戰船被焚毀，這一戰下來，金軍的主力基本被消滅。

不甘心失敗的完顏亮又想出用計謀離間宋軍將領。完顏亮寫信給被免職的宋軍守將王權，許以高官厚祿誘降王權，希望宋軍內訌。但是這封信被虞允文截獲，這時皇帝任命的守將李顯忠也來到前線。虞允文用李顯忠的名義給完顏亮回了一封信，信中說：「你必定要從瓜洲渡江，我在那裡等你決一死戰」。

瓜洲在於今天江蘇省揚州市境內，虞允文推測完顏亮在采石磯大敗後，肯定會從這裡渡江奪取京口（今鎮江），虞允文得知瓜洲守軍空虛，就向李顯忠請求，自己率兵前去支援。李顯忠撥給虞允文一萬六千人，晝夜兼程趕往京口。

震懾敵軍將領，金國皇帝死於兵變

趕到京口後，虞允文命人駕駛著宋軍的「車船」圍著京口西北的金山航行。「車船」是當時宋軍的一種大型戰船，船體非常龐大，宋朝最大的「車船」長三十六丈，寬四丈，可裝載七八百人，威力相當巨大。

金兵剛剛在采石磯被宋軍的大戰船打敗，這次看到比上次還大的戰船，一個個都心中害怕，金軍將領不願也不敢和宋軍再戰，紛紛建議完顏亮不要急著進攻，不如暫時駐紮下來，再作打算。

完顏亮大怒，將畏戰的將領痛打一頓軍棍。此時的金兵已經人心浮動，不少金兵紛紛逃跑，完顏亮一邊命令部下繼續準備渡江作戰，一邊宣佈連坐法，士兵逃亡的殺部將，部將逃亡的殺主將，並下死命令說：「三日之內打不過長江去，隨軍大臣盡行處斬」。

金軍將領對打過長江已經不抱希望，可是打不過長江就要被殺頭，左右是個死，金軍將領就有了兵變的念頭。剛好傳來完顏雍在東京（今遼寧遼陽）被擁立為新皇帝的消息，兵部尚書耶律元宜與其子王祥決定發動兵變，殺死完顏亮。

耶律元宜帶領部下來到完顏亮的御營外，對著營內的完顏亮用弓箭一陣亂射，然後衝進營內，看到完顏亮還在地上掙扎，耶律元宜的部下上去用繩子勒死了完顏亮，金國的第四代皇帝就此死去。南宋議和，緊接著，南下攻宋的金軍全部拔營北還，完顏亮發動的南下滅宋戰役徹底失敗。

采石之戰，揚名天下

這場大戰在歷史上被稱為「采石之戰」，是中國歷史上著名的以少勝多、以弱勝強的戰役，虞允文在此戰中立下頭功。在此次戰役中，完顏亮總計率軍六十餘萬，而南宋舉國能用之兵不到二十萬。沒有絕世名將，只有一個不懂軍事的文弱書生虞允文，在南宋危難之際力挽狂瀾。此戰之後，南宋迅速收復兩淮地區，而金國遭此大敗，新上位的金世宗為了穩定內部，派人到南宋議和，宋金戰爭又暫時停了下來。

南宋自保有餘，進取不足。而金國遭此大敗，元氣大傷，也沒能力南下。在之後近百年的相對和平時期裡，金國統治階級逐漸被富庶生活所腐朽，更沒心思南下了。虞允文後來逐步升為宰相，成為南宋一代名臣，也成為中國歷史上著名的民族英雄。

岳飛壯志未酬身先死　一百年後

終究還是岳家軍後人滅了大金

孟珙

南宋因為對外戰爭頻繁，湧現出了許多不世出的名將，這其中大家最為耳熟能詳的，莫過於大名鼎鼎的「中興四將」——岳飛、韓世忠、張俊、劉光世。此外，吳玠、吳璘、虞允文、李顯忠、畢再遇等也都是在中國古代戰爭史上留下過燦爛一筆的傑出人物。但有一個人，其所立下的戰功比上述之中的任何一個人都要大，他就是被譽為「大宋王朝最後戰神」的孟珙。這位岳家軍的後代，克紹先人遺志，不僅報了岳飛「靖康恥、臣子恨」的仇，更幾乎憑一己之力保住了南宋的半壁江山，讓宋朝的國祚多延續了近半個世紀！

少年英雄

孟珙（西元一一九五年～西元一二四六年十月十三日），字璞玉，號無庵居士，絳州（今山西新絳）人。他的曾祖孟安、祖父孟林均係岳飛部將，隨岳飛東征西討，屢立戰功。所以，孟珙不僅是將門之後，還是響噹噹的岳家軍後代。少年之時，父親孟宗政便將他和他的三個哥哥帶在軍中，讓他們接受歷練。軍旅生涯的鍛鍊，不僅使孟珙練就了一身好武藝，而且培養出了他對戰場形勢的敏銳觀察力，這為他日後成為一代名將打下了重要基礎。

嘉定十年（西元一二一七年），金國由於遭到蒙古的連番打擊，北方大片領土失陷。在這種情況下，金宣宗為彌補對蒙古戰爭的損失，接受了權臣術虎高琪的建議蠱惑，下令金軍大舉伐宋。其中，一路金軍進犯岳家軍曾經的大本營襄陽（今湖北襄陽）。當時，孟宗政接到了救援襄陽的命令，遂帶領孟珙兄弟一同隨軍出發。

孟珙經分析，認為金軍必犯樊城（今襄陽市樊城區），向父親建議從羅家渡渡襄水北進。待宋軍渡完河後，金軍果然到來，宋軍趁金軍半渡之時迅猛突擊，打得金軍落花流水。襄陽局勢穩定後，孟宗政又馬不停蹄率軍救援棗陽（今湖北棗陽）。激戰中，宋軍突然發現，孟宗政不見了。主將沒有了，仗還怎麼打？孟珙臨危不亂，他定睛一看，原來父親率一支精兵直入敵陣中，被敵人包圍了。見此情景，孟珙大喝一聲，挺槍躍馬直入敵陣，將父親救出。萬軍之中英勇救父，孟珙的大名頓時響徹全軍。此時，他才只有二十二歲，可謂少年英雄。

大破金軍

不久後，孟宗政去世，孟珙子承父業，接過了父親麾下「忠順軍」的指揮權，出任荊湖制置使司（南宋大戰區之一，負責統領兩湖及河南南部野戰兵團，守禦長江中游防線，在與金國和蒙古的戰爭中發揮了重要作用）都統制。孟珙上任後沒多久，一個嚴峻的考驗就來臨了——金國的恆山公武仙率大軍二十萬進攻荊湖。

當時，金國在蒙古的打擊下日薄西山，首都中都（今北京）被蒙軍攻占，臨時換的一個首都汴京（今河南開封）也屢遭蒙古軍威脅踐踏。金國君臣鑒於形勢嚴峻，便想遷都到南宋統治下的四川，以便藉助這個物阜民豐的「天府之國」重整旗鼓。而武仙的部隊正是為此打頭陣，一但擊敗了孟珙，金國君臣便可以從河南順利進入蜀地。

孟珙很清楚武仙的想法，於是他選擇有利地形層層設伏阻擊金軍，打得武仙寸步難行，每次都是壓倒性的大勝，殺得金軍屍橫遍野、血流成河。最後兩人較量的結果是：武仙狼狽地換上士兵的衣服逃走，僅以身免，其麾下二十萬大軍不是投降，就是被宋軍殲滅。而武仙本人後來在逃竄的過程中還是被蒙古守軍擒殺，金國打開入蜀通道的計劃徹底破產。經此一戰，金軍最後可以倚靠的主力野戰兵團遭到瓦解灰飛煙滅，金國的滅亡只是時間的問題了。

雪恥靖康

早在鐵木真時，蒙古就希望和南宋結盟，共同攻打金國。紹定六年（西元一二三三年），宋蒙結盟，共同出兵攻金。孟珙受南宋朝廷指派，率領兩萬精銳部隊，連同三十萬石軍糧北上，與蒙軍統帥塔察兒一起，合力圍攻金國最後的據點蔡州（今河南汝南）。當時，儘管誰都看得出來，金國已是強弩之末。但金軍仍抱有最後一絲希望，故而堅守城池死戰不降，給宋蒙聯軍造成巨大傷亡。孟珙親臨一線，指揮官兵築牢工事，並在重要地段修堡壘、設弓弩，嚴防金軍猝不及防衝出成來拚死突圍。一天，金軍忽開東門殺出，遭到宋軍迎頭痛擊，折損數百。孟珙斷定蔡州城內已經斷糧，遂命令全軍死守陣地，嚴防金軍突圍。他還與塔察兒劃分防區，以防交戰時宋蒙兩軍彼此誤傷。

戰至十二月初六，宋軍經過殊死戰鬥，進逼蔡州城南外圍。初七，孟珙率軍攻破城外製高點柴潭樓，俘敵五百餘人，隨即進抵城下。蔡州城樓上架設有大量強弩，還有重型弩炮，之前蒙古漢軍統帥張柔就險些被射成蜂窩，宋軍畏懼金軍火力，不敢近前。孟珙身先士卒，帶領官兵填平壕溝，向城頭展開攻擊。與此同時，塔察兒也率軍逼近城下，開始攻城。金軍殊死抵抗，他們甚至驅趕城中老弱，將其用大鍋熬成熱油，以此作為「武器」，往城下澆澆聯軍官兵。雙方就這樣在你爭我奪的慘烈搏殺中，迎來了端平元年（西元一二三四年）的春節。

初九，休整多日的宋蒙聯軍重新發起進攻。至十日清晨，城外的宋軍統帥江海向宋軍下達了總攻令。部將馬義架雲梯率先登城，萬餘人踴躍而上，南門樓上豎起了大宋旗幟，宋軍率先殺入了蔡州城。登城的宋軍殺到西門，打開門後放入蒙古軍隊。城裡展開了激烈的巷戰，這是宋、蒙古、金唯一一次三國大交鋒，熊熊大火燃燒著宮殿和街道，三方都在為各自民族的使命而戰。隨即金哀宗自縊而亡，大將完顏仲德率領眾軍投河自盡。城中戰火熄滅後，金國降臣帶著孟珙找到了金哀宗的屍體，屍體已經焦黑無法辨認。孟珙將其一分為二，一半歸宋，一半歸蒙古。並分了金國皇帝的儀仗器械和玉璽等寶物，金國徹底滅亡。

而金國皇宮中的後宮佳麗妃嬪，以及宮女、大臣與城中百姓，則被蒙古軍全部俘虜劫掠而去，猶如百年前金國劫掠北宋徽、欽二帝及宮中妃嬪的「靖康恥」的翻版。可謂天理循環，報應不爽。

蔡州之役，孟珙率先率領宋軍攻滅世仇金國，不僅為大宋王朝一雪靖康恥、臣子恨，完成了岳飛等前輩們的夙願，更使南宋舉國歡騰。孟珙完成宋朝君臣上下百年心願，南宋朝廷特擢升孟珙為武功郎、權侍衛馬軍行司職事、建康府都統制。

力挫蒙古

金國亡了，然而南宋的盟友蒙古卻很快變了臉。端平二年（西元一二三五年），蒙古不再隱藏對這個富庶大國財富的覬覦，藉橫掃歐亞大陸各國餘威大舉南下。蒙古軍顯示出了它強大的戰鬥力，連破漢中、成都、襄陽、隨州、郢州、荊門軍、棗陽軍和德安府，南宋的巴蜀、荊湖防線被打得千瘡百孔。端平三年（西元一二三六年）十月，蒙軍又猛攻江陵（今湖北荊州）。江陵乃長江中游重鎮，蒙軍如果攻占這裡，既可以西攻巴蜀，又可以沿江東進，還可以南下三湘，後果不堪設想。被鋪天蓋地的求援軍報整得焦頭爛額的宋理宗沒有辦法，只能祭出最後的一張王牌，急命孟珙救援江陵。

孟珙得令之後，立即整軍出發。此時，蒙古軍正在枝江、監利等地編造木筏，準備渡江，形勢逼人。孟珙深知蒙軍驍勇，更兼連番取勝士氣正旺，所以沒有貿然出擊，而是先集中力量封鎖江面。接著，他施展疑兵之計，以少示眾，白天不斷變換部隊旗幟和軍服顏色，循環往復；夜晚則大張火把，沿江排開數十里，裝成一副大軍來援的樣子。蒙古軍不知虛實，以為宋軍突然集結眾多援軍，驚懼不已，只得暫緩渡江。孟珙見敵人不動，知道自己的計策成功了，趁機傳令出擊，一下子打了蒙古軍一個措手不及，連破二十四座營寨，搶回被俘百姓兩萬多人，這場大勝翻轉局面，使長江中游的局勢轉危為安。

隨後的黃州（今湖北黃岡）保衛戰，孟珙更是讓傾力進攻的蒙軍死傷「十之七八」。當時，蒙軍久攻黃州不下，便抽調敢死隊去挖城牆，想直接在城牆上挖洞殺進城來。孟珙針鋒相對，在蒙軍挖牆處的內側再築一道城牆，並在兩道城牆之間布置陷坑。蒙軍挖開城牆衝進來時，發現前面還有一道城牆，錯愕不已，而前軍就在後軍的推擠下紛紛掉進陷坑，非死即傷。這場戰役前後歷時近半年，孟珙在城內彈盡糧絕的情況下依然苦苦支撐，最終使城外蒙軍率先喪失了取勝的信心，撤圍而走。兩場大戰下來，孟珙威名遠揚，他也由此被後世譽為「**十三世紀最傑出的機動防禦大師**」。

頂梁支柱

嘉熙二年（西元一二三八年），孟珙升任湖北路安撫制置使，成為獨當一面的宋軍大帥。隨即，他開始著手收復之前被蒙軍奪占的領土。他先是奪回襄陽、樊城，進而收復了整個荊襄地區。緊接著，他以荊襄為依託，一方面編練新軍，一方面聯絡抗蒙義軍，在義軍和當地百姓的策應下不斷派遣小股部隊深入敵後，襲擾、破壞蒙軍的戰備工作，燒毀蒙軍糧草物資，狙殺蒙軍將帥，多次把蒙軍的攻勢扼殺於戰役初期，有效遏制蒙古軍擴大戰役規模及戰果。

除了荊湖戰區，孟珙還在另一個重要戰場——巴蜀戰場上大展身手。嘉熙三年（西元一二三九年），蒙古軍突破宋軍的長江上游防線，並順勢沿江東進，直抵川東重鎮夔州（今重慶奉節）。夔州乃三峽要地，過了夔州就過了三峽，這樣蒙軍在長江之上將再無天險阻擋，可順江直趨兩淮、威逼南宋首都臨安。

形勢危急，孟珙馬上做出應對，他準確判斷出蒙軍主力必取道施、黔（今四川彭水）兩州渡江，於是派兵兩千人駐屯峽州（今湖北宜昌），兩千人屯歸州（今湖北秭歸），另撥部分兵力增援歸州重要的隘口萬戶谷（今湖北秭歸西）。得益於孟珙的出色指揮，蒙軍渡江後屢遭打擊，孟珙部將劉義在清平（今湖北巴東）大敗蒙軍，殲敵三千；孟珙之兄孟璟則在歸州之西的大垭寨重挫蒙軍前鋒，蒙軍損兵折將，被迫撤軍。孟珙再次憑藉自己的精準判斷、運籌帷幄，力挽狂瀾，堪稱「蒙軍剋星」。

南宋朝廷深知，要想保住江山社稷，必須倚重孟珙。故而在嘉熙四年（西元一二四〇年）九月，宋理宗下詔，以孟珙為寧武軍節度使、四川宣撫使兼知夔州，同時仍任荊湖制置使，把巴蜀、荊湖兩大戰區的抗蒙重任一併交給了孟珙。要知道，南宋對蒙古的作戰前線，總共也就只有巴蜀、荊湖、兩淮三大戰區，而兩個戰區的統帥都是孟珙。孟珙一人肩挑了南宋國防三分之二的重擔，成為繼岳飛、畢再遇之後，南宋第三位旗幟性大將。昔日橫掃歐亞大陸的蒙古大軍，竟被孟珙打得霸氣全失，十年之內始終不曾在對宋朝的作戰中取得實質性的突破。

淳祐六年（西元一二四六年）九月，因長期戎馬倥傯卻得不到很好的休息，加之承受了空前的壓力，孟珙積勞成疾，終於不治而亡，年僅五十二歲。孟珙死後，本來滿心以為能夠席捲江南的蒙古軍再度大舉南下，可是卻沒想到在孟珙生前苦心經營的防禦體系面前損兵折將。後孟珙時代的南宋諸多名將，如在釣魚城下使蒙古大汗蒙哥殞命的王堅，死守揚州近十年的李庭芝等，都是孟珙昔日的部下。可以說，孟珙雖然走了，但他留下的遺產仍然在此後三十多年中繼續捍衛著大宋王朝。

最後蒙古軍隊還是在消滅大理之後，取道南部繞過宋軍方向，才攻入南宋，宋蒙之戰綿延近五十二年，是人類歷史上最長的防禦戰，也是文明對抗野蠻最漫長的戰役，當年岳家軍的繼承者們不僅秉承先賢先烈遺志捍衛大宋江山，更熱血捍衛著中華文化的尊嚴與承傳！

這首詩和作者一起名垂千古

中國歷史上最具民族氣節的狀元

文天祥

南宋末年著名的抗元領導人之一，民族英雄文天祥，在被派往元軍的軍營中談判時被扣留。脫險之後堅持抗元。不幸於祥光元年兵敗被俘。元軍將領許以高官厚祿，以各種手段誘使脅迫他投降，文天祥都不為所動。在被元軍押往北方，經過零丁洋時，元軍逼迫他招降堅守崖山的宋軍，文天祥以詩明志，寫下了流傳千古的《過零丁洋》詩，表現出視死如歸的高風亮節和大義凜然的英雄氣概。雖然文天祥與勸降者進行了三年多的鬥爭後英勇就義，但身兼詩人、狀元、丞相、帶兵統領的文天祥和這首詩一起，名垂千古，永留人間。

《過零丁洋》

辛苦遭逢起一經，干戈寥落四周星。山河破碎風飄絮，身世浮沉雨打萍。
惶恐灘頭說惶恐，零丁洋裡嘆零丁。人生自古誰無死？留取丹心照汗青。

詩的大意是：回想我早年由科舉入仕歷盡辛苦，如今戰火消歇已熬過了四個年頭。國家危在旦夕恰如狂風中的柳絮，自己一生的坎坷如雨中浮萍漂泊無根時起時沉。惶恐灘的慘敗讓我至今依然惶恐，零丁洋身陷元虜可嘆我孤苦零丁。人生自古以來有誰能夠長生不死？我要留一片愛國的丹心映照史冊。

這首詩飽含沉痛悲涼，既嘆國運又嘆自身，把家國之恨、艱危困厄刻劃到極致，但在最後一句卻由悲而壯、由郁而揚，全詩格調，為之一變，由沉鬱轉為開拓、豪放、洒脫。「人生自古誰無死，留取丹心照汗青。」人的一生誰不會死？就讓我赤誠的心如一團烈火，照耀史冊，照亮世界，照暖人生吧！用一「照」字，立時光芒四射，英氣逼人。據說就連元將張弘范看到這兩句，也禁不住連稱：「好人，好詩！」此處文天祥把做詩與做人，詩格與人格，合而為一，渾然一體。從而使這首詩成為永世長存的千秋絕唱。「人生自古誰無死，留取丹心照汗青」的詩句，慷慨激昂、擲地有聲，以磅礴的氣勢、高亢的語調顯示了詩人的民族氣節和壯烈捨生取義的生死觀。

文天祥，初名雲孫，字履善，又字宋瑞，自號文山、浮休道人，吉州廬陵（今江西吉安）人。選中貢士後，換以天祥為名，改字履善。相貌堂堂，身材魁偉，皮膚白美如玉，眉清目秀，觀物炯炯有神。

吉州有座聞名遐邇的學宮，名叫白鷺洲書院。文天祥在孩提時，看見學宮中所祭祀的家鄉先輩歐陽修、楊邦乂、胡銓的畫像，諡號都為「忠」，對家鄉的名士先賢典範欣慕不已。立志說：「沒不俎豆其間，非夫也（如果不成為其中的一員，就不是真正的男子漢！）」

他二十歲即考取進士，在集英殿答對論策。當時宋理宗在位已很久，治理政事漸漸怠惰，文天祥以法天不息為題議論策對，其文章有一萬多字，沒有寫草稿，一氣呵成。考官王應麟上奏極力推崇說：「古誼若龜鑑，忠肝如鐵石（這個試卷以古代的事情作為借鑑，忠心肝膽好似鐵石），我以為能得到這樣的人才可喜可賀。」宋理宗對他忠君愛國的一片赤誠之心也格外讚賞，欽點他為狀元。

南宋末年，內憂外患，政局動盪不安，民不聊生。文天祥入仕後，憂國憂民，多次抨擊權臣的腐敗行為，屢遭罷斥。三十七歲時，他不願隨波逐流，自請致仕（自請退休）。一年後才又入仕，咸淳十年（西元一二七四年），文天祥被委任為贛州（今江西境內）知州。

德祐元年（西元一二七五），元兵大舉南侵，臨安（今杭州）震驚，急詔天下勤王。其時，宋恭帝只有四歲，由太皇太后謝氏聽政。

文天祥雖為知州，其實手下並無兵可用。情急之下，他散盡家財招募鄉兵，很快組織起一支近萬人的義軍，來不及訓練，便趕往臨安。友人對此不無擔憂，勸其慎行。文天祥也知道以此弱旅，很難抵擋元軍的虎狼之師，但他明知其不可，仍奮力為之。他說，國家有難，匹夫有責，就像「父母有難，雖不可為，無不下藥之理。吾盡心也，不可救，則天命也。」同時，他還覺得「義勝者謀立，人眾者功濟，如此則社稷可保也。」

德祐二年（西元一二七六）正月，文天祥臨危受任右丞相兼樞密使，奉命去元軍大營議和。名為議和，實際上是談判投降條件。但文天祥在談判桌上據理力爭，絲毫不折氣節。元丞相伯顏無可奈何，一怒把他押往大都（今北京），他在途中逃脫。接著，他又組織起一支義軍，以游擊戰的方略，不斷襲擾元軍。

次年，文天祥率軍攻入江西，一路斬關奪隘，收復了許多州、縣，成了元軍的心腹之患。儘管聲勢浩大，畢竟實力不濟，元軍在空坑之戰中大敗宋軍，文天祥的妻子兒女被俘，只有他得以逃脫。

屢戰屢敗，並沒有挫折文天祥的鬥志，西元一二七八年，他又拉起一支隊伍，與敵周旋。不料天不佑其志，在潮陽兵敗，被元將張弘范所俘。面對敵將，文天祥立而不拜，惟求速死。張弘范為其浩然正氣所折服，認為他是「忠義之人」，以客禮待之。

其實就在文天祥被任命為右相的那一年，南宋就已名存實亡。皇帝和太皇太后都被押解到大都去了。

元軍攻陷臨安的時候，度宗的淑妃楊氏由國舅楊亮節掩護，帶著自己的兒子益王趙昰和廣王趙昺，一路出逃到福州，在那裡組成了流亡小朝廷，立七歲的趙昰為帝，是為宋端宗。

西元一二七七年，福州淪陷，流亡朝廷又逃亡泉州。時任泉州市舶司的蒲壽庚不但不提供船隻，還主動投降了元軍。幸虧大將軍張世傑搶到一些船隻，趙昰一班人才輾轉飄落到廣州一帶的海面上。不久，小皇帝即病死在一座荒島上。張世傑、陸秀夫等人又擁立趙昺為宋末帝，並在崖山建立了抗元據點。

此時的南宋王朝，就只剩下崖山這片彈丸之地了，率軍前來奪島的仍是張弘范。他先是在陸戰中打敗了義軍，俘虜了文天祥，接著又揚帆出海，前來攻擊崖山島。島上雖有二十餘萬人，但大多都是宮女、太監及老百姓等非戰鬥人員，經不住元軍猛烈攻擊，很快便潰不成軍。陸秀夫眼見敗局已定回天乏力，便背著小皇帝趙昺跳入大海溺亡。眾多宮女、太監見狀，自知生還無望，也紛紛跳海追隨皇帝而去。據史料記載，次日海面上漂浮的屍體，足有十多萬具。

南宋王朝就這樣徹底滅亡。崖山海戰的慘烈結果，文天祥既使沒有親眼所見，也是有所耳聞的，所以當張弘范再次勸降時，他也不再多說什麼，只把《過零丁洋》一詩當作回答，顯示了士可殺志不可奪的錚錚鐵骨。

在南宋王朝風雨飄搖、岌岌可危的最後幾年裡，文天祥先後四次起兵抗元，愈敗愈戰，愈戰愈勇，已經成了一面不倒的旗幟。在人們心目中，他不僅是位頂天立地的大英雄，更是不甘屈辱、不當亡國奴的精神支柱。所以，當他面臨危難時，許多人願以生命為代價來保護他。

文天祥抗元有威名，但元軍大多軍士並不認識他。一次，當一隊軍士將他捉住押往大營時，半路上碰見另一隊軍士也拿住了一位「文天祥」。那人一見真的文天祥，反而指著他大喊：「我是真的，他是假的，快把他放了。」文天祥當然不願讓這位義士代他赴死，便百般解釋，說自己行不更名，坐不改姓，對方才是假冒的。元軍難辨真偽，只好將倆人一併押回。

元世祖忽必烈十分敬重忠肝義膽、矢志不移報國的英雄，他把文天祥軟禁在大都的會同館裡，多次派人前去勸降。先是叛臣留夢炎，這廝原是南宋左丞相，一見面未曾開口，便被文天祥罵了個狗血淋頭，只好抱頭鼠竄。接著來的，是被俘的年僅九歲的宋恭帝。文天祥一見小皇帝就痛哭流涕，長跪不起，小皇帝拿他也沒辦法。之後南宋謝太后、元平章知事阿合馬、丞相孛羅相繼到獄中勸降，都被文天祥一一斥責回去。文天祥為表明自己抗元的強烈意志，在獄中又作了不朽的名篇《正氣歌》。

文天祥被囚禁三年後，元世祖下令將其處死。至元十九年十二月初九，在行刑前，元世祖兩次召見文天祥，對他說：「汝移所以事宋者事我，我當以汝為相。」文天祥則毫不為所動，說：「受宋恩為相，安肯事二姓！」

當文天祥被押往柴市受刑時，京城萬人空巷，百姓都來為他送行。元世祖亦感嘆：「好男子，不為吾用，殺之誠可惜也。」文天祥英勇就義後，他的妻子歐陽夫人前來收屍，發現其衣帶中藏有遺書，上寫：

孔曰成仁，孟曰取義，惟其義盡，所以仁至。讀聖賢書，所學何事？而今而後，庶幾無愧。

成仁和取義的思想分別出自孔子和孟子，文天祥把這兩句話放在一起寫進了自己的遺詩中，充份體現了他為國家和民族不怕犧牲的浩然氣節。文天祥用自己的一生高度詮釋了「成仁取義」的真諦！對於文天祥，不僅普通老百姓視之為富貴不能淫，威武不能屈的民族脊樑，就連元代史臣脫脫，也在《宋史》中為其立傳，稱其「就死如歸」，「是其所欲有甚於生者，可不謂之『仁』哉」。

「名相烈士，合為一傳。三千年間，人不兩見。」對此盛譽，文天祥實至名歸，受之無愧。

第九篇　明朝名將

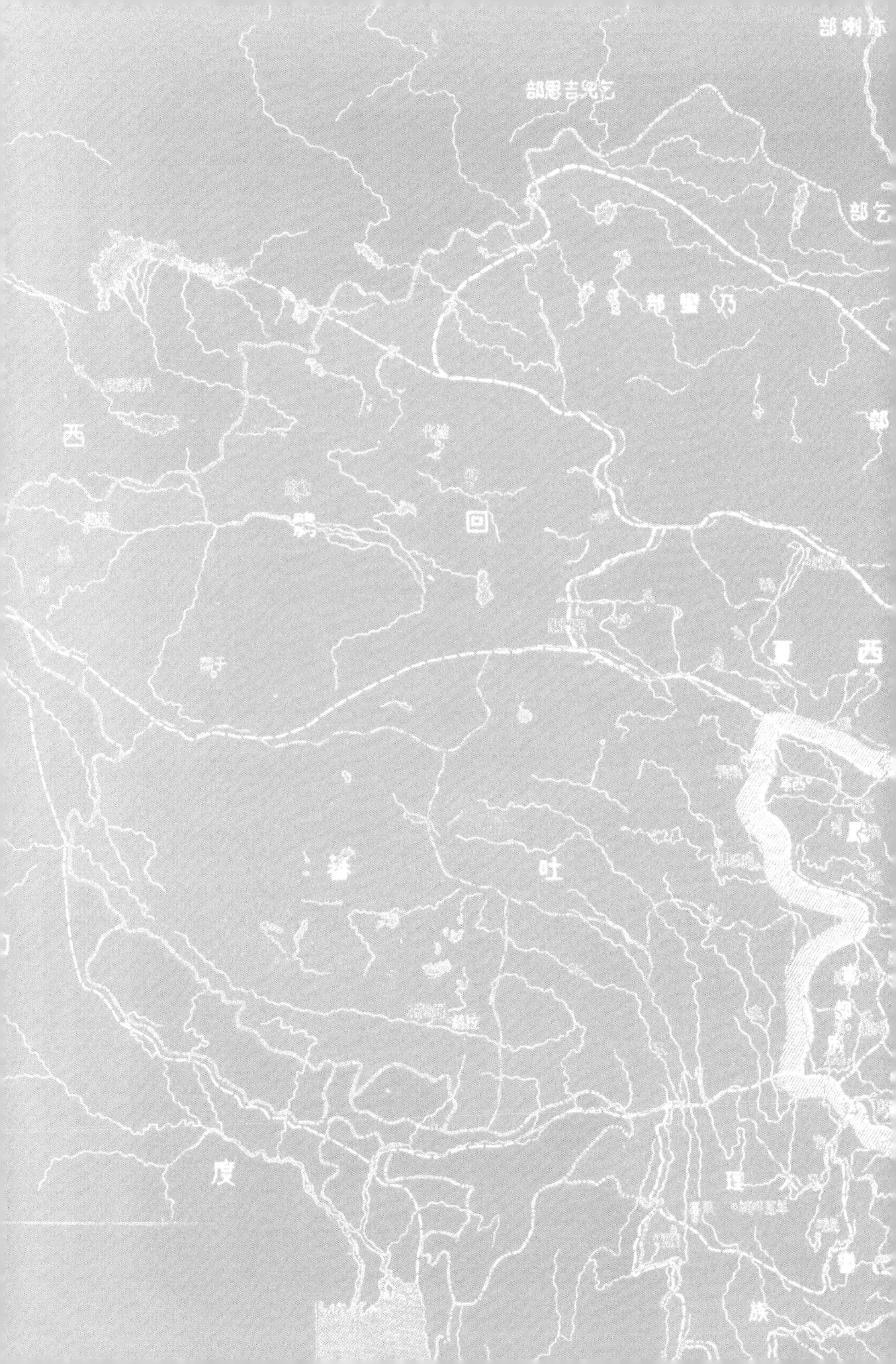

乃蠻部
回鶻
西夏
吐蕃
度

朱元璋手下排名第一猛將

明朝開國戰神

徐達

論史上草莽出身的皇帝，明朝開國皇帝朱元璋絕對是榜上有名的一位。朱元璋常自稱：「我本淮右布衣，天下於我何加焉?!」意思就是我本來就是淮右的一介平民而已，天下對我來說又有什麼用呢？藉以說明對自己出身的不忘本。

朱元璋起義的大戰略即有名的：「築高牆、廣積糧、緩稱王。」一切以蒼生為念，不以個人名利為優先，因此獲得一般百姓的擁戴，終致成就千秋大業，在應天稱帝建立明朝！而一路走來，朱元璋的稱帝之路，可謂困難重重，而在這條佈滿荊棘的不歸路上，其一干大將絕對是其登上皇位的最大助力。

明朝開國第一功臣

徐達，淮西二十四將之一，字天德，是現今安徽鳳陽出生的農家人。徐達與朱元璋的緣分，開始於孩提時期，是從小一起長大的好朋友。元朝末年，為抵抗蒙古人暴政，天下豪傑紛紛起義反元。而徐達的好朋友朱元璋亦跟隨起義潮流投身郭子興旗下，朱元璋參加起義後，隨後就受郭子興之命回鄉募兵。而作為好朋友的徐達一想，這天下是越來越亂了，與其一生庸庸碌碌，不知何時慘死於這亂世之中，不如奮起一搏，成就自己更好的未來。於是，他欣然加入了好友朱元璋的陣營，開始其戎馬一生的生涯。

徐達是明朝的開國軍事統帥，其戰鬥力極其強悍。在為朱元璋打拼天下的一生中，他曾以己之身交換被敵軍抓獲的朱元璋，救了朱元璋一命。身處應州四面楚歌的情況下進攻池州，破趙普，攻克潛山，以離間計奪陽水寨等等。後又與朱元璋大敵陳友諒大戰於江州，繳獲無數戰利品。此間種種，無一不表明徐達是一個軍事上難能可貴的人才，他對戰敏銳，能夠及時審時度勢，而且在長年累月的戰爭中，他不斷累積著關於戰場兩軍對戰的經驗。他知道應該怎麼做，才能讓自己及我軍立於不敗之地。

其後，徐達又率師東征生擒張士誠（雖然最後張士誠自縊身亡）。與副將軍常遇春一起揮師北伐中原，攻克大都，元朝滅。隨後並征討北元消滅蒙古殘軍。每一次都取得很大的成功。曾位征虜大將軍，後來在朱元璋王朝更是次第升官，官至中書右丞相，又兼太子少傅，受封魏國公，為明朝開國第一功臣。他為人謹慎，善於治軍，戎馬一生，建立了不朽的功勳，可說是萬人之上，位極人臣。死後大明帝國開國皇帝明太祖朱元璋追封其為中山王。

徐達一生驍勇有謀，戰功及築邊（明朝徐達築邊牆「慕田峪長城」，自山海關西至慕田峪。是在北齊長城遺址上督建而成，是明朝萬里長城的精華所在。在中外享有「萬里長城，慕田峪獨秀」的美譽）皆功勞顯赫，被朱元璋譽為「萬里長城」。他話語較少而思慮精深，在軍中，軍令一旦發出便不改變。各位將領遵奉其令都凜然畏懼，而在明太祖朱元璋面前則恭敬謹慎地像不敢講話一般。善於安撫將士，與下級同甘共苦，將士無不感激他的恩德，願意報效盡力，因此，兵鋒所向無不克敵制勝。更能嚴格約束部隊，所攻克大都會二處，省會三處，府城縣城一百餘處，市井安然，百姓不受戰亂之苦。

收復燕雲十六州

燕雲十六州，從後晉皇帝石敬瑭把這塊戰略要地割給契丹算起，到元末朱元璋起義，共經過整整四百多年，這期間無數中原政權想要收復燕雲十六州，最終都無功而返，宋朝更是深受其害。

朱元璋在北伐之前聽取了李善長等文臣武將的意見，最終確定北伐戰略：

第一階段，明朝開國軍事統帥徐達，首先攻取山東，繼而轉攻河南，占據潼關。

第二階段，攻取河北及元朝大都，消滅元朝。

第三階段，主力由大都南下攻取山西，略定陝甘，完成北方之統一。

元至正二十七年（西元一三六七年）十月二十一日，朱元璋命丞相徐達為征虜大將軍，常遇春為副將軍，率軍二十五萬人由淮河入河南，北伐中原。為減少北伐阻力，爭取人民擁護，出兵之前，朱元璋特別告誡將士，師到之處，切勿殺掠。並向北方人民發佈檄文，提出「驅逐胡虜，恢復中華」的口號，對漢族各階層人民（蒙古帝國滅宋後，在中國建立了元朝，元朝法律明文規定人分四等。第一等為蒙古人；第二等為色目人，包括唐兀、畏吾兒、欽察等西域人；第三等為漢人，主要指原來金朝統治下的北方漢人以及契丹、女真、高麗人等；第四等為南人，即原來南宋統治下的南方漢人。四等人在政治、經濟、文化、軍事、法律等方面的待遇各不相同，漢人特別是南方漢人，地位最低，備受歧視和虐待。）產生了一定的號召力，因此北伐比預期順利。為了保障北伐，令留守江淮部隊加強戒備，以防元軍襲擊。

洪武元年四月，朱元璋得知徐達、常遇春所率北伐軍已按既定撤屏蔽、剪羽翼、據戶檻之方略，平定山東、河南，占據潼關，孤立大都。元朝大都外援隔絕，陷入了明軍的弧形包圍圈中。五月，朱元璋親抵汴梁，聽取前線將領的軍事情況匯報，並討論了下一階段的戰略步驟。根據當時元廷已陷入孤立無援的軍事形勢，徐達提出直搗大都的主張，朱元璋表示同意。遂決定由馮勝守汴梁，郭興等人鎮守潼關，徐達率大軍直取大都。

不久，明軍出師汴梁一路勢如破竹，連克多個城池。十一日至臨清，遂令集結於東昌之師來會，且令參政傅友德開通陸路，都督副使顧時開通河道，於十五日水陸兩路並進。師至德州，會征虜副將軍常遇春等北進。再之後幾天攻克了大都的門戶通州，元順帝見大勢已去，遂於當日夜三鼓攜太子、后妃出健德門，由居庸關逃往上都開平。

八月初二日，徐達等進師攻取元都，至齊化門，令將士填壕登城而入。徐達本人親自登上齊化門樓，殺死元朝監國宗室淮王帖木兒不花和右丞相張康伯等人，並俘諸王子六人，封存府庫圖籍寶物以及故宮殿門，令兵守衛。命令士卒不得侵暴搶掠，居民各安其業。同時遣將巡邏古北諸處關口，又命指揮華雲龍經理大都，新築城垣。攻取大都之役的勝利，從根本上推翻了元朝的統治，使殘存在各地的元軍陷入群龍無首的境地，為明太祖朱元璋最終統一中國，奪取了戰略上的絕對優勢。

經過近五個月的艱苦作戰，明軍於洪武二年（西元一三六九年）正月攻克大同，進而平定山西。這時盤據在陝甘方面的尚有李思齊、張思道等十餘萬人。徐達平定山西以後，迅即轉攻陝甘，以求徹底完成此次北伐戰略任務。自二月徐達派常遇春、馮勝渡河趨陝至十二月明軍擊潰擴廓帖木兒反攻蘭州之軍，歷時十個月。明軍相繼攻克奉元路鳳翔、蘭州、臨洮、慶陽等重鎮，基本上消滅了這一地區元軍勢力。至此，朱元璋北伐滅元之戰宣告結束，成功實現了戰前擬定的整體戰略計劃。

此戰也順利收回了失去已久的燕雲十六州（位於燕雲十六州的元大都被朱元璋改稱北平，之後朱棣稱帝，又將北平改稱北京，並定都於此），自此確立了之後對蒙古等北方民族的戰略優勢，也一改中原王朝自宋朝以來始終處於被動挨打的局面。

朱元璋大殺開國功臣的犧牲者

自古帝王疑心多，漢高祖劉邦一朝稱帝，那些隨他打下江山、立下汗馬功勞的臣子隨即死的死、貶的貶，能夠得到善終的少之又少。

而朱元璋也不例外，「飛鳥盡，良弓藏。狡兔死，走狗烹。」朱元璋成功稱帝建立大明朝之後，就是處理這些隨自己打下江山的開國大臣、淮西新貴的時候了。明朝初期，開國功臣們都志得意滿，畢竟這仗咱打也打完了，天下也太平了，是時候讓咱們好好享受一下了。

但是，這群大多出身武夫的開國新貴們卻沒有想過，革命建國期間朱元璋是領頭大哥，現在大明朝建立了，他們跟朱元璋的關係就不再是兄弟，是君臣。朱氏王朝一但建立，若不低調處之（開國將領中只有湯和懂得這個道理，因此最終只有湯和一人全身而退，得以善終。這道理劉伯溫更懂，但劉伯溫是姜子牙、諸葛孔明等級的不出世的神人，即便再低調，再急流勇退，心狠手辣的朱元璋終究還是要親自示意胡惟庸處死劉伯溫），朱元璋為保證朱氏王朝千秋萬代的權勢，這群淮西新貴們眼前換來的就是殺身之禍。洪武開國四大案：「空印案」、「郭桓案」、「胡惟庸案」、「藍玉案」，其中胡惟庸案和藍玉案是朱元璋清理大殺開國功臣的政治案件，四件案件總共殺了將近十萬人。

關於徐達的死法，歷史上是比較模糊不清的。相傳，徐達得了一種名叫「背疽」的病，這是一種惡瘡，很難治好，而這種病，是不能吃蒸鵝的，一吃了蒸鵝馬上就會病情加重而死。正想著怎麼清理開國大臣的朱元璋一樂，天賜良機啊！一道聖旨，就賜了一道蒸鵝給徐達。徐達心想，這不是擺明了要我的命嗎？可是君命難違，就算想抵抗也沒有用，徐達最後涕淚交流之下，當著內侍的面把朱元璋所賜的燒鵝全數吃完，之後全身潰爛而死。不久，洪武十八年（西元一三八五年）二月，北平傳來徐達病逝的消息，享年五十四歲。堂堂明朝開國「戰神」徐達就這樣被朱元璋用一隻蒸鵝給誅殺了，徐達一輩子為朱元璋九死一生打天下，到頭來落得如此下場，當真死不瞑目。

徐達死後，明太祖朱元璋追封徐達為中山王，謚武寧，賜葬鐘山，配享太廟，朱元璋並親自撰寫徐達的碑文，稱讚其為「開國功臣第一」。

文聖原來是用兵如神的軍神　文武雙全

王陽明

王守仁（西元一四七二年～一五二九年），字伯安，號陽明，世稱王陽明，浙江餘姚人，因創立「心學」流派，其成就巨大，被譽為繼孔子、朱熹等人之後的又一聖賢。其實，王陽明不僅是一位偉大的哲學家、政治家、文學家、書法家，也是一位傑出的軍事家。王陽明先生為立德、立言、立功之聖人。後人崇拜陽明先生除了心學深厚的哲學理論，也佩服陽明在軍事實踐中的成就。

立功主要體現在軍事方面的建樹。他以文官身份出戰，自出戰開始就每戰必勝，從無敗績，創造了軍事史上的奇蹟，縱觀軍事歷史，這樣的案例幾乎從來沒有出現過。

王陽明善於治軍和善用奇謀，正奇結合。他對自己的軍事心得，概括為「此心不動，隨機而動」八字真言。首先是自己的「心」不慌不亂、不恐懼、不猜疑、不為局勢的變換所影響。「隨機而動」則是每仗都當細緻謀劃決斷，防備可能出現的各種問題，密不疏漏。

王陽明注重整治軍紀，堅持治兵原則。作戰之前，嚴厲軍規，殺一儆百。俘獲匪患頭目，死不悔改者絕殺之，不留後患，但可資教化者則一定會給予其悔改機會。

王陽明既是心學大師，自然善於心理戰。兵馬未動，糧草先行，每戰之前必廣集情報，根據情報排兵佈陣。分清敵我態勢，規避自己的劣勢，發揮自己的優勢。避開敵人的鋒芒，攻擊敵人的弱點。他善於在戰前散佈各種虛假消息，真真假假，迷惑對手。同時於敵營內部製造猜疑和矛盾，擾亂後方次序，未戰先使敵方軍心渙散，動搖士氣，堪稱中國軍事作戰協同政治作戰的鼻祖。

少年即嶄露軍事天賦

王陽明自幼聰慧異常，史載他還不能講話時，聽祖父讀過的經書就都能記下來。如此聰明，若是能專心向學走功名之路的話，或許能像他的父親王華一樣考中狀元。但王陽明少年時代的興趣卻在習武，尤其對軍事戰陣兵法更是著迷。

馮夢龍在《王陽明先生出身靖亂錄》中有這樣的記載：王陽明在私塾上學期間，不肯專心誦讀，常常偷偷跑出來與夥伴們兒戲，製大小旗居中調度，左右來回擺動，如同排兵佈陣一般，樂此不疲。

王陽明在四十八歲平定寧王叛亂後，有人嫉妒其功勞，挑釁性地提出要與他在教場較射，想以此出他的洋相，結果他三發三中。為了更好地了解邊防形勢，十五歲時王陽明還曾出遊居庸關，思考抵禦蒙古的策略，經月始返。

青年時期，王陽明開始從武藝層面躍進到研究兵法戰事，「於是留情武事，凡兵家秘書，莫不精究。」《王陽明先生年譜》《武經七書評》應該就是這時期的作品，現在來看，其中一些見解已經超越古人。不僅如此，王陽明還特別重視把理論應用於實踐，「每遇賓宴，嘗聚果核列陣勢為戲」。這雖然仍屬於紙上練兵，卻大有助於理論的發展完善。而在他中進士後，被欽差督造威寧伯王越墳時，就嘗試以軍事的方法管理工程建造，從而高質量地完成了整個工程。

弘治十七年（西元一五〇四年），王陽明被任命為兵部武選清吏司主事，這個職務加深了他對全國軍事情況的了解，冥冥之中似乎也暗示著他這一生將與軍事、戰爭結下不解之緣。經過不斷的探索和歷練，無論在武藝上還是在理論上，王陽明都為可能擔當的使命做好了準備。

南贛剿匪

正德十一年（西元一五一六年），王陽明受命巡撫南贛汀漳，負責剿匪工作，這是他軍事生涯的開始。南贛汀漳一帶，地形極為險峻，歷來是匪徒盤踞之地，匪軍聲勢浩大。匪徒常攻府掠縣、殺官吏、搶庫藏、焚官舍，一時朝中無人敢巡視其地。王陽明上任後並不急於用兵，而是首先對匪軍和官軍情況進行詳細的調查研究，同時要求下屬都要親自調查。他的調查項目包括山川地理、道路險夷、風俗善惡、匪軍據點分佈、敵我對比、兵力來源、軍餉籌措、軍事設施以及隊伍建設等等，可以說涵蓋了與作戰有關的各種情況。

在充份了解情況後，王陽明作出了官軍會剿，利在速決的正確分析。同時，針對性地推行了一系列措施：行十家牌法，肅清官軍內部奸細，另派親兵到各路土匪中臥底；就地選取民兵，加強訓練，精簡官軍，裁汰老弱；實行新兵制，重新編制隊伍，使人人得遞相（互相）罰治；疏通鹽道，就地解決給養等等。這些措施極大地提高了官軍的士氣和戰鬥力，為軍事行動的勝利奠定了堅實基礎。

南贛剿匪一役中，王陽明的部下都是文官和下層小軍官，戰鬥力其實並不強，更何況王陽明自己以前也沒打過仗，竟然能夠在短時間內把盤據數十年的難纏匪患給剿滅掉。這在當時，引起了極大的轟動。

這裡值得一提的是他推行的十家牌法和新兵制。

當時，匪軍隱藏於農民家中，民匪不分，不利於官軍進剿。根據這一情況，王守仁活用王安石的保甲法，創造性地提出了十家牌法：即十家為一個單位，若查處一戶有匪徒，其他人家都要受到懲罰。此法簡單易行，雖然過於嚴厲，但在戰時卻很管用，很快匪徒就無處隱遁了。

新兵制主要表現在隊伍的重新編制上：「二十五人為伍，伍有小甲；二伍為隊，隊有總甲；四隊為哨，哨有長，協哨二佐之；二哨為營，營有官，參謀二佐之；三營為陣，陣有偏將；二陣為軍，軍有副將。皆臨事委，不命於朝；副將以下，得遞相（互相）罰治。」王守仁的這一創造，嚴密了組織，使指揮如一，克服了先時鬆散混亂的狀態，達到了《孫子兵法》所說的「治眾如治寡」、「斗眾如斗寡」的效果。

在王陽明的指揮下，到正德十三年，南贛基本被平定。但歷史沒有給王陽明休整的機會，一個更大的使命等待他去完成。

平定寧王之亂

正德十四年（西元一五一九年），被封南昌的寧王朱宸濠反叛。朱宸濠的高祖寧獻王朱權是明太祖朱元璋第十七子，在「靖難之役」中被朱棣誘迫跟隨，但當朱棣取得皇位後，不但沒有履行當初的允諾，反而把他封到南昌，加以監管，這在他的後代中播下了仇恨的種子。朱宸濠頗有政治野心，他招兵買馬，結交權貴，苦心經營，起兵之時，號稱十萬，數日即襲破南康、九江諸郡，勢如破竹，一時人心惶惶，遠近震動。

此時駐守豐城的王陽明迅速趕到吉安，而眼前只有弱兵羸卒和低迷的士氣。據此情形，王陽明一面大施疑兵之計，假造兵部文書，詭稱各路人馬正分道並進，夾攻南昌；又行反間計，偽造朱宸濠親信的投降秘狀，四處散佈。由是朱宸濠生疑，在南昌滯留了十幾天而沒敢及時順流而下進攻南京。這為官軍的集結贏得了非常寶貴的時間。

軍隊集合完畢後，王陽明力排眾議，首先攻打朱宸濠的巢穴南昌，通過裡應外合不日攻下後，迫使進攻南京的朱宸濠回救南昌，這就穩定了朝野驚慌混亂的局勢。雙方主力會戰於鄱陽湖。根據叛軍千里回援疲乏的特點，王陽明先通過夜襲敵營，首戰告捷，滅了敵軍士氣。接著開展攻心戰，瓦解了敵方軍心。最後利用叛軍鐵索連舟以固定的情況，一把火燒了敵軍大營，從而生擒朱宸濠，取得平叛戰爭的決定性勝利。

朱宸濠為了謀反，苦心經營多年，不料僅僅三十五天就被王陽明徹底打敗。此戰，成就了王陽明用兵如神的名聲。

廣西戡亂

嘉靖六年（西元一五二七年），廣西思恩、田州的少數民族因不滿朝廷政策暴發武力反抗，時任兩廣總督姚鏌無能為力。於是，賦閒居越講學的王陽明被再次啟用，受命出征進行平息。此時，王陽明已經患有比較嚴重的肺疾，雖不情願，但還是上路了。

行軍途中，他一路「訪諸士夫之論，詢諸行旅之日」，進行了廣泛的調查研究，未到思田已對亂情有了充份的了解，從而制定出了以撫不以剿的正確方針。當地首領盧蘇、王受二人，本來是被迫起反，早有歸順之心。於是水到渠成，王陽明不費一兵一卒，平定了事態。回師途中，他又巧襲斷藤峽、破八寨，聲威赫赫。思田平定後，他建議朝廷廢除改土歸流的傳統治理政策，實行瑤族自治，從而根本上鞏固了平亂的成果。廣西平定後，王陽明肺病加疾，次年病逝于歸途南安舟中，只留下「此心光明，亦復何言」的臨終遺言。

概略來說，王陽明一生平南贛、擒寧王、撫思田、破八寨、襲斷藤峽，戰無不勝，攻無不克，為朝廷立下了赫赫戰功。明穆宗在鐵券文中稱讚他：「兩間正氣，一代偉人，具撥亂反正之才，展救世安民之略，功高不賞（功勞極大，無法賞賜）。」《明史》也說：「終明之世，文臣用兵制勝，未有如守仁者。」給予了他極高的評價。但是，王陽明卻自認為「將略平生非所長」，不過又說「破山中賊易，破心中賊難」。無論如何，他的赫赫戰功和軍事謀略已經證明了他無愧於一個傑出軍事家的稱號。

書生帶兵能有如此成就，自然使他成為後世文人追捧的偶像。晚清曾國藩、左宗棠等人，在治軍打仗上皆深受王陽明影響。王陽明的思想不僅對中國後世影響深遠，他的哲學思想在明朝中葉以後傳到日本，也成為顯學，後來甚至影響到明治維新時期的日本思想界（現在日本的儒學就是陽明心學），對日本的革新也起了一定的積極作用。

大明中興名將　未嘗一敗的平倭戰神

戚繼光

戚繼光（西元一五二八年十一月十二日～西元一五八八年一月五日），字元敬，號南塘，晚號孟諸，卒謚武毅。山東蓬萊人（一說祖籍安徽定遠，生於山東濟寧微山縣魯橋鎮）。明朝抗倭名將，傑出的軍事家、書法家、詩人、民族英雄。

戚繼光在東南沿海抗擊倭寇十餘年，掃平了多年為禍沿海的倭患，確保了沿海人民的生命財產安全。後又在北方抗擊蒙古部族內犯十餘年，保衛了北部疆域的安全，促進了蒙漢民族的和平發展，寫下了十八卷本《紀效新書》和十四卷本《練兵實紀》等著名兵書，還有《止止堂集》及在各個不同歷史時期呈報朝廷的奏疏和修議。

至於戚繼光的書法與文采，近千年來武將中也只有岳飛可以與之相較，兩人性格相近，但戚繼光的政治水平明顯比岳飛要高，所以也就使得二人的命運有著根本的差異。

戚家軍是中國歷史上少有的百戰百勝的軍隊，甚至岳家軍與之相比都相形失色。在中國古代，有兩支用主將姓氏命名的無敵軍隊，一是岳家軍，一是戚家軍。岳飛的岳家軍，是靠合併、融合其他將領的精銳部隊形成的，戚繼光卻是白紙上作畫，把一群農民和礦工訓練成無敵之師，完全一手草創，從無到有到強力系統化訓練，其擁有先進武器及小部隊作戰系統，類似現代化作戰模式與觀念，讓戚家軍更可說是中國特種兵的始祖。

岳家軍全盛時期有接近二十萬軍隊，所以作戰時是大兵團展開作戰，而戚家軍主力只有三千義務兵，鴛鴦陣中十二人互相配合的小分隊作戰，更像如今現代化特種兵特種部隊的作戰樣式。

自嘉靖三十八年戚家軍成軍到萬曆十一年戚繼光去職，戚家軍擊敗的敵軍總數超過十五萬餘，斬殺的敵人有數萬人，而自己每次陣亡人數多者三十人，少者幾人而已。如最著名的台州大捷，殲滅敵人五千五百人，戚家軍陣亡僅二十一人，其驚人的戰損比活脫脫就是二十世紀各國特種部隊的化身。

倭寇是十四到十六世紀在中國沿海擾民的海盜，他們燒殺搶掠，嚴重影響沿海百姓的生活。戚繼光訓練出赫赫有名的戚家軍，用實戰經驗，譜寫出新的傳世兵法，消滅了為禍百姓的倭患，保障了當地人民的安全和發展了當地的經濟。

這夥倭寇之所以如此兇悍是因為他們出身日本浪人——所謂浪人就是失去土地的武士，他們從小接受嚴格的武術和體能訓練，以殺人劫財為業。此時日本國內正值戰國亂世，各路割據領主紛紛培養能打善鬥的武士為自家效力。此外他們還擁有一種神兵利器——倭刀（即現在俗稱的武士刀）。倭刀的前身是中國的唐刀，後被日本遣唐使帶回日本加以改造，使刀身具有一定弧度——既可以挑刺，也可以劈砍，大致綜合了中國傳統的刀和劍兩種兵器各自的優勢。

與此同時，大明軍隊早已不是當年朱元璋旗下驅逐元朝韃虜、橫掃漠北邊塞的那支勁旅了——明朝中葉以後因不堪忍受田產被占和軍餉被扣，軍戶大量逃亡，各大軍事衛所早已形同虛設。嘉靖年間明初駐軍高達三十萬的海防前線之中遼東、山東、浙江、福建、廣東等地五十多個衛所都只剩下百分之三十左右的兵員。與衛所的荒蕪比起來，更致命的是將領和士兵驚人的低素質：世襲將領不會騎馬，弄不清旗幟。士兵戰鬥力低下不說，軍紀還極其敗壞——抗敵不力，擾民成風。

所以當時的明朝就發生了兩個奇特的現象：

一、總人數其實不多的倭寇侵犯沿海，卻能造成中國沿海地區百姓生活及經濟的重大損失，而明朝一般的守土將士竟然沒有抗衡的能力及辦法。曾有一次，區區不到百人的倭寇竟然就一路從沿海強攻至大明重兵把守的南京城，一般的地方守備部隊竟拿他們沒轍。儘管最終殲滅了這股不足百人的倭寇，但大明王朝自己付出的傷亡已遠超殲敵數量。從此事我們可以得出如下兩個結論：其一倭寇極其兇猛；其二明軍戰鬥力極端低下。

二、同樣的明朝，在同一時期，卻出現了一支訓練有素、紀律嚴明、武器先進、百戰百勝未曾嚐過敗績的，被譽為西元十六到十七世紀東亞最強軍隊的戚家軍。戚家軍先打倭寇，再打蒙古，再掃朝鮮，戰績所向披靡，不折不扣是一支戰無不勝、攻無不克的百勝雄師。

戚繼光戰績

戚繼光是明朝時期的抗倭名將，也是中國傑出的軍事家，著名的民族英雄。縱觀他的一生，戚繼光戰績頗豐，後世以戚繼光的戰績為題材的文學作品有很多。戚繼光從小就表現突出，並懷有偉大志向。年少的他曾寫下，「封侯非我意，但願海波平」的詩句，而這些抒懷抱負的詩句，恰恰為日後戚繼光為國為民奮鬥的一生立下一個完美的注解。

因為從小就飽讀詩書的戚繼光也閱讀了大量有關軍事的書籍，所以他在軍事方面很有自己獨特的見解，而這也為他今後建立種種戰績奠定了堅實的基礎。通過閱讀關於戚繼光戰績方面的資料不難發現，戚繼光的戎馬生涯可以分為兩大部份。前十年，戚繼光是在東南地區抗擊倭寇，後十年，他是在西北地區平定蒙古。草原和海洋都曾經見證過他英勇的身姿，和堅忍不屈的強大內心。

說到戚繼光的戰績，人們很自然的就會聯想到他抗擊倭寇的故事。誠然，南平倭寇在戚繼光的生涯裡是戰績豐碩的一段時光。岑港之戰中，他和俞大猷聯合軍隊擊沉了倭寇大船。台州之戰中，他率軍將倭寇全殲於仙居。福建之戰中，他大破橫嶼倭寇，清繳倭寇據點六十多處。興化之戰中他圍攻平海衛，一舉殲滅倭寇兩千餘人。

走南闖北的戚繼光沒有一刻閒息的時間，南平倭寇後，他又被派去北禦蒙古。下面講講戚繼光在北方抗擊蒙古的戰績：

隆慶二年，朵顏部酋長董狐狸率蒙古鐵騎三萬入寇，戚繼光以車營抵擋，自己率八千銃騎突襲董狐狸牙帳，全殲朵顏三萬鐵騎，俘董狐狸侄子長昂，董狐狸僅以身免，逼董狐狸扣關請罪。

萬曆三年，長禿帥兀良哈鐵騎五萬入寇，戚繼光又率八千銃騎出塞包抄，全殲五萬蒙古軍，活捉長禿。

薊門在戚繼光的治理下，防線十分堅固。韃靼小王子部（時稱土蠻）見薊門無隙可入，便轉掠遼東。

萬曆七年（西元一五七九年）十月，蒙古小王子部伯彥、蘇把亥、黑石炭、銀燈等率五萬鐵騎，進攻遼東。遼東守將李成梁請援，明廷命戚繼光率兵援助。戚繼光急率眾前往，與韃靼兵戰於狗兒河、石河墩等處，重創韃靼兵。伯彥等見明軍力量強盛，遂尋機悄悄撤退。戚繼光率軍追擊數百里，直抵燕山。

如果說對抗倭寇大多是中小規模戰爭的話，那對抗數萬蒙古鐵騎可就是大規模作戰了，經過幾個回合會戰，戚繼光的戰果還是兩個字，全殲。面對對手絕不手軟，蒙古伯彥部悄悄撤退，戚繼光也不放過，直接率領戚家軍追擊數百里，這一情景不禁讓人想起了漢朝名將霍去病追擊匈奴至祁連山。

戚繼光武器

戚繼光是一位傑出的軍事家、政治家、兵器研發製造家和軍事工程專家。他改造、發明了各種先進武器；他建造的大小戰船、戰車，使明軍水陸裝備優於敵軍；他創造性的在長城上修建許多空心敵台，進可攻退可守，是極具特色的軍事工程。他一生造就了許許多多的先進及實用的兵器，戚繼光的武器至今仍被後人所津津樂道：

第一是戚氏軍刀，戚氏軍刀是戚繼光專門針對倭寇使用的倭刀所改良製造成的武器。倭刀的堅韌程度不輸給堅石，明朝軍隊所用的刀在與倭寇交戰時，經常被倭寇的倭刀砍斷。戚繼光吸收倭刀的長處，對中國軍刀進行改良，帶有明顯的日本風格，改良後戚氏軍刀的威力大大勝過寇軍的倭刀，這樣此刀就可以足夠和倭寇交戰而不被輕易砍斷了。戚繼光在《練兵實紀雜集．軍器解》著作裡有記載此刀的鍛造方法。

第二是狼筅，狼筅是戚繼光對付倭寇給戚家軍所配備的武器之一，粗有二尺，長有一丈五六尺。明朝的軍隊在與倭寇交戰時，因懼怕倭寇的倭刀而張皇失措，戚繼光在長而多節的毛竹頂端裝上鐵槍頭，兩旁枝刺用火熨燙得有直有勾，再灌入桐油，敷上毒藥。戰鬥時，不僅威力凌厲勝過倭寇的倭刀，其支段茂盛還可用來掩護士兵。此武器的戰鬥威力強大，動輒可以把敵人殺個片甲不留。可以說是戰場上貢獻最大的武器之一。

第三是虎蹲炮，鳥銃射擊精準，但殺傷力太弱，盾牌就能阻擋，佛郎機炮殺傷力大但是太笨重，於是戚繼光便發明創造了「虎蹲炮」，比鳥銃殺傷力大，比佛朗機炮輕，便於攜帶，戚家軍大量製造配備之。

第四就是著名的鴛鴦陣了，鴛鴦陣是戚家軍步兵的個人與單位的基本戰術養成，好比現代軍人必須要通曉熟練步兵班的戰鬥防衛與武器使用，不是什麼玄之又玄的神化八卦陣，而是實實在在的一種實戰應用陣形。小用於個人與行伍，大用於萬人對陣皆適宜。

戚繼光在長期的抗倭鬥爭中打造了全新的鴛鴦陣法：以十一人為一隊，最前為隊長，此二人一執長牌、一執藤牌。長牌手執長盾牌遮擋倭寇的箭矢、長槍，藤牌手執輕便的藤盾並帶有標槍、腰刀，長牌手和藤牌手主要掩護後隊前進，藤牌手除了掩護還可與敵近戰。

再二人為狼筅手執狼筅，狼筅是利用南方生長的毛竹，選其老而堅實者，將竹端斜削成尖狀，又留四周尖銳的枝丫，每支狼筅長三米左右，狼筅手利用狼筅前端的利刃刺殺敵人以掩護盾牌手的推進和後面長槍手的進擊。接著是四名手執長槍的長槍手，左右各二人，分別照應前面左右兩邊的盾牌手和狼筅手。再跟進的是兩個手持「鏜鈀」的士兵擔任警戒、支援等工作。如敵人迂迴攻擊，短兵手即持短刀衝上前去劈殺敵人。各種兵器分工明確，每人只要精熟自己那一種的操作，有效殺敵關鍵在於整體配合，令行禁止（即下令行動就立刻行動，下令停止就立刻停止。形容法令嚴正、紀律嚴明、執行認真）。

「鴛鴦陣」不但使矛與盾、長短兵器緊密結合，充分發揮了各種武器的效能，而且陣形變化靈活。可以根據情況和作戰需要變縱隊為橫隊，變一陣為左右兩小陣或左中右三小陣。當變成兩小陣時稱「兩才陣」，左右盾牌手分別隨左右狼筅手、長槍手和短兵手，護衛其進攻。當變成三小陣時稱「三才陣」，此時，狼筅手、長槍手和短兵手居中，盾牌手在左右兩側護衛。這種變化了的陣法又稱「變鴛鴦陣」。此陣運用靈活機動，正好抑制住了倭寇優勢的發揮。戚繼光率領「戚家軍」經過「鴛鴦陣」法的演練後在與倭寇的作戰中每戰皆捷。

戚繼光制勝戰略

為何戚家軍有如此強大的戰鬥力？究其原因，除了戚繼光本人有很高的軍事能力之外，主要是戚繼光的這幾個戰略手段極為高明：

首先，和傳統的「拉壯丁」選兵政策不同，戚繼光選兵主要從沿海地區受倭寇迫害極為嚴重的地區選取軍士，這些人多是農民、漁民和礦工，身強體壯，而且由於曾受到倭寇迫害，這些士兵戰鬥意志極強。

其次，戚家軍的軍餉政策和其他部隊不同，戚家軍的糧餉很低，但有類似於現在保險推銷員制度的「利潤分成」。陣前斬倭寇一個首級獎勵白銀二十兩。在這個政策下，軍士碰到倭寇再也不會提心弔膽，而像是看到一堆堆移動的銀山。這個方法，早在戰國時期的秦軍也使用過。

其三，戚家軍百戰不敗的原因在於戚繼光的治軍思想極為先進，以東亞最先進的武器裝備部隊，後膛的神威將軍炮、佛郎機炮、虎蹲炮，還有鳥銃、戚氏軍刀、狼筅、鐵甲，先進的冷熱兵器皆備，戚家軍的裝備在當時絕對是東亞第一、世界前列。

其四，戚家軍的紀律嚴明也是聞名天下，但凡出征時有擾民行為者一律斬首示眾，作戰驍勇、善待百姓，所以戚家軍無論在哪裡作戰都能夠獲得當地百姓的支持，苗瑤等都為之誓死效命。

最後，戚家軍專門為對抗倭寇設計了一套「鴛鴦陣」，幾人配合之下既能保護自身安全又能砍殺敵人，這也是戚家軍憑藉三千人，數年斬殺十五萬倭寇的主要原因。

中日兩國都尊他為民族英雄　終生矢志反清復明
並趕走荷蘭人　收復台灣

鄭成功

國姓爺鄭成功可說是東方近代歷史中最傑出的人物之一，他的成就不僅是當年反清復明勢力的中流砥柱；他更驅逐西方列強勢力，趕走荷蘭人，為中國收復了台灣並建設台灣；他甚至同時成為中日兩國共同遵奉的民族英雄，並在兩國各地被立廟祭祀至今，可謂傳奇。

在活躍於中國海面的各路英雄豪傑當中，沒有一個人可以比得上這位英勇幹練、成就輝煌大業的年輕將帥。他的能力表現在登高一呼而各方景從，不願做順民的，受到欺壓的，都投到了他的旗下。雖然他執法如山，而且許多人是年齡長他兩三倍的長輩，但卻都能俯首聽命，唯令是從，這就是他的威勢所在。這是美國著名外交官及記者禮密臣（西元一八九八年美國第一任駐台灣淡水領事）對「一生以收復明朝江山為職志」鄭成功的評價。

福建本籍，入明求學

《漳浦營裏鄭氏族譜》明確記載，鄭成功原籍福建南安石井鎮，祖先於東晉永嘉年間，避地到閩。其父鄭芝龍先在日本經商，後轉到台灣，從事海上貿易活動，是一個非常有勢力的海商兼中國東南沿海最大海上走私集團的頭目。

鄭成功母親是日本人田川氏，所以說鄭成功有一半日本人的血統。由於鄭芝龍在當時中國沿海地區勢力龐大，所以很受日本平戶藩的青睞，送他宅邸美女，因此鄭芝龍就娶了當地的女性田川氏。明熹宗天啟四年（西元一六二四年）八月二十七日，鄭成功於日本九州平戶藩出生於川內浦千里濱，當時田川氏正在海邊勞動，忽感腹中疼痛，在一塊岩石上生下鄭成功，這塊石頭被叫做「兒誕石」，至今仍立於平戶海邊。

鄭成功七歲之前跟隨母親住在平戶，西元一六三〇年鄭芝龍將他帶回福建泉州南安縣老家教養，因受限於日本禁止女人離境的規定，故田川氏並未隨行，鄭芝龍延聘儒士教育鄭成功，以便爭取科考功名。從此自日本返鄉的鄭成功就開始接受中國傳統的儒家思想教育。兒時的鄭成功叫鄭福松，西元一六四四年，他的老師將他改名為森，因此這個時期的鄭成功叫鄭森。

鄭成功七歲回中國後，十五歲考中秀才，西元一六四四年闖王李自成攻入北京，明思宗崇禎皇帝自縊，吳三桂引清兵入關。在這樣的亂世裡鄭成功入南京國子監太學讀書，拜當時南京禮部尚書錢謙益（明末知名秦淮八艷愛國才女柳如是丈夫）為師。鄭成功有四個弟弟，唯一同母（鄭芝龍一共娶妻妾五房，鄭成功母親田川氏是二房）的是終身未曾離開日本的七左衛門（又名田川次郎左衛門），目前還有後人在日本。

清軍入關，弘光覆滅

明朝崇禎帝自縊於煤山後，明朝山海關總兵吳三桂引清軍入關，擊敗闖王李自成進駐北京城。明朝遺臣遂於南京擁立福王朱由崧登基，年號弘光。

鄭成功二十一歲時（順治二年）五月十五日，清朝豫親王多鐸率軍南下，破揚州，攻佔南京，兵部尚書史可法等人殉國，明朝弘光帝被俘，遭到殺害，明朝弘光政權滅亡。

弘光政權覆滅後，由於清廷在江南採取殘酷野蠻的高壓政策，強行下達剃髮令（留頭不留髮，留髮不留頭），漢人違者皆殺，激起各地抗清鬥爭蜂湧而起。當時鄭芝龍手握重兵，鄭芝龍、鄭鴻逵兄弟於福州擁戴唐王朱聿鍵稱帝，年號隆武，鄭氏兄弟成為隆武帝依靠的主要軍事力量。

魯王監國，隆武賜姓

不久，魯王朱以海亦在紹興稱「監國」，改年號為「魯監國元年」。隆武、魯監國兩政權雖皆「矢志恢復」，卻彼此矛盾、衝突不斷，各行其是。

隆武政權成立後，鄭芝龍將鄭成功引薦給隆武帝，隆武帝非常讚賞鄭成功的才華，隆武帝甚至說可惜自己沒有女兒，否則一定許配給鄭成功為妻。並將當朝最尊崇的朱姓賜給鄭成功，並將原名森改為成功。從這時起，鄭森的名字就成了朱成功。由於朱為明朝國姓，從此百姓尊稱鄭成功為國姓爺。隆武帝又令其掛招討大將軍印，鎮守仙霞關等軍事重地。

二十二歲時（順治三年）起，鄭成功即開始領軍，多次奉命進出閩、贛與清軍作戰。然而真正握有軍政大權的鄭芝龍，卻無意全力抗清，曾導致清軍攻入閩北時幾乎沒有遭受抵抗。同年，西元一六四六年八月，清軍攻克福建，隆武帝出奔江西，在汀州遭清軍俘虜，之後絕食不屈而亡。隆武皇帝遇害後，在清大學士洪承疇的招撫下，鄭成功的父親鄭芝龍認為明朝氣數已盡，不顧鄭成功的反對，隻身北上向清朝朝廷投降。南明帝系旋由桂王朱由榔繼承，改元「永曆」。

父子反目，國仇家恨

鄭芝龍不顧鄭成功極力反對，決心帶著其他幾個兒子投降滿清，鄭成功無奈帶著部份部將轉往金門。這時投降清朝的鄭芝龍還坐等著加官進爵的黃粱美夢，結果一到北京就被清軍變相軟禁起來，同時清軍又開始攻打鄭芝龍老家閩南南安，恰好鄭成功的母親田川氏這時居住在南安沒能逃走，在清軍攻破南安後，田川氏不堪受辱，自殺殉節。

田川氏的死，也是鄭成功後來堅持抗清到底的一個重要原因。同時身在日本的鄭成功的弟弟田川七左衛門得知母親自殺身亡的消息也悲痛萬分，誓死返回中國和哥哥鄭成功一起反清復明，以報殺母之仇。但由於種種原因沒有得到允許，田川七左衛門就開始不斷輸送人力、物資供應哥哥鄭成功，並且維持、組織海上貿易命脈，為鄭成功的反清復明抗爭提供經濟保障，做出了巨大貢獻，一直維持到德川幕府鎖國之後。

隆武覆滅，避走金門

隆武政權覆滅，鄭成功避走金門，然後開始於沿海各地招兵買馬、收編鄭芝龍舊部，更在南澳募集了數千兵力。西元一六四七年（順治四年）一月，年僅二十三歲的鄭成功在小金門誓師反清。

同年七月，鄭成功會同鄭彩部隊攻打海澄，失敗；次月，鄭成功又與鄭鴻逵部合圍泉州府城，清漳州副將王進率援軍至，鄭軍不敵敗退。

次年，清朝江西總兵金聲桓、王得仁於江西起兵反清，清朝廣東提督李成棟亦投向永曆政權，使反清復明的聲勢一時大振；但不久，清廷壓制了江西的金聲桓、王得仁勢力；廣東李成棟軍亦於來年（西元一六四九年）滅亡。

二十五歲時（順治六年），鄭成功改奉永曆年號為正朔；永曆帝即冊封鄭成功為「延平王」（郡王），從此亦有人稱鄭成功為「鄭延平」、「延平郡王」。

拒降抗清，雙方相持

同年（順治六年）十月，鄭成功從清軍手上攻取漳浦、雲霄等地，亦平定了達濠、霞美等寨；至隔年五月之間，又次第收服了潮陽以及周邊許多山寨。

次年（順治七年），鄭成功接收了鄭彩、鄭聯大部份的部隊，並且實際取得廈門、金門等地作為根據地。農曆十二月，鄭成功抵廣東揭陽，與鄭鴻逵會師；同年，魯王朱以海在閣部曾櫻等人的陪同下，來到廈門投靠鄭成功，被安置在金門。

西元一六五一年（順治八年）正月，鄭成功抵南澳。同年農曆五月，鄭成功叔父鄭鴻逵麾下大將施琅因叛變事洩擅自處決鄭成功部將曾德，鄭成功以此為由欲誅施琅全家。施琅雖在友人幫助下逃脫，但父親、胞弟均被處死。從此，施琅與鄭成功結下大仇，決定再度降清。

西元一六五二年（順治九年）九月，清軍將領固山額真金礪率領了萬人大軍開抵福建，進入泉州府，鄭軍於交戰失利後，只能撤退以確保海澄、廈門的安全。清軍趁勝收復南靖、漳浦、平和、詔安四縣。

次年（順治十年）農曆四月，金礪進犯海澄，與鄭成功展開激烈戰鬥。五月，鄭成功趁清軍大舉渡河之際，以火攻大破金礪，取得海澄戰役的勝利，海澄得保安全。海澄戰役以後，金礪被清廷召回京師，雙方再度處於相持局面。

為國盡忠，力拒清廷

清軍兩度大敗後，期間，降清的鄭芝龍在清廷的要求下多次寫信給鄭成功招降，順治帝於西元一六五三年（順治十年）農曆五月下詔冊封鄭成功為靖海將軍海澄公，鄭成功堅辭不受。八月，雙方於泉州府安平報恩寺內議和，鄭軍得以休兵籌措糧餉，稍事整頓。十一月，順治帝再度敕封，並承諾給予一府之地安置兵將，鄭成功仍不接受。順治十四年（西元一六五七年），鄭芝龍與鄭成功私信被清廷截獲，以通敵罪流徙鄭芝龍於寧古塔（位於今俄羅斯海參崴一帶，清朝專門收納流徙罪犯的知名苦寒之地）。

次年，南明西寧王李定國與鄭成功聯繫，希望從東、西合力進攻廣東，則明朝勢力得以合流。若再沿長江北伐，攻贛、皖、蘇各省，則復興大業有望矣。十二月，鄭軍分兵進擊，拿下同安、南安、惠安、安溪、永春、德化諸縣，軍隊進入興化地方。

西元一六五五年（順治十二年），因永曆帝和鄭成功勢力相隔遙遠，特准鄭成功設置六官及察言、承宣、審理等官方便施政，同時允許他委任官職，武官可達一品，文職可達六部主事。鄭成功同時將廈門改名為「思明州」，並建造演武亭，以便親自督察官兵操練。

次年（順治十三年）四月，清將濟度調集各路水師進攻廈門，於圍頭海域遭鄭軍痛擊，清軍大敗而歸。鄭軍取得泉州戰役的勝利。十二月，鄭軍又在閩東北取得護國嶺戰役的勝利。

北伐南京，由盛而衰

鄭成功於西元一六五八年（順治十五年），統率水陸軍十七萬與浙東張煌言會師，大舉北伐。次年入長江，克鎮江，圍南京，後因中清軍緩兵之計（清軍守城將領為漢人管效忠，鄭成功勸降管效忠，管效忠回覆家眷都在北京，依大清律法，若守城滿一個月失敗，可不牽連家眷。鄭成功宅心仁厚，竟上當答應等官效忠一個月，給予清軍重新集結重兵、重新部署的時間），損兵折將，敗退廈門。

次年，鄭成功再次率領大軍北伐，會同張煌言部隊順利進入長江，勢如破竹。南京之戰可說是鄭成功生涯當中最輝煌及最重要的一役，但是卻先盛後衰，以大敗收場，使鄭成功的反清大業受到致命挫敗。

鄭成功於西元一六六〇年（順治十七年）在福建海門港（今龍海東），殲滅清將達素所率水師四萬餘人，取得廈門戰役的勝利，聲威復振。

驅逐荷夷，收復台灣

西元一六四七年（順治四年），所部元氣大傷的鄭成功，為解決大軍的後勤補給問題，聽從前鄭芝龍部屬，人在台灣對台灣非常熟悉的何斌的建議（何斌原為荷蘭殖民者的翻譯，因罪撤職後，投奔鄭成功，他詳細地介紹了台灣的情況，並進獻了台灣的軍事地圖，從而堅定了鄭成功進軍台灣的決心），收復由荷蘭殖民主義者侵佔的台灣島。

西元一六六一年（順治十八年）三月，三十七歲的鄭成功留下兒子鄭經防守廈門、金門，親率兩萬五千名官兵，大小戰船數百艘，從福建金門料羅灣出發，經澎湖，到達台灣西南沿海。鄭成功的軍隊登陸後，立即向荷蘭殖民軍發動進攻。在海上，鄭軍包圍了荷軍戰艦，並給予其毀滅性打擊。在陸上，鄭成功的軍隊也大敗荷蘭殖民者。最後，荷蘭軍龜縮到普羅文查和熱蘭遮兩個據點，妄圖依據城堡工事進行頑抗。

同年五月初五，鄭成功改赤崁為「東都明京」，設承天府及天興、萬年二縣。敵軍守將描難丁戰敗投降。於是鄭成功留部將楊朝棟守赤嵌樓，親率大軍乘勝進攻赤嵌城。後赤嵌城附近的高山族人民都來歡迎和援助鄭成功，殖民者的命運完全控制在鄭成功的手中。

鄭成功依據地形，改變戰術，成功地攻取了荷蘭人普羅文查和熱蘭遮這兩個最後的據點。另赤嵌城被圍困七個月，最後荷軍水源被鄭成功切斷，揆一（荷蘭東印度公司官員，也是台灣荷蘭統治時期最後一任台灣行政首長）無計可施，只好豎白旗宣告投降。最後荷蘭殖民者簽訂了十八條的投降書，西元一六六一年（順治十八年）十二月二十日，揆一率領殘部五百人離開台灣。

鄭成功收復了被荷蘭殖民者占領近四十年的台灣島。這不僅為中國建立了功勳，也給荷蘭殖民者在亞洲的侵略行為予以沉重打擊，為當時的日本和朝鮮解除了威脅，這也是世界反殖民主義抗爭史上的壯舉。鄭成功壯志已酬，即興寫下《復台》詩一首：

開闢荊榛逐荷夷，十年始克復先基；

田橫尚有三千客，茹苦間關不忍離。

內憂外患，英年早逝

清康熙帝繼位（西元一六六一年），鄭氏降將黃梧向當權者鰲拜建議「平賊五策」，包括長達二十年的遷界令，自山東至廣東沿海自濱海至內陸二十里不許有人煙，清廷堅壁清野的經濟封鎖斷絕了鄭成功的經濟支援。毀沿海船隻，寸板不許下水。同時殺成功之父鄭芝龍於寧古塔流徙處（一說斬於北京柴市口，即今府學胡同西口，元代刑場）。挖鄭氏祖墳，移駐投誠官兵，分墾荒地。由於清政府的新策略，鄭成功和他的軍隊被斷絕了經濟來源，面臨著嚴重的財政危機，不得不放棄以近岸離島為基地，轉為固守台灣。

鄭成功於是祭告山川，頒屯墾令，開東寧王國，立鄭家天下，擁有現在台灣南部以及一部份東部的土地，設「承天府」，改台南為「東都」，以示等候明永曆帝東來之意，爭取明朝遺臣效忠。不幸同年四月間卻傳來永曆帝朱由榔死於緬甸的消息。

雖然仍有其他明朝宗室在台，但鄭成功已決定不再擁立新帝，自為台灣之主。鄭成功在台灣成立第一個漢人政權，然而，因為當時熱帶地方衛生條件不好，鄭成功感染時疫，終於病倒，於西元一六六二年五月病逝，享年三十九歲。原葬台南洲仔尾，西元一六九九年遷葬南安祖墓。

鄭成功的兒子鄭經繼續經營台灣，改東都為東寧。依陳永華（鄭成功重用的謀士，鄭經的老師，有「鄭氏諸葛」之稱。民間傳說，鄭成功為了反清復明，開創天地會，潛伏於中國大陸，後將領導重任傳予交付給其參軍陳永華，化名陳近南，各地聯絡人，皆用「陳定南」之名發佈命令。在現代武俠小說中，陳永華因此常被描寫為反清復明、武功高強的天地會總舵主「陳定南」，如金庸小說「鹿鼎記」，其中「平生不見陳近南，便稱英雄也枉然」更是膾炙人口）之議，移植明朝中央官制，對內雖仍奉已死的明永曆帝為正朔，與中國內陸清王朝之順治、康熙各朝互不統屬，對外則自稱「東寧王國」，開始有開國長治之想，經營成效斐然。

後因降將施琅師法鄭成功當年進攻荷蘭人故技，攻克澎湖島，因此鄭成功孫子鄭克塽於西元一六八三年降清，為免台灣民眾起反抗之心，鄭氏在台諸墳悉數遭滿清王朝掘起遷葬中國內陸。西元一六八四年四月，台灣（時為台灣府）正式納入大清帝國版圖，隸屬福建省，下設台灣縣，鳳山縣與諸羅縣，總計鄭氏政權在台灣只有短短二十幾年的時間而已。

由於鄭成功是中日混血，日本人亦視鄭成功為大和英雄。日本江戶時代日本作家近松門左衛門寫了一部《國姓爺合戰》歷史劇，把鄭成功歪曲成一名日本武士，還給他起了個日文名字「和藤內」。

日本人尊鄭成功為民族英雄是有政治目的的，他們以鄭成功擁有大和血統並曾經統治過台灣，以此解釋日本統治台灣是繼承遺緒，合理化日據時期日本對台灣的統治。在台灣被日本占領期間，台灣的學校教授學童傳唱鄭成功之歌，台南的延平郡王祠被改為日式的「開山神社」。但是隨著第二次世界大戰日本的戰敗，日本人最終還是不得不退出台灣，將台灣還給中國。

第十篇

清朝名將

乞兒吉思部
乃蠻部
西
回
吐蕃
西夏
度
大理
族

清朝統一中國第一功臣　攝政王

死後被順治皇帝親自鞭屍

多爾袞

多爾袞是清太祖努爾哈赤第十四子，明萬曆四十年（西元一六一二年）十月二十五日生於赫圖阿拉，生母阿巴亥，姓烏拉那拉氏。

從孤獨弱主到和碩睿親王

西元一六一六年，努爾哈赤建立後金國，年號天命，兩年後以「七大恨」告天，發動了對明朝的進攻，揭開了明清戰爭的序幕。在對明戰爭節節勝利中，後金內部的矛盾鬥爭也不斷發生。天命五年（西元一六二〇年）九月，努爾哈赤宣佈廢黜大貝勒代善的太子名位，而「立阿敏台吉、莽古爾泰台吉、皇太極、德格類、岳託、濟爾哈朗、阿濟格、多鐸、多爾袞為和碩額真（和碩額真是一種封爵爵位）」，共議國政。也就是說，從此時起，多爾袞以八歲幼童躋身於參與國政的和碩額真行列。

這樣一個改變後金政治格局的重大行動，是從當年三月努爾哈赤休棄滾代皇后富察氏開始的。當時雖然給大福晉（清兵入關前，後宮妃嬪地位最高者被尊稱為大福晉，後來清朝親王的妻妾稱福晉）富察氏頭上加了四條罪狀，但是都缺乏足夠的證據，例如四大罪狀之一，便是代善與富察氏關係曖昧，但是實際上是有人陷害他們。

富察氏被休棄之後，取代她作為大福晉的正是多爾袞之母阿巴亥。這樣，努爾哈赤愛屋及烏，多爾袞及其兄弟阿濟格、多鐸地位上升便在情理之中了。

此外，原太子代善由於處處計較而失去乃父努爾哈赤的歡心，又聽信後妻的讒言而虐待已子碩託，這就為覬覦其地位的人們帶來了反對他的口實，造成了前面所說的其「太子」地位的被黜。這樣，在努爾哈赤共治國政的制度下，多爾袞兄弟便第一次成為鼎足均衡的力量之一。

多爾袞此時還不是旗主貝勒，而僅與其弟多鐸各領十五牛錄（統領一牛錄代表統領三百人，多爾袞八歲時擁有十五牛錄，即統領四千五百人，已經相當於擁有了一個旗五分之三的兵力了），他畢竟還是一個未成年的孩子，政治地位不如阿濟格，甚至不如多鐸。在天命年間許多重大活動中，都不見多爾袞的蹤影。

天命元年（西元一六一六年）正月初一的朝賀典禮中，可以親自叩拜努爾哈赤的宗室顯貴中，阿濟格與多鐸分列第六、第七位，而多爾袞則不被允許參與其中。儘管如此，除四大貝勒和乃兄乃弟之外，多爾袞是領有牛錄最多的主子，超過了德格類、濟爾哈朗、阿巴泰等人，在當時來說，也算是頗有實力的一位台吉（台吉是一種爵位）了。

但是，好景不長。努爾哈赤在天命十一年（西元一六二六年）八月十一日去世，臨終前曾召見愛妻烏拉那拉氏阿巴亥，似乎要授以遺命。但眾貝勒早就擔心多爾袞三兄弟力量迅速壯大，便在擁戴皇太極繼位為汗之後九個時辰，迫令阿巴亥自盡殉夫，聲稱是太祖努爾哈赤的「遺命」。這時候，多爾袞三兄弟的處境最為艱難，他們既失去了政治依靠，又面臨著其他異母兄弟們對其所領旗分的攘奪，誰知道今後又會有什麼災禍降臨？

皇太極繼位之後，雖未向他們開刀，但也通過三份效忠的誓詞把他們的地位貶低很多，特別是皇太極在後來一系列加強皇權的行動中，更是多處壓制他們的兩白旗勢力。連代善、阿敏和莽古爾泰三大貝勒都處處受擠壓，多爾袞兄弟又怎能倖免？但是，皇太極知道，若要削弱最威脅皇權的三大貝勒的權力，自己的實力還不夠，還必須拉攏和扶植一些跟他沒有甚麼利害衝突的兄弟子侄，其中就有多爾袞。天聰二年（西元一六二八年）三月，皇太極廢黜了恃勇傲物的阿濟格的旗主身份，以多爾袞繼任固山貝勒（晉身正式旗主的身份）。這時候，多爾袞才剛滿十五歲。

少年多爾袞在夾縫中求生存，開始顯示出他善於韜光養晦的過人智慧。他一方面緊跟皇太極，博取他的歡心和信任，卻絕不顯示自己的勃勃野心。另一方面則在戰場上顯示出超人的勇氣和才智，不斷建樹新的戰功。天聰二年（西元一六二八年）二月，他初次隨皇太極出征蒙古察哈爾多羅特部，立下戰功，皇太極賜予「墨爾根岱青」的稱號，贊他「既勇且智」。半個月後，他就取代了恃勇傲物的阿濟格繼任了固山貝勒。多爾袞少年得志，為他將來的進取開始奠定基礎。

天聰三年（西元一六二九年），皇太極率軍攻明，多爾袞在漢兒莊、遵化、北京廣渠門諸役中奮勇當先，斬獲甚眾，一年半後，他又參加了大凌河之役，攻克堅城的功勞也有他一份。天聰八年（西元一六三四年），皇太極再度攻明，多爾袞三兄弟入龍門口，在山西擄掠，結果「宣大地方，禾稼踐傷無餘，各處屋舍盡焚，取台堡、殺平民、俘獲牲畜無數」。

當然，使多爾袞名聲大振的是征服朝鮮和攻擊蒙古察哈爾部之役。

朝鮮和察哈爾被皇太極視為明朝的左膀右臂，是後金攻明的後顧之憂。天聰六年皇太極雖大敗察哈爾部，林丹汗敗走死在青海大草灘，但其殘部仍散佈在長城內外，於是天聰九年（西元一六三五年），皇太極便命多爾袞率軍肅清殘敵。結果他首遇林丹汗之妻囊囊太后及瑣諾木台吉來降，又趁大霧包圍林丹汗之子額哲所部，使人勸其歸順，雙方盟誓而回。

這一次出征，多爾袞不費一刀一槍，出色地完成了皇太極的使命。更具重大意義的是，多爾袞從蘇泰太后（林丹汗之妻）那兒得到了遺失二百餘年的元朝傳國玉璽，其璽「交龍為紐，光氣煥爛」，後金得之，使皇太極獲得稱帝根據及招攬人心的工具。果然，皇太極聞訊大喜，親率王公大臣及眾福晉等出聖京（今瀋陽）迎接凱旋之師，對多爾袞等亦大加褒獎。

皇太極親征朝鮮，多爾袞也在行伍之中。他率軍進攻朝鮮王子、王妃及眾大臣所居之江華島，一方面竭力勸降，一方面「戢其軍兵，無得殺戮」。對投降的朝鮮國王「嬪宮以下，頗極禮待」。這使朝鮮君臣放棄繼續抵抗，減少了雙方的殺戮。

這兩役之後，戰局頓時改觀，皇太極除去了後顧之憂，便可全力對付明朝。他在天聰十年（西元一六三六年）改國號為清，年號崇德，南面稱帝，與明朝已處在對等地位。多爾袞在這兩大戰役中所立的戰功，也使他的地位繼續上升。

正月初一新年慶賀大典時，多爾袞首率諸貝勒向皇太極行禮，這與十二年前的情形相比，可謂天壤之別。當年四月皇太極稱帝，大加封賞，多爾袞被封為和碩睿親王，已位列六王之第三位，其時多爾袞年僅二十四歲。

在此之後，多爾袞幾次率師攻明，均獲輝煌戰績。崇德三年（西元一六三八年）他被授予「奉命大將軍」，統率大軍破牆子嶺而入，於巨鹿大敗明軍，明統帥盧象升戰死。然後兵分兩路，攻打山東、山西，多爾袞所部共取城三十六座，降六座，敗敵十七陣，俘獲人畜二十五萬七千多，還活捉明朝一親王、一郡王，殺五郡王等，給明朝以沉重打擊。

班師之後，多爾袞得到了馬五匹、銀二萬兩的賞賜。崇德五年到六年，多爾袞又作為松錦決戰的主將之一走上戰場。起初，他由於違背皇太極的部署，私遣軍士探家而遭到急於破城的皇太極的責罰，但他仍以郡王的身份繼續留在軍中，一方面屢次上奏提出作戰方略，一方面率領四旗的護軍在錦州到塔山的大路上截殺，並在攻破松山後率軍圍困錦州，迫使明守將祖大壽率部至多爾袞軍前投降。松錦之戰後，明朝關外只剩下寧遠孤城，清軍入關已是時間問題。

多爾袞並不僅僅只是一介粗人武夫，這點連皇太極也看得很清楚，因此，在更定官制時，便把六部之首的吏部交給他統攝。根據他的舉薦，皇太極將希福、范文程、鮑承先、剛林等文臣分別升遷，利用他們的才智治國。根據他的建議，皇太極又對政府機構作了重大改革，確定了八衙官制。此外，文臣武將的襲承升降、甚至管理各部的王公貴冑也要經他之手任命。在統轄六部的過程中，多爾袞鍛鍊了自己的行政管理能力，為他後來的攝政打下堅實的基礎。

更需注意的是，多爾袞一直秉承其兄皇太極意旨，對加強中央集權發揮了重大作用。崇德元年和二年，皇太極兩度打擊岳託，意在壓制其父代善正紅旗的勢力，多爾袞等人揣摩帝意，故意加重議罪。崇德三年遣人捉拿叛逃之新滿洲，代善略有不平，便被多爾袞抓住大做文章，上報皇太極，欲加罪罰。這些舉動，正合皇太極心意，他一方面對忠君的兄弟表示讚賞，另一方面卻又減輕被議者的處罰，以圖感恩於他。通過這一打一拉，來穩固皇太極自己的獨尊地位。

但是，皇太極並沒有料到，多爾袞正利用皇帝的信任，逐漸削弱昔日曾打擊他與母親等人的勢力，等待時機，覬覦權柄。

立幼帝，大戰山海關

不久，這個時機終於來了。崇德八年（西元一六四三年）八月九日亥時，皇太極「暴逝」於瀋陽清寧宮。由於他的突然死去，未對身後之事作任何安排，所以王公大臣在哀痛背後，正迅速醞釀一場激烈的皇位爭奪戰。

這時候，代善的兩紅旗勢力已經遭到削弱，他本人年過花甲，早已不問朝政。其諸子中最有才幹的岳託和薩哈廉年輕時已過世，剩下碩託也不為代善所喜，滿達海初露頭角，還沒有什麼發言權。第三代的阿達禮和旗主羅洛渾雖然頗不甘為人後，但崇德年間卻屢遭皇太極壓抑。由此看來，兩紅旗老的老，小的小，已喪失競爭優勢。但以代善的資歷、兩個紅旗的實力，其態度所向卻能左右事態的發展。皇太極生前集權的種種努力和滿族社會日益的封建化，自然也使皇太極長子豪格參加到競爭中來。

從利害關係而論，兩黃旗大臣都希望由皇子繼位，以繼續保持兩旗的優越地位。他們認為，豪格軍功多，才能較高，天聰六年已晉升為和碩貝勒，崇德元年晉身肅親王，掌戶部事，與幾位叔輩們平起平坐。皇太極在世時，為加強中央集權，大大削弱了各旗的勢力，但同時又保持著一定實力，又把正藍旗奪到自己手中，合三旗的實力遠遠強於其他旗。因此，這三旗的代表人物們必然要擁戴豪格繼位。

另一個競爭者便是多爾袞。他的文武才能自不待言，身後兩白旗和勇猛善戰的兩個兄弟則是堅強的後盾，而且，正紅旗、正藍旗和正黃旗中也有部份宗室暗中支持他，就更使他如虎添翼。還有一個人也不容忽視，他就是鑲藍旗主濟爾哈朗。雖然他不大可能參與競爭，但他的向背卻對其他各派系有重大影響，無論他傾向哪一方，都會使力量的天平發生傾斜。

平心而論，皇太極遺留下的空位，只有三個人具備繼承的資格：代善、豪格、多爾袞。但實際上競爭最激烈的是後面兩人。就這兩人來說，豪格居長子地位，實力略強，這不僅因為他據有三旗，而且由於代善和濟爾哈朗已經感受到多爾袞的咄咄逼人，從而準備投豪格的票了。

果然，皇太極死後不久，雙方就開始積極活動，進而由幕後轉為公開。兩黃旗大臣圖爾格、索尼、圖賴、錫翰等議立豪格，密謀良久，並找到濟爾哈朗，謀求他的支持。而兩白旗的阿濟格和多鐸也找到多爾袞，表示支持他即位，並告訴他不用害怕兩黃旗大臣。雙方活動頻繁，氣氛日益緊張。首先提出立豪格的圖爾格下令其親兵弓上弦、刀出鞘，護住家門，以防萬一。

是年八月十四日，諸王大臣在崇政殿集會，討論皇位繼承問題。這個問題是否能和平解決，直接關係到八旗的安危和清皇朝的未來。兩黃旗大臣已經迫不及待，他們一方面派人劍拔弩張，包圍了崇政殿；另一方面手扶劍柄，闖入大殿，率先倡言立皇子，但被多爾袞以不合規矩喝退。

這時，阿濟格和多鐸接著出來勸多爾袞即位，但多爾袞觀察形勢，沒有立即答應。多鐸轉而又提代善為候選人，代善則以「年老體衰」為由力辭，既提出多爾袞，又提出豪格，意見模稜兩可。豪格見自己不能順利被通過，便以退席相威脅。兩黃旗大臣也紛紛離座，按劍向前，表示：「如若不立皇帝之子，我們寧可死，從先帝於地下！」代善見有火併之勢，連忙退出，阿濟格也隨他而去。

多爾袞見此情形，感到立自己為帝已不可能，迅速提出他的意見，主張立皇太極幼子福臨為帝，他自己和濟爾哈朗為左右輔政，為攝政王，待福臨年長後歸政。這一建議，大出眾人所料。既然立了皇子，兩黃旗大臣的嘴就被堵上了，豪格心中雖然不快，卻又說不出口。

多爾袞以退為進，自己讓了一步，但作為攝政王，其實也就是大清實際的掌權者。濟爾哈朗沒想到自己也沾了光，當然不會反對。代善只求大局安穩，個人本無爭位之念，對此方案也不表示異議。就這樣，這個妥協方案就為各方所接受了，但由此而形成的新的政治格局卻對今後數年，乃至數十年的大清政局起著巨大影響。

多爾袞之所以選中福臨為帝，曾被某些騷人墨客扯到他與其母莊妃的「風流韻事」上。實際上，多爾袞之所以選中福臨，一是由於他年甫六齡，易於控制，而排除了豪格，因而也排除了葉布舒、碩塞諸皇子；二是由於其母永福宮莊妃深得皇太極之寵，地位較高，選其子為帝更易為諸大臣所接受，甚至可以說是符合先帝的心願。當然，麟趾宮貴妃的名號雖高於莊妃，但她的實際地位並不高，所以她才兩歲的幼子博穆博果爾也不可能被選中。

同時，攝政王的人選也代表了各方勢力的均衡。既然黃、白二旗是主要競爭對手，福臨即位便已代表了兩黃和正藍旗的利益，多爾袞出任輔政則是必然之事。但他一人上台恐怕也得不到對手的同意，所以便拉上濟爾哈朗。在對方陣營看來，濟爾哈朗是抑制多爾袞的中間派，在多爾袞想來，此人又比較好對付。而對下層臣民而言，多爾袞和濟爾哈朗是皇太極晚年最信任、最重用的人，許多政務都由他們二人帶頭處理，所以對他們出任攝政也並不感到意外。

就這樣，多爾袞妥善地處理了十分棘手的皇位爭奪問題，自己也向權力的頂峰邁進了一步。隨後，統治集團處理了反對這種新格局的艾度禮、碩託、阿達禮、豪格及其下屬，穩固了新的統治。多爾袞的這一方案，在客觀上避免了八旗內亂，保存了實力，維護了上層統治集團的基本一致。當然，他這一提案，是自己爭奪皇位不易得逞之後才提出來的，是在兩黃旗大臣「佩劍向前」的逼人形勢下提出的中策或下策，而並非是他一開始就高瞻遠矚、具有極廣闊的胸襟。

就在八旗貴族因為內部矛盾爭吵不休的時候，明朝後院起火。這年十一月，李自成農民軍攻破潼關，占領了西安，然後分兵攻打漢中、榆林、甘肅，在年底以前已據有西北全境，以及河南中、西部和湖廣的數十府縣。另一支農民軍在張獻忠率領下，轉戰湘贛鄂數省，亦給明廷以重創。

而在關外，多爾衮一待政權穩固，並於九月派濟爾哈朗和阿濟格等率軍出征，攻克明朝關外據點中後所、前屯衛、中前所，割斷寧遠與山海關的聯繫。明朝內外交困，已經無力抵禦。在新的一年到來之際，李自成農民軍和清軍一南一北，都距明朝政治中心北京數百里之遙，究竟誰能逐鹿得手呢？

西元一六四四年春，歷史的天平開始向農民軍傾斜。三月中，農民軍便包圍了北京城。多爾衮雖然試圖與農民軍協同作戰，但並沒有什麼結果。

但是，歷史的偶然使吳三桂扮演了一個舉足輕重的角色。這時明朝崇禎帝急詔寧遠守將吳三桂回師勤王，但吳三桂卻在山海關事先接受了李自成的招降，由唐通接管了山海關，然後率兵朝見李自成。但吳三桂走到玉田時，得知自己的私人利益遭到損害（吳三桂愛妾陳圓圓被李自成部將強佔，衝冠一怒為紅顏），立即「翻然復走山海關」，擊走唐通，背叛了李自成。至此，歷史的天平又開始向清方偏倒。

這時候，清廷已經意識到實現清太祖努爾哈赤及清太宗皇太極兩代人的夙願遺志的時機到了。四月初四，即吳三桂剛剛叛歸山海關之時，內院大學士范文程上書多爾衮，認為「如秦失其鹿，楚漢逐之，是我非與明朝爭，實與流寇爭也」。主張立即出兵進取中原。他提出，「戰必勝，攻必取，賊不如我；順民心，招百姓，我不如賊」，因此清軍必須要一改以往的屠戮搶掠政策，「嚴禁軍卒，秋毫無犯」。

即不僅在戰略上改變得城不守之策，要入主中原，在戰術上也要招攬民心。多爾袞接受了范文程的建議，並在得到北京為農民軍攻破的確報之後，「急聚兵馬而行」，與闖王李自成農民軍爭奪天下！

當時清朝大部份王公貴族都想著如宋之金朝崛起時一樣，南下掠奪一番即退回關外或與南明劃江而治，多爾袞則堅持統一中國，所以這方面順治皇帝福臨其實要感謝多爾袞，沒有多爾袞，他登不上帝位，清朝也統一不了天下，他更當不了清世祖。

四月初十日，「吳三桂移檄至京，近京一路盡傳」。李自成此時方知事態嚴重，於十三日親率部隊往山海關討伐吳三桂，但仍帶有招降他的僥倖心理，行軍速度亦頗遲緩，十九日前後才兵臨關城之下。在此期間，吳三桂已派出使者向清軍求援，使者於十五日便見到了多爾袞，向他遞交了吳三桂的信函，表示如清兵支援，則「將裂土以酬」。

這不就是準備投降的意思？多爾袞知道這是一個千載難逢的機會，但是他非常謹慎，一方面召集大臣謀士們商議，一方面派人回瀋陽調兵，再一方面故意延緩進軍速度，逼迫吳三桂以降清的條件就範。由於事態緊急，吳三桂只得答應多爾袞的要求，請清軍儘快入關，因為二十一日清軍還距關十里，而關內炮聲隆隆，喊殺陣陣，農民軍已經開始攻城了。

多爾袞非常了解吳三桂的窘境，因此長時間地作壁上觀，在李自成即將攻下東西羅城和北翼城，吳三桂幾次派人又親自殺出重圍向他求救的情況下，估計雙方實力已大損，這才發兵進入山海關。在與農民軍的決戰中，他又使吳軍首先上陣，在雙方精疲力竭之際再令優勢八旗軍策馬衝擊，結果農民軍戰敗，迅速退回北京。可以說，在山海關以西發生的這次著名戰役前後，多爾袞充份利用了漢族內部的族群矛盾，挾制了吳三桂，使他不得不充當清軍入主中原的馬前卒。

山海關戰役後，李自成慌忙退出北京，撤到山陝一帶休整力量，以圖再舉，但卻已時不我予。最後以農民軍坐大甚至稱帝（國號大順）的李自成，最終卻竟是被農民們用鐽砍死。多爾袞則乘勝占領了北京，接受明朝遺老們的擁戴。從此，中國改朝換代，正式由明朝至清朝，歷史又翻開了新的一頁。

多爾袞是想當皇帝的，暫時沒當皇帝只是策略而已，這對小皇帝順治是個寢食難安的威脅。順治五年十一月，他憑藉自己的權力，加皇叔父攝政王為皇父攝政王，用皇帝的口氣批文降旨。順治七年十一月，多爾袞出獵古北口外。行獵時墜馬跌傷，醫治不得要領，十二月初九日死於喀喇城，享年只有三十九歲。政治舞台的幕後，隱藏的是鮮血淋漓的殘殺。以權力爭奪為中心內容的宮廷矛盾，沉寂數年之後，又以多爾袞的死為突破口，猶如火山一樣爆發出來。

多爾袞彌留之際，他的同胞兄弟長阿濟格當時在他身邊，兩人有過密談。多爾袞剛一斷氣，阿濟格立即派自己統帥的三百騎兵飛馳北京，頗像發動軍事政變的動作。大學士剛林身為多爾袞的心腹，洞悉此中底細，立即上馬飛奔進京，佈置關閉城門，通知諸王做好防變準備。順治帝聽從王爺們的建議，將三百飛騎收容在押，誅殺殆盡。阿濟格隨多爾袞的靈柩進京時，立即成了囚犯，被送入監牢幽禁。他在監獄中企圖舉火，被賜令自盡。這個舉動剪除了多爾袞的嫡派勢力，清算多爾袞也從此開始。

順治八年正月，多爾袞的貼身侍衛蘇克薩哈向順治皇帝遞上一封檢舉信，揭發多爾袞生前曾與黨羽密謀，企圖率兩白旗移駐永平。又說他偷偷地製成了皇帝登基的龍袍服裝，家中亦收藏著當皇帝用的珠寶。這時只有十三歲的順治皇帝，第一次親理朝政，他召集王爺大臣密議，公佈鄭親王濟爾哈朗等的奏摺，抖數多爾袞的罪狀，主要是「顯有悖逆之心」。少年天子順治福臨向諸位親王王爺們宣告說：「多爾袞謀逆都是事實。」多爾袞被撤去謚號，他的母親及妻子的款典亦悉遭削奪。

多爾袞死後不到兩個月即被追罪，被順治皇帝全面清算，斬首削爵，廢黜宗室，籍家產，罷廟享，斷其後嗣，掘墓，開棺，順治皇帝並親自毀陵鞭屍。多爾袞過繼多鐸的第五個兒子為己子，多爾袞獲罪後，順治命其歸宗，即讓他認回多鐸為父，從而讓多爾袞死了都沒有兒子送終。另外，順治皇帝令旨不得給多爾袞掃墓祭祀，讓其不能得享血食，這算是封建時代最為嚴厲的懲罰了。

順治皇帝對多爾袞簡直是有不共戴天之仇，因為多爾袞任攝政王大權在握以後，為鞏固自己的地位，先是不允許小順治皇帝讀書學習，以致順治在親政以前甚至是大字不識的，然後逼死順治的大哥豪格，壓制了順治多年。孝莊與順治母子孤兒寡母為了保命，在多爾袞面前更是小心翼翼，委曲求全。更有野史記載孝莊大玉兒含辱下嫁多爾袞之事，雖然正史無記載，但是多爾袞被加封過「皇父攝政王」，孝莊太后康熙年間死後更是遺詔不用再葬回太宗皇帝皇太極的昭陵，種種異常舉措之下，讓人有著無限遐想，更別提當時朝野上下的風言風語。

綜合以上種種來說，順治皇帝必然對多爾袞恨之入骨，首先多爾袞是順治皇帝的攝政王，代行他的皇帝權利多年，霸占皇權，不讓其讀書識字，逼死順治親大哥豪格，並與其母親孝莊太后大玉兒有著說不清的曖昧關係。順治皇帝被多爾袞壓制多年，忍辱負重，多爾袞一死，順治皇帝一朝大權在握，當然立刻展開瘋狂報復。

此人是清朝的兩朝重臣　曾屢立戰功
權傾一時　最後卻被賜自盡

年羹堯

清朝是中國歷史最後一個封建王朝，享國二百六十七年。在中國歷史上，兔死狗烹的例子比比皆是，清王朝也不例外。「功高不賞，唯有賞死」是歷代封建王朝慣例，雖然說有些功臣身死覆滅是咎由自取，但在一定程度上他們都是為了加強封建君主專制的犧牲品。在清朝時期有一個人是兩朝重臣，曾屢立戰功、權傾一時，最後卻被賜自盡，此人就是年羹堯。

年羹堯（西元一六七九年~西元一七二六年），字亮功、雙峰，漢軍鑲黃旗人，清朝康熙和雍正年間重要將領，戰功彪炳，其名聲與榮耀顯赫一時。年羹堯與隆科多在擁立雍正帝即位時發揮重要作用，人稱「內有隆科多，外有年羹堯」。曾平定青海、西藏叛亂，深得雍正賞識，雍正帝對他更是有特殊寵遇，官至撫遠大將軍、一等公，可謂春風得意。

雖然年羹堯出身地位顯貴的皇親國戚、官宦之家，但他自幼勤於讀書，頗有才識。年羹堯於康熙三十九年中進士，不久授職翰林院檢討（翰林院內官職）。翰林院號稱「玉堂清望之地」，庶吉士（亦稱庶常，是中國明、清兩朝時翰林院內的短期職位）和院中各官一向絕大多數由漢族士子中的佼佼者充任，年羹堯能夠躋身其中，也算是非同凡響了。康熙四十八年，年羹堯遷內閣學士，不久升任四川巡撫。

這時的年羹堯可謂仕途順遂、意氣風發，還不到三十歲就成為封疆大吏。對於康熙的格外賞識和破格提拔，年羹堯感激涕零，在奏摺中表示自己「以一介庸愚，三世受恩」，一定會「竭力圖報」。到任之後，年羹堯採取了興利除弊的措施，可以說為官一任，造福一方。康熙對他在四川的作為非常讚賞，並寄以厚望，希望他「始終固守，做一好官」。

後來，年羹堯也沒有辜負康熙帝的厚望，在擊敗準噶爾部首領策妄阿拉布坦入侵西藏的戰爭中，為保障清軍的後勤供給，再次顯示出他的卓越才幹。康熙五十七年，授年羹堯為四川總督，兼管巡撫事，統領軍政和民事。康熙六十年，年羹堯進京入覲，康熙御賜弓矢，並升為川陝總督，成為西陲的重臣要員。這年九月，青海郭羅克地方叛亂，在正面進攻的同時，年羹堯又利用當地部落土司之間的矛盾，輔之以「以番攻番」之策，迅速平定了這場叛亂。康熙六十一年十一月，撫遠大將軍、貝子胤禵被召回京，年羹堯受命與管理撫遠大將軍印務的延信共同執掌軍務。

其實清朝自康熙以來，西北的戰事不斷，清朝多次派兵圍剿卻總是不能剿滅，這一點對於康熙帝來講是個大難題。這時年羹堯為康熙帝平定西藏、青海立下大功，開始逐漸走上了自己政治的康莊大道，被任為川陝總督，這為他的政治勢力壯大開始了最為重要的一步。

康熙末年，皇室內部對於皇位開始了激烈殘酷的鬥爭。這時具有長遠見識的年羹堯認定了未來奪下皇位的一定是康熙帝的第四個兒子愛新覺羅胤禛，於是他就開始為胤禛獲得皇位做努力了，與此同時也是將自己未來的政治前途綁在胤禛身上。在胤禛他們各皇子的爭奪皇位的過程中，年羹堯是一位手握重兵、鎮守邊疆的朝廷重臣，並且就是因為他對於胤禛的支持，最終年羹堯在協助胤禛登上皇位成為繼任康熙的雍正帝發揮了十分重要的作用，是墊起雍正皇位的大功臣。

年羹堯在清朝軍事上的成就一時無雙，並且他對於雍正帝來說有著不一樣的重要意義，這些都讓他進入了政治生涯的快速通道，他青雲直上，地位極高，一時之間可謂是一人之下，萬人之上。並且那時的年家，可是真正的皇親國戚，年羹堯的妹妹是胤禛任雍親王時的側福晉，登基為雍正帝之後更被封為年貴妃，他的妻子是輔國公蘇燕之女，這些最為硬氣的後台也為年羹堯的政治之路一路直開綠燈。

雍正即位之後，年羹堯更是倍受倚重，和隆科多並稱雍正的左膀右臂。雍正元年五月，雍正發出上諭：「若有調遣軍兵、動用糧餉之處，著邊防辦餉大臣及川陝、雲南督撫提鎮等，俱照年羹堯辦理。」這樣，年羹堯遂總攬西部一切事務，實際上成為雍正在西陲前線的親信代理人，權勢地位實際上在撫遠大將軍延信和其他總督之上。

到了雍正二年初，戰爭的最後階段到來，年羹堯下令諸將「分道深入，搗其巢穴」。各路兵馬遂頂風冒雪、晝夜兼進，迅猛地橫掃敵軍殘部，清軍大獲全勝。年羹堯「年大將軍」的威名也從此震懾西陲，享譽朝野。平定青海戰事的成功，令雍正喜出望外，遂予以年羹堯破格恩賞。此時的年羹堯威鎮西北，又可參與雲南政務，成為雍正在外省的主要心腹大臣。

年羹堯不僅在涉及西部的一切問題上大權獨攬，而且還一直奉命直接參與朝政。他有權向雍正直接稟告，把諸如內外官員的優劣、有關國家吏治民生的利弊興革等事，隨時上奏。他還經常參與朝中大事的磋商定奪。在有關重要官員的任免和人事安排上，雍正則更是頻頻與年羹堯交換意見，並給予他很大的權力。在年羹堯管轄的區域內，大小文武官員一律聽從年羹堯的意見來任用。

年羹堯儼然成了雍正的總理事務大臣，而且與雍正的私交也非常好。雍正認為有年羹堯這樣的封疆大吏是自己的幸運，如果有十來個像他這樣的人的話，國家就不愁治理不好了。平定青海的叛亂後，雍正帝極為興奮，把年羹堯視為自己的「恩人」，他也知道這樣說有失至尊的體統，但還是情不自禁地說了出來。

至此，雍正對年羹堯的寵信到了無以復加的地步，年羹堯所受的恩遇之隆，也是古來人臣罕能相比的。雍正二年十月，年羹堯入京覲見，獲賜雙眼孔雀翎、四團龍補服、黃帶、紫轡及金幣等非常之物。年羹堯本人及其父年遐齡和一子年斌均已封爵，十一月，又以平定卓子山叛亂之功，賞加一等男世職，由年羹堯次子年富承襲。

但是，最可怕的敵人還是自己，年羹堯因多有戰功，且恃雍正帝眷顧，做事驕橫。與總督巡撫文書中均直接呵斥對方姓名。入覲，竟讓總督李維鈞、巡撫范時捷跪於道路旁送迎。在抵達京師後，將馳道都清除讓路。到京時，黃韁紫騮，郊迎的王公以下官員跪接，年羹堯安然坐在馬上行過，看都不看一眼。王公大臣下馬向他問候，他也只是點點頭而已。在邊疆時，蒙古王公拜見他必須行跪禮，更加嚴重的是連額駙（即駙馬，清朝公主格格的丈夫）阿寶入謁時也要如此。

更有甚者，他在雍正面前，態度竟也十分驕橫，「無人臣禮」。年進京不久，雍正獎賞軍功，京中傳言這是接受了年羹堯的請求。又說整治阿靈阿（皇八子胤禩集團的成員）等人，也是聽了年的話。這些話大大刺傷了雍正的自尊心。

這些做法極其膨脹、狂妄到了極點。他犯下了為官、為臣、為人的根本錯誤，同時這也給他自己的政治前途以及自己的身家性命埋下了最為可怕的禍根。雖然年大將軍年羹堯極具眼光，聰明絕頂，英勇善戰，風光一時，但是最終還是成為雍正王朝激烈殘酷的政治鬥爭失敗的產物，成為了中國歷史上以悲劇告終的指標性人物之一。

大家都知道雍正帝的皇位是在極為激烈的鬥爭中（即歷史上有名的九子奪嫡，又稱九王奪嫡，指康熙帝具有實力的九個兒子的皇位爭奪戰）獲得的，皇族內部在失敗告終的結果下，有些既有勢力依然不甘於失敗地蠢蠢欲動，作為雍正帝自己肯定會多加防範。但是在這個時候，作為曾經支持雍正的權貴重臣卻在這個時候居功驕傲起來，這就更加引起了雍正帝的懷疑與猜忌。對於自己辛苦得來的皇權不得不加強戒備，於是便開始了對於可能威脅自己的皇兄弟進行了打擊，同時更加堅決的嚴懲了那些居功擅權的重臣。

天有不測風雲，最後該來的還是來了！年羹堯在最為風光的時候，彈劾奏章連篇累牘，對於年羹堯的不利消息接踵而至，在短短的十四個月的時間裡，年羹堯從權力巔峰被削官奪爵，最終跌入死囚牢之中，這在年羹堯的世界裡原本是完全想像不到的。後來年羹堯獲罪被列大罪九十二條，於清雍正四年（西元一七二六年），賜自盡。

雍正說，這九十二條中應服極刑及立斬的就有三十多條，但念及年羹堯功勳卓著、名噪一時，「年大將軍」的威名舉國皆知，如果對其加以刑誅，恐怕天下人心不服，自己也難免要背上心狠手辣、殺戮功臣的惡名，於是表示開恩，賜其獄中自裁。年羹堯父兄族中任官者俱革職，嫡親子孫發遣邊地充軍，所有家產抄沒入官。

年羹堯的妹妹年貴妃因其性格溫順、端莊淑雅而深受雍正寵愛，年貴妃在世時，雍正還忍著不動年羹堯，年貴妃因病一過世一個月，雍正帝就辦年羹堯了！年羹堯在臨死前甚至還幻想著雍正會赦免他，可惜他對於雍正帝的了解還遠遠不夠。他甚至不知道給他行刑的行刑官就是當初被他逮治過的一位巡撫，最終這位巡撫嚴格按照旨意，不停催促行刑，最後年羹堯自縊而死。最終這位權傾一時的大將軍落了個身敗名裂、家破人亡。

總結起來，年羹堯失敗的原因有三點：

第一、擅作威福

年羹堯自恃功高，驕橫跋扈日甚一日。他在官場往來中趾高氣揚、氣勢凌人。贈送給屬下官員物件，「令北向叩頭謝恩」。發給總督、將軍的文書，本屬平行公文，卻擅稱「令諭」，把同官視為下屬。甚至蒙古扎薩克郡王額駙阿寶見他，也要行跪拜禮。

對於朝廷派來的御前侍衛，理應優待，但年羹堯竟把他們留在身邊當作「前後導引，執鞭墜鐙」的奴僕使用。按照清代的制度，凡上諭到達地方，地方大員必須迎詔，行三跪九叩大禮，跪請聖安，但雍正的恩詔兩次到西寧，年羹堯竟「不行宣讀曉諭」。

更有甚者，他曾向雍正進呈其出資刻印的《陸宣公奏議》，雍正打算親自撰寫序言，尚未寫出，年羹堯竟自行替雍正擬出一篇，並要求雍正帝認可。年羹堯在雍正面前也行止失儀，「御前箕坐（兩腿張開而坐，形狀像畚箕，是一種不拘禮節、沒有禮貌的坐法，被視為態度傲慢），無人臣禮」，在在皆讓雍正心中甚為不快。

第二、結黨營私

當時在文武官員的選任上，凡是年羹堯所保舉之人，吏、兵二部一律優先錄用，號稱「年選」。他還排斥異己，任用私人，形成了一個以他為首，以陝甘四川官員為骨幹，包括其他地區官員在內的小集團。

許多混跡官場的拍馬鑽營之輩眼見年羹堯勢頭正盛、權力日益膨脹，遂競相奔走其門。而年羹堯也是個注重培植私人勢力的人，每有肥缺美差必定安插其私人親信，「異己者屏斥，趨赴者薦拔」。比如他就彈劾直隸巡撫趙之垣「庸劣紈絝」、「斷不可令為巡撫」，而舉薦其私人李維鈞。

趙之垣因此而丟官，認清時勢比人強後，趙之垣於是轉而投靠年羹堯門下，先後送給他價值達二十萬兩之巨的珠寶。年羹堯就借雍正二年進京之機，特地將趙帶到北京，「再四懇求引見」，力保其人可用。遭年參劾降職的江蘇按察使葛繼孔也兩次送上各種珍貴古玩，年羹堯於是答應日後對他「留心照看」。此外，年羹堯還借用兵之機，虛冒軍功，使其未出籍的家奴桑成鼎、魏之耀分別當上了直隸道員和署理副將的官職。

年羹堯結成朋黨，危害政治清明，可是偏偏就是這一點是最讓雍正忌諱猜忌的，一位辛苦奪得帝位的皇帝怎麼可能讓影響自己政權的勢力存在？

第三、貪斂財富

年羹堯貪贓受賄、侵蝕錢糧，累計達數百萬兩之多。而在雍正朝初年，整頓吏治、懲治貪贓枉法是一項重要改革措施。在這種節骨眼上，雍正是不會輕易放過的。不能審時度勢，年羹堯的種種做法直接影響了自己的政治生涯，也結束了自己的身家性命。

在封建時代最注重名份，君臣大義是不可違背的，做臣子的就要恪守為臣之道，不能做超越本份的事情。年羹堯位高權重，卻妄自尊大、違法亂紀、不守臣道，因而招來群臣的側目，以及皇帝的不滿與猜疑，本就不可避免。因此《清史稿》上說，隆科多、年羹堯二人憑藉權勢，無復顧忌，罔作威福，即於覆滅，古聖所誡。

率領最精銳的部隊　他以一己之力收復新疆
成就了今天的中國

左宗棠

西元前六〇年，自從西漢張騫奉漢武帝之命通西域開始，西漢中央政權設立西域都護府，新疆正式成為中國領土的一部份，自此西域就一直都被納入中國版圖。西元一七五九年，乾隆平定西北叛亂後，以「新附舊疆」之意，將這塊一百六十多萬平方公里的地區命名為新疆。

西元一八六四年後清朝興起了洋務運動，開始了近代化的嘗試。然而，就在清軍平定太平軍的同期，另一股勢力從中亞滲透進來，竊據了新疆地區。

左宗棠是「晚清四大名臣」（曾國藩、李鴻章、左宗棠、張之洞）之一，作為著名湘軍將領，一生親歷了湘軍平定太平天國運動、洋務運動、率軍平定陝甘回變和收復新疆等重要中國近代歷史事件。在一八七〇年代、一八八〇年代力排李鴻章等海防派重臣之議，抬棺西行，收復新疆。史謂「宗棠有霸才，而治民則以王道行之。」左宗棠少時屢試不第，轉而留意農事，遍讀群書，鑽研輿地、兵法，後成為清朝著名大臣。

而讓左宗棠真正歷史留名、流芳千古的功績，便是「清軍收復新疆之戰」。若不是左宗棠，今天的中國，就不是大家所熟知的今天的中國了！當年左宗棠之收復新疆，堪稱中國近代史上意義重大的千古偉業！

西元一八六四年的清朝，新疆各地的回族、維吾爾族相繼發動暴動。西元一八六五年，喀什噶爾的回部請求中亞浩罕汗國增援，浩罕可汗派阿古柏率軍從喀什進入新疆，占據天山南北整個回疆，建立政教合一的哲德沙爾汗國。西元一八六七年，阿古柏廢除哲德沙爾汗國，改為畢杜勒特汗國，自封埃米爾（統帥、總督、首領、國王之意）。

西元一八七六年，中亞浩罕汗國滅亡，其部眾投奔阿古柏，其勢力更加壯大，並獲得英國和沙俄的支持和承認。

阿古柏並不是中國人，他出生在中亞，原名穆罕默德雅霍甫。由於清末時局動盪，回民起義，清朝此時並無暇西顧，阿古柏竊據新疆長達十餘年。直到西元一八七三年，清朝才開始商議是否出兵西北。

當時的清朝正面臨數千年未有的變局，除了西北的阿古柏，東部還面臨著從海上來的列強強敵。在財政拮据的情況下，清朝內部傾向於將有限的經費用於海防建設。

當時以直隸總督李鴻章為首的妥協派就力阻出兵西北，他認為「新疆不復，於肢體之元氣無傷；海疆不防，則腹心之大患愈棘」。在李鴻章心目中，他認為新疆遠在千里之外，又是蠻荒之地，興師動眾只會徒勞無動，還不如節省軍費鞏固海防。然而以左宗棠為首的主戰派則堅持認為大清可以喪失任何地方，唯獨不能丟新疆，否則國將不國。

左宗棠以兩個理由說服了慈禧太后：

第一、新疆地大物博，天山南北物產豐富，瓜果纍纍，牛羊遍野，牧馬成群。煤、鐵、金、銀、玉石藏量極為豐富。所謂千里荒漠，實為聚寶之盆啊！

第二、軍事角度來講，失去新疆，就會失去蒙古，失去蒙古，就會威脅到京師啊！

估計是這句話點醒了慈禧太后，慈禧太后力排眾議，從國庫拿出兩百萬兩給了左宗棠，表明支持左宗棠，並任命左宗棠為欽差大臣，但朝廷能給的也就這麼一點錢了，剩下的左宗棠只能自己想辦法，這一年左公六十五歲。

西元一八七五年，陝甘總督左宗棠就任欽差大臣，督辦新疆事務。然而由於當時拮据的財政，急於收復失地的左宗棠不得不採取「飲鴆止渴」的辦法——借高利貸。西元一八七六年，左宗棠先後四次向匯豐銀行借款一千五百九十五萬兩，附帶每年的利息高達10％。

靠著借款，左宗棠給所轄清軍裝備了最先進的德制和美制毛瑟步槍，另有數萬支江南製造總局的仿製步槍，主力部隊劉錦棠所部僅一萬三千人，卻裝備了兩萬支來福槍。這種武器的質量和數量，甚至優於同時期的歐洲軍隊。

左宗棠花了兩年多的時間整頓軍隊，自內而外將軍隊大改造，完成了戰前的準備。他並根據當地實際的地理條件和對敵人手中兵力的估計，制定出了適宜在當地作戰的戰略方針。

清光緒四年（西元一八七六年）春，左宗棠將自己的大本營從蘭州遷到了肅州準備發起進攻。當時清軍的一部份兵力已經部署在哈密、古城等戰略要地，和敵軍抗衡。到了四月底時，湘軍統領劉錦棠率二十五支部隊分批次進入新疆，從哈密前往巴里坤方向進軍。此時，清朝出關的軍隊已經有六七萬人了。接下來清軍就把眼光放在了烏魯木齊這個交通要衝。

敵方得知清軍西進的消息之後也不敢有絲毫懈怠，馬上開始佈置自己的防禦。將一部份兵力部署在烏魯木齊，以阻止清軍南下。敵軍首領阿古柏本人和主力在後方督戰，他們出動的兵力也在四萬人左右。七月，劉錦棠帶領軍隊進駐古城，謀攻古牧地。一直到八月十七日，清軍最終得以攻占古牧地，殲滅敵軍六千餘人。

清軍通過密報得知烏魯木齊守備空虛，所以決定只留兩營兵力守在剛剛占領的古牧地，其餘兵力迅速向烏魯木齊挺進。八月十八日黎明，清軍拂曉出擊，守衛在烏魯木齊的敵軍萬萬沒有想到清軍的行動竟然如此神速，所以壓根來不及反應就被大炮轟開了城門，他們即刻棄城逃逸。

接下來呼圖壁、昌吉等地的守軍也聞風而逃，清軍得以迅速占領，只有瑪納斯南城還在負隅頑抗。九月初開始清軍開始不斷集結，一直到十一月初，發動猛攻之後終於占領這座城池。至此，北疆地區除伊犁之外的所有敵軍占據點都被收復。然而冬天已經來臨，大雪封山，不利於大規模的軍事行動，清軍決定暫時修整，等到春天再向南疆出兵。

收復南疆的部署，左宗棠也早已擬定妥當。劉錦棠、張曜、徐占彪各領一隊兵馬進攻達坂，吐魯番，託克遜三城，先將南疆的整個門戶打開，然後再整軍西進。

西元一八七七年四月，清軍經過幾個月的修整，開始向南疆進軍。劉錦棠率主力部隊一萬餘人裝備著大炮從烏魯木齊南下，一路殺到達坂城下。將整座城池圍得水洩不通，清軍打退敵人的增援之敵後在城外壘築了炮台，使用開花大炮進攻城中，而且還擊中了敵人的彈藥庫，敵軍死傷大半。殘餘的敵軍最後只能在清軍的強大攻勢下獻城投降，這一戰共殲滅敵人兩千有餘，俘虜一千多人。

與此同時張曜和徐占彪所率部隊也進攻迅速，逐步向吐魯番逼近。四月二十六日，劉錦棠率軍攻克託克遜。隨後張曜、徐占彪二人也收復了吐魯番。至此，三路軍隊正式集結到了一起，當地人民也紛紛起義，響應清軍。阿古柏見自己大勢已去，在逃亡路上自殺身亡。其子在喀什噶爾稱王，繼續負隅頑抗。

西元一八七七年九月，清軍繼續收復南疆八城。清軍以破竹之勢收復庫車、拜城、阿克蘇等地。清軍在一個月之內驅馳一千公里，連續攻克南疆許多據點。十二月，劉錦棠又收復了英吉沙爾、葉爾羌等地。西元一八七八年一月，清軍又收復了和闐。至此，新疆全境除伊犁地區外，之前被中亞浩罕汗國阿古柏侵占的天山南北諸地，全部被清軍收復，短短一年的時間，中國就幾乎收復了新疆的全部國土，史稱「清軍收復新疆之戰」。西元一八八一年，中俄通過談判，收復了伊犁這最後一塊領土。

這場戰爭之所以能夠取得勝利，作為總指揮的左宗棠這位大將在軍事上的正確引導起了很大的作用。他根據西北戰場擬定的戰略規劃精準，而且保證了糧餉、武器、彈藥的供應不出大問題，清軍準備充份，不打無準備把握之戰。

其次是作戰指揮機動靈活，左宗棠坐鎮後方，掌握大局。將前方的戰局交給了劉錦棠，讓他可以在前方抓住有利戰局，及時攻克失地。敵人一時之間也難以組建起真正堅固的防衛。加上敵軍阿古柏方他們對清軍的戰鬥力估計不足，沒有事先在戰略要地部署足夠的兵力，所以一直處在被動挨打的地位。這就難以避免最終被打敗的結局。

左宗棠收復新疆意義重大，這場戰爭徹底粉碎了英、俄企圖利用阿古柏勢力肢解和侵吞中國西北領土的陰謀。沙俄迫於阿古柏侵略勢力已徹底失敗，以及左宗棠正積極部署進軍伊犁的形勢，同意與清政府舉行談判。之後在經過長期反覆的交涉後，於一八八一年簽訂《中俄伊犁條約》，沙俄歸還伊犁。

西元一八八四年清廷設立新疆省，實行與中國本部十八省一樣的行政制度，由巡撫統管全疆各項軍政事務，新疆政治中心由伊犁移至迪化（今烏魯木齊）。現在的新疆面積占中國全國面積的六分之一，也是中國面積最大的一個行省。

西元一八八五年七月二十七日，左宗棠在福州病故，享年七三歲。葬於湖南長沙市跳馬鎮白竹村，該墓園占地達百畝。墓道兩旁，石雕林立，牌樓高過十三陵，階梯直達河畔。

在收復新疆的戰役中，左宗棠居功至偉。當時的英國人曾經這樣評價左宗棠的壯舉：「自乾隆時代以來，一支由中國人領導的中國軍隊所取得的最光輝的成就」。

梁啟超更是直言：左宗棠乃五百年以來的第一偉人。

第十一篇 對日抗戰名將

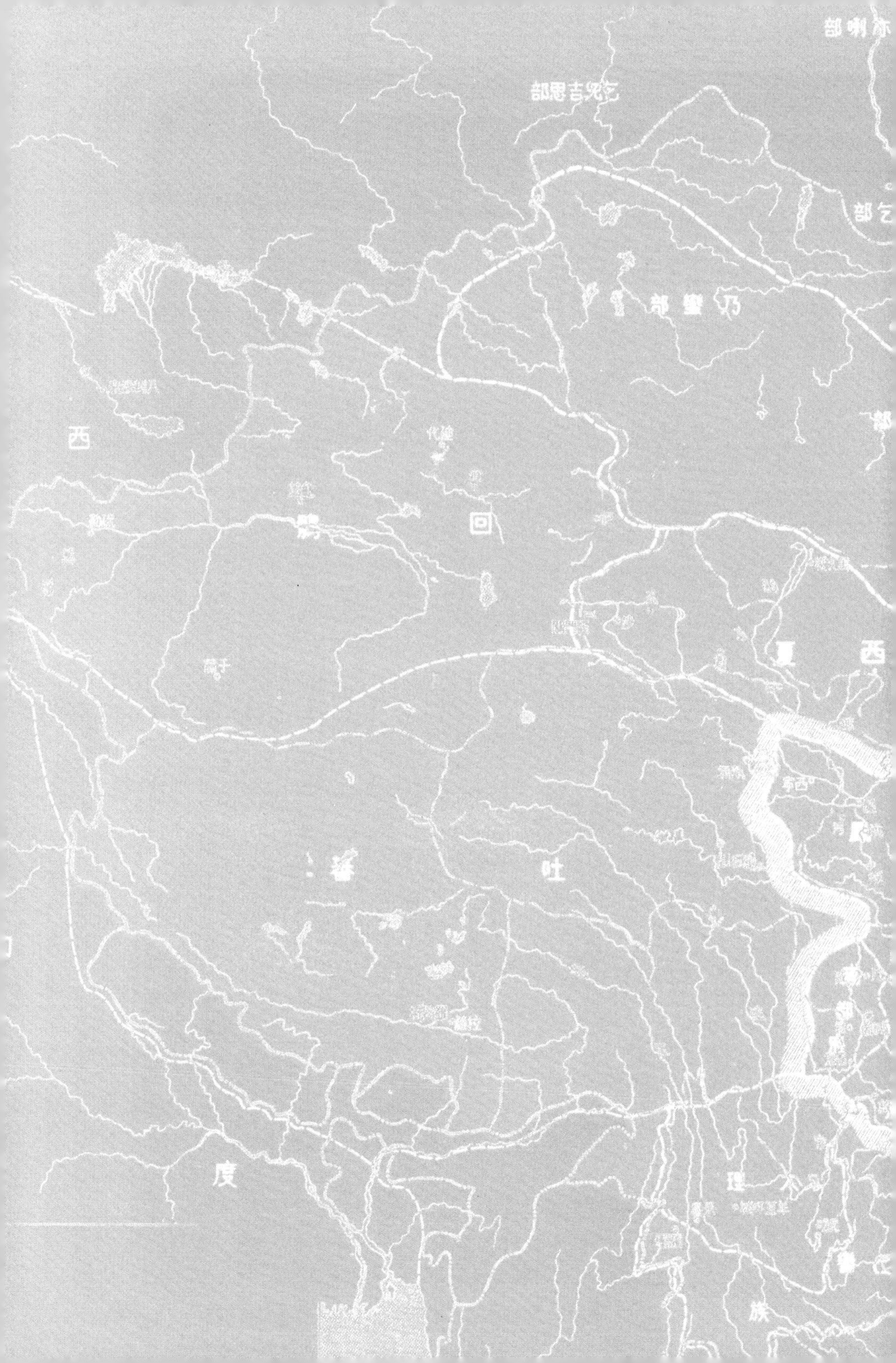

乞児吉思部
乃蠻部
回鶻
吐蕃
西夏
度
大理
族
西

英烈千秋

八年抗戰中日雙方公認的中國戰神

張自忠

張自忠，字藎臣，後改藎忱，山東臨清人，畢業於天津政法學堂，七七事變時任國民革命軍第二十九軍第三十八師師長，後任第一集團軍第五十九軍軍長。棗宜會戰中，任第三十三集團軍總司令，並在任中壯烈殉國。去世後被國民政府追授為陸軍上將。

西元一九二三年，還是西北軍學兵營營長的張自忠便在西北軍中小有名氣。這源於一次在大雪天時他帶領著士兵們在沒有穿著棉衣的情況下進行操練。

那天，他的部下因為下大雪的關係而怠於受訓。於是張自忠面對所有部下問了一句：「下雪天時若有敵人來犯怎麼辦？」他的部下回答：「堅決抵抗！」看到部下如此回答，張自忠說：「如今只是下了場雪，你們就不想操練了，還怎麼打仗？我們當兵的就是不能怕苦！」說完，張自忠脫下自己的棉衣，開始在雪地上跑步。他的部下被他的行為所觸動，紛紛脫下了棉衣跟隨他跑了起來。從那之後，他的名聲便在軍中傳了開來。

西元一九三三年長城抗戰時，時任國民革命軍第二十九軍第三十八師師長的張自忠率部與馮治安配合在三屯營與日軍激戰七日後將日軍打退，而後又調派部隊增援羅文峪，使劉汝明師長得以成功阻擊日軍，致使日軍再造敗績。日軍在長城方面遭受二十九軍節節抗擊，屢遭敗績，大為感嘆此為「明治造兵以來未有之恥辱。」

七七盧溝橋事變爆發後，二十九軍因高層的決策失誤而被迫退往保定。撤退時，張自忠臨危受蔣委員長之命，留在北平留下做代理市長，以求通過和日軍談判來贏得中國軍隊的撤退時間。

然而，他的使命卻讓輿論對其大為誤會。因為二十九軍撤退後，北平的大街上四處貼著張將軍署名的告示，勸慰北平人民各安其業，莫要驚惶。因此輿論誤以為張自忠做了漢奸，一時間舉國聲討。面對這麼大的打擊，一向主張愛國抗戰和重視榮譽感的張自忠將軍內心憤懣不平，發誓要為自己的名譽做出最大的挽回，甚至戰死沙場！

北平淪陷後，張自忠不得不周旋於日寇之中，最後終於尋得機會化妝從北平逃出，頂著漢奸帽子到了南京。可以想像當時張自忠的心情，在他留下來的一些照片上，張自忠是個英武的軍人，濃眉大眼，嘴角緊抿，線條剛硬，一看就是個剛烈之士。雖然二戰盟軍中國戰區最高統帥蔣委員長蔣介石親自為張自忠將軍澄清他是受命留在北平，並以升他為軍長來證明。但曾被國人同胞千夫所指為漢奸的經歷，依然讓身為堂堂中國革命軍人的他深感憤恨恥辱！

西元一九三八年，早已返回部隊的張自忠已經擔任了第五十九軍軍長，此時恰逢中日兩國爆發了著名的徐州會戰。台兒莊前的滕縣，成為了張自忠挽回名譽的重要戰場！

西元一九三八年三月，為了占領大運河，為後續作戰做好準備，日軍精銳的板垣師團和磯谷師團奉命向南推進，企圖占據魯南地區的中心台兒莊。然而，就在兩部日軍還未合軍一處時，坂垣師團就在臨沂遭遇到了龐炳勛部隊的強烈狙擊抵抗。

是時，面對日寇的狂妄進犯，張自忠受命率部增援龐部。然而就在龐炳勛於指揮部中接到張自忠即將來援的消息時，他的心情卻是極其複雜的。這是因為張、龐二人先前存在不小的矛盾，所以對於張自忠是否來增援，或是如何增援，龐炳勛的心裡其實完全沒有底。

但當面對強敵犯華，國家面臨生死存亡關頭時，張自忠在國仇與私怨中還是大氣地選擇了國仇。也許張自忠本來也早就卯足了勁兒想要在國人同胞面前再次證明，自己在七七事變之後並沒有任何賣國當漢奸的行為，而他這種大義也讓滿心擔憂的龐炳勛大為吃驚和感動。

當面對一個真正團結起來的民族時，不管多麼強大的外寇無論如何都不可能如願以償。張自忠的大氣和龐炳勛的感動使得兩軍在臨沂戰場的作戰配合得非常默契。一番作戰過後，號稱日軍百勝雄師「鋼軍」的坂垣師團遭受重大損失，從此失去了它在中國戰場必勝的信心。而日軍第一次對台兒莊的進攻，也因為坂垣師團的潰敗而被瓦解。

在接下來的戰場上，張自忠抱定「只求一死」之決心，一戰於淝水，再戰於臨沂，三戰於徐州，四戰於隨棗，最後終於壯烈殉國。他是以上將軍銜和集團軍總司令身份為國捐軀的，是中國在抗日戰爭中，也是世界五十個同盟國在反法西斯二次世界大戰戰爭中，戰死沙場的最高軍事將領。

西元一九三九年五月，隨棗會戰開始，張自忠率部取得「鄂北大捷」。該年十二月，張自忠又率右翼兵團殲敵四千五百餘人，取得「襄東大捷」。此後，張自忠受到日軍尊敬，被他們冠以「現代關公」和「活關公」的稱號。（關羽在中國被美化成武聖人，在日本則是戰神的象徵。）

西元一九四〇年五月，日軍為了控制長江交通、切斷通往重慶運輸線，集結三十萬大軍發動棗宜會戰。

張自忠將軍得知後，給將士和副將分別留下一封書信：「國家到了如此地步，除我等為其死，毫無其他辦法。更相信只要我等能本此決心，我們的國家及我五千年歷史之民族，決不致亡於區區三島倭奴之手，海不清，石不爛，決無半點改變。」

西元一九四〇年五月七日拂曉，張自忠將軍親自率領兩千多人東渡襄河，一路奮勇進攻，五月十四日，將日軍第十三師攔腰斬斷，日軍傷亡慘重。在得知是張自忠親自指揮後，日軍立即增兵，加緊包圍。五月十六日拂曉，張自忠部被迫退入南瓜店十里長山。後被日軍包圍，張自忠將軍壯烈犧牲。

張自忠殉國，有多個版本，或舉槍自戕，拔佩劍自戕，這些都是後人的寫史手法。根據日軍戰史資料《二三一聯隊史》的記載，張自忠是在跟日軍的肉搏戰中壯烈身亡：

「第四分隊的藤岡一等兵，是衝鋒隊伍中的一把尖刀，他端著刺刀向敵最高指揮官模樣的高大身材軍官衝去，此人從血泊中猛然站起，眼睛死死盯住藤岡。當衝到距這個高大身材軍官不到三米的距離時，藤崗一等兵從他射來的目光中，感到有一種說不出的威嚴，竟不由自主地愣在原地。這時背後響起了槍聲，第三中隊長堂野軍曹射出了一顆子彈，命中了這個軍官的頭部。他的臉上微微出現了難受的表情。與此同時，藤崗一等兵像是被槍聲驚醒，也狠起心來，傾全身之力，舉起刺刀，向高大的身軀深深扎下去。在這一刺之下，這個高大的身軀再也支持不住，像山體倒塌似的，轟然倒地。」

張自忠將軍陣亡殉國後，日軍軍曹堂野從他隨身攜帶的手提箱中，翻出了「第一號傷員證章」，藤岡也從將軍的胸兜中掏出一支派克金筆，上面刻著「張自忠」三個字。日軍大為震驚，不禁倒退幾步，「啪」地立正，恭恭敬敬向遺體行了軍禮。然後靠上前來，仔細端詳仰臥在面前的這個身穿將軍戎裝、佩戴中將領章的血跡斑斑的「大個子支那人」。隨即，前線日軍向上級二三一聯隊長橫山武彥大佐報告。橫山下令將張自忠的遺體用擔架抬到戰場以北十餘公里的陳家集日軍第三十九師團部，請師團參謀長、與張自忠有過數面之交的專田盛壽核驗。此時天色已黑。專田盛壽手舉蠟燭，目不轉睛地久久注視著張自忠的面頰，突然悲戚地說道：「沒有錯，確實是張自忠！」

在他軍旅生涯的最後一戰中，張自忠穿著醒目的黃呢將軍服，以集團軍總司令的身份，出現在肉搏戰的最前線。他一心求死，終洗污名。或許，在臨終的一刻，張自忠是欣慰的：絕對不會再有人罵他是漢奸了！

西元一九五六年，逃過審判的日軍將領岡村寧次在日本東京與來訪的何應欽（二戰戰後代表中國正式接受日本對華投降降書的國軍上將）將軍曾談到了張自忠之死，岡村寧次說：「他竟衝至我軍後面戰死，他的死令我感慨無限。」

張自忠犧牲後，當日軍知道這個人就是大名鼎鼎的中國戰神張自忠將軍時，日軍感佩其忠勇，列隊脫軍帽向遺體敬軍禮，並將其掩埋，立碑，上面寫著「支那大將軍張自忠之墓」。甚至在不久之後他的遺體被國軍運回後方之時，日軍還下令空軍停止空襲一日，以避免傷到張自忠將軍的遺骸。日本大和民族一向最崇拜武士道的軍武英雄，由此可見，張自忠將軍在對日抗戰中所展現出來的軍人武德及英勇不屈、捨身取義的壯烈軍魂。這也是一個軍人的最高榮譽——能受到敵人的行軍禮的致敬推崇。

蔣委員長蔣介石在得知張自忠將軍殉國後，當即下令第五戰區：不惜任何代價奪回張自忠將軍遺骸！於是中國軍隊再渡襄河，由三十八師師長黃維剛帶領敢死隊，端著輕機槍於十六日夜間突襲南瓜店，與日軍展開激戰，終於在方家集尋得英烈墳墓，開棺將忠骸起出，當時張自忠將軍遺骸被發現全身共傷八處：除右肩、右腿的炮彈傷和腹部的刺刀傷外，左臂、左肋骨、右胸、右腹、右額各中一彈，顱腦塌陷變形，面目難以辨認，唯右腮的那顆黑痣仍清晰可見。

在與日軍激戰之後的五月十八日上午，張自忠將軍遺骸運抵三十三集團軍總部，蔣委員長蔣介石和其部下將士痛哭相迎。而在得知丈夫殉國後，張自忠將軍夫人李敏慧靜默從容地交託好家事，絕食七日而亡，後夫妻合葬。

青天白日，英烈千秋。朗朗乾坤，肝膽忠魂。

人生自古誰無死？留取丹心照汗青！

他是抗戰以來全世界眼中第一位堅貞不屈的中國軍人

卻被叛徒刺殺　追升少將　四行倉庫八百壯士

謝晉元

在上海的蘇州河北岸，有一座普通得不能再普通的建築——四行倉庫。就這座普通得不能再普通的倉庫，因為經歷了八十多年前的那場戰爭，變得特殊起來。如今，它已經成為了一座紀念碑，紀念著那些在淞滬會戰中英勇抗敵的中國戰士們對日抗戰的不朽功勳。

當謝晉元率領著一個團的兵力和日軍在四行倉庫孤軍激戰四晝夜，成功掩護數十萬大軍西撤的時候，全世界眼中第一次有了中國軍人捨生赴死抗擊外敵的鮮明具體形象，那麼究竟是一個什麼樣的契機造就了謝晉元和「八百壯士」，使得這座普通的建築成為了一座見證歷史的紀念碑呢？

西元一九二三年，民國著名的軍事理論家蔣百里先生坐車回北平，途經徐州，忽然若有所思，跟同仁講：「將來有那麼一天我們對日作戰，津浦、京漢兩路必被日軍占領，我們國防應以「三陽」為據點，即洛陽、襄陽、衡陽。」蔣百里先生的意思是一旦中日開戰，日軍沿平漢線南下，東南部的中國軍隊就會處於背水作戰的不利地位，如果吸引敵軍由東向西仰攻，以四川作為抗戰的大後方，中國幅員太過遼闊，中國就可以「以空間換取時間」實行持久戰拖垮敵人。蔣百里先生的這一番話，出自抗戰全面爆發前的十四年，當時曾被同仁引為笑談。

蔣百里先生的對日抗戰戰略方針是對的，並充滿哲理及深意：此刻中國的戰備武器軍力水平落後日本一百年，我們既然沒有辦法讓中國自己在短時間內迅速進步一百年，那麼，我們就設法讓日軍深陷中國戰區泥淖，讓他們的戰力硬生生退後一百年！

西元一九三七年八月十三日，蔣委員長蔣介石在日記中寫到：對倭作戰，應以戰術補武器之不足，以戰略彌武力之缺點。這一天，蔣介石正因為淞滬會戰爆發而陷入沉思之中。四天前，在上海發生了虹橋機場事件，八月九日下午五點，日本海軍陸戰隊的兩名士兵駕車強勢突破中國保安部隊的警戒線，闖入虹橋機場，被我保安人員當場擊斃，日軍第三艦隊藉口事態惡化，增兵三千多人，九艘艦艇到上海，此時，日軍在上海的兵力已達一萬兩千人，這是繼一個月前發生七七盧溝橋事變後的又一突發事件。

八月十一日有報告稱日軍第二艦隊已經起航，在日本，動員令已經發給了預備役人員。此時，在中國北方，日軍占領平津後包圍南口，並向張家口發起攻擊。十四年前蔣百里先生的預言不幸將成為現實。蔣委員長蔣介石終於下定決心與日本侵略者大打一場，在日軍從陸地上增援上海之前，中國軍隊大約有十天的有利時間可利用。在這十天裡，或消滅日軍，或殊死一戰。

在租界林立，華洋雜處的上海，在各國機構、記者眼中，在七七盧溝橋事變之後，二次世界大戰中的亞洲戰區中日戰爭正式爆發，此戰將是中國向世界顯示對日抗戰決心的最佳時機。而此戰更加重要的意義在於，將日軍的主力吸引至長江沿線，實現蔣百里先生「以空間換取時間」的持久戰理論。

八月十三日，蔣介石給部隊下達命令：「趕敵人下海」。國民政府調動了七十餘萬人的軍隊，從西南、華南、中原向上海集結。長江沿線的移動燈標台和燈塔都接到了指示，軍需物資源源不斷運往上海，長達百日的淞滬會戰於一九三七年八月十三日在上海開打。

淞滬會戰開始時，陸軍第八十八師被調往閘北八字橋，該師二六二旅的謝晉元當時只是一個小參謀，但僅僅兩個月之後，他的名字就被全世界記住了。

謝晉元，字中民，一九〇五年四月二十六日出生於廣東省蕉嶺縣，黃埔四期政治課學員，曾參加北伐，七七事變前謝晉元為赴戰場，將夫人凌維誠及子女送回了廣東家鄉。

戰爭之初，中國軍隊投入淞滬戰場總兵力約五萬人，日軍總兵力約一萬五千人，謝晉元所在的第五軍八十八師二六二旅堅守閘北重要據點八字橋，打退了日軍多次進攻，該旅第五二四團團副身負重傷後，謝晉元奉調補任該團團副，率部駐防北火車站天通庵一帶的陣地。八月十五日，中國軍隊以八十七師在左，八十八師在右向日軍發動攻擊。雖然中國軍隊在人數上占優勢，但敵人裝備火力先進猛烈，中國軍隊因增援部隊沒有到達，攻擊受阻。

八月二十三日，日軍增援部隊分別於吳淞、寶山、川沙口附近登陸，中國軍隊傷亡慘重。九月十日，會戰進入第二階段，日軍發動全面攻擊，以主力指向羅店附近。到十月中旬，日軍兵力已增至六個師團，並有大量的空軍、重炮、坦克前來支援。十月二十六日，日軍攻陷大場、江灣、閘北、廟行地區，企圖對中國軍隊形成合圍之勢，中國守軍腹背受敵，戰局危急。

淞滬會戰雖然中國國軍以失利收場，但自一九三七年七月七日七七盧溝橋事變由吉星文將軍開了國軍對日八年抗戰的第一槍，打開中國抗日戰爭序幕後，日軍曾狂言三日拿下上海，三個月消滅中國。而淞滬會戰一打就超過三個月，不但徹底粉碎日軍「三月亡華」的狂言，也預告著日本及世界，想要消滅中華民族，夢想雖然美麗，但最後歷史告訴我們，最終日本付出的代價是幾乎亡國滅種。

為避免全軍覆沒，中國最高軍事當局決定將主力撤至蘇州河以南陣地，第八十八師五二四團一營官兵在副團長謝晉元指揮下，奉命阻敵，死守閘北。統帥部給他們下達的命令除了奉命阻敵，死守閘北之外，還被要求堅持一定的時間，以爭取即將召開的九國公約會議譴責日本侵略中國的罪惡行徑，同時希望引起國際輿論對中國抗戰的關注、同情和聲援。

西元一九三七年，在高層建築不多的上海閘北區，這座六層樓的鋼筋水泥建築占有首當其衝的位置。四行倉庫是位於上海閘北蘇州河西岸老匣橋北端的一座混凝土建築，厚度很大，日本坦克無法打穿其混凝土牆壁，由於是四家銀行共同出資建設的倉庫，故稱為「四行」。在淞滬會戰中，這裡一直是八十八師師部，因此貯存了大量食物、救護用品及彈藥。河對岸是英國租界，所以日本軍隊不敢用重炮和重磅炸彈轟炸四行倉庫。此外，倉庫旁邊是一個巨大的煤氣儲藏罐，其中儲存了大量的煤氣，也讓日軍在重炮的使用上投鼠忌器。

四行倉庫和謝晉元的「八百壯士」被歷史推向了前台。謝晉元曾在寫給夫人的信中說「半壁江山，日遭蠶食，亡國滅種之禍，發之他人，操之在我，一不留心，子孫無噍類（噍類：活著的人）矣。為國殺敵，是革命軍人之夙志也。餘一槍一彈，誓與敵周旋到底，流最後一滴血，必向倭寇取相當代價。」

十月二十六日，謝晉元臨危受命，立即同第一營營長楊瑞符少校邊打邊撤，向四行倉庫集中，由於之前蘊藻浜地區的戰鬥十分慘烈，謝晉元部下的士兵已全部為國犧牲。此時已經是第五批補充兵員，多為湖北保安團的團員，年輕且無作戰經驗。

謝晉元率部進駐曾是第八十八師司令部的四行倉庫大樓。對全體官兵說：「國家興亡，匹夫有責。我們是中國人，要有中國人的志氣。現在我們四面被日軍包圍，這個倉庫就是我們的最後陣地，也可能是我們的墳墓，只要我們還有一個人，就要跟敵人拼到底！」之後，謝晉元下令趕修大樓防禦工事。把大樓的電燈全部破壞掉，在窗戶口堆起沙袋，在樓頂加起高射機槍，集中兵力防守大樓的左右兩側，並建立了一支不懼生死的敢死隊。

對岸租界的英軍看到這麼一支小部隊，就要阻擋日軍的進攻，感到難以置信，便詢問守軍有多少人？謝晉元回答：八百人（實為四二三人。）這就是事後流傳的四行倉庫八百壯士的由來。團長謝晉元另外在用僅存的一條電話線受外界記者採訪時，為了鼓舞上海民眾，故誇大人數。

四行倉庫位於蘇州河北岸西藏路附近，這倉庫的西面和北面是中國地界，已被日軍占領，東面是公共租界，南面是蘇州河，河的南岸也是公共租界。因此，四行倉庫與未被占領的中國地界完全隔絕，成為一個「孤島」。四行倉庫的牆體很厚，易守難攻。日軍不敢對四行倉庫進行重火力攻擊，因為四行倉庫的東南角方向有兩個巨大的煤氣儲蓄罐，如果引爆，那麼大半個上海都會被炸掉，另外，萬一誤炸租界也會引起國際爭端，日軍對其有所顧忌，只能用輕型武器進攻。

從十月二十七日清晨開始，日軍就沿著蘇州河一邊縱火，一邊搜索前進，然而四行倉庫內的官兵卻一槍未發，直到下午兩點，日軍大部隊才接近四行倉庫，進入了我軍射程。謝晉元一聲令下，槍炮齊發，當場擊斃八十多名日軍，從這天起，這座孤樓內的孤軍與日軍展開了四晝夜的殊死搏鬥。

一九三七年十月二十八日，憤怒的日軍發誓要吃掉四行倉庫這個障礙，加強進攻兵力，火力異常兇猛，四行倉庫的攻守立刻進入白熱化。在突破四行倉庫外圍陣地後，十幾個日軍潛至倉庫底層，企圖用烈性炸藥炸毀底層牆體，以打開突破口。而此處恰好是一個射擊死角，如果日軍的行動成功，四行倉庫的防守立刻就結束了，謝晉元等人焦急萬分。在這緊急關頭，敢死隊員陳樹生身上捆滿了手榴彈，拉開保險插銷後，從六樓縱身跳進了這隊日軍中間，一聲爆炸巨響，陳樹生與十幾個日軍當場同歸於盡，後面的日軍驚嚇得立刻放棄轉身飛奔而去。

謝晉元堅守四行倉庫的消息傳開，上海人民無不敬佩感泣，把他們譽為「八百壯士」。每天從早到晚，數以萬計的各界群眾，不顧北岸日軍的流彈四射，紛紛聚集在蘇州河南岸，表示對四行倉庫孤軍的尊敬和關心。上海民眾看到國軍英勇善戰，日軍狼狽敗逃，無不歡欣鼓舞。每當壯士們擊斃一名日軍，無不拍手稱快，揮動著帽子、手巾向他們歡呼致意。周圍的群眾還把日軍集結地點、行動情況用黑板寫字報告給「八百壯士」。上海各界群眾連日簞食壺漿，熱情慰勞抗日勇士。信件、食品、藥物源源不斷地送入四行倉庫。

十月二十九日黎明，上海市商會的一名女童子軍楊惠敏冒著生命危險泳渡蘇州河，潛入四行倉庫，送來一面青天白日滿地紅的國旗。謝晉元立即命令將國旗在四行倉庫大樓樓頂升起，自從日軍占領上海市區後，到處都是日本的太陽旗，二十九日清晨，在蘇州河南岸的大樓頂上、堤岸邊、街道上，數不清的人忽然看見了四行倉庫平台上升起了一面中國國旗，在四周日軍「太陽旗」包圍中迎風飄揚，異常耀眼，光彩奪目，人們紛紛脫掉帽子、高舉雙手致意，高喊「中華民族萬歲！萬歲！萬萬歲！」

隔河觀望的群眾無不拍手歡呼，不少人為此流下了眼淚。《申報》有這樣的一篇特寫：「朝曦初上，國旗飄展，隔河民眾經此地，紛紛脫帽鞠躬，感動落淚。」在淪陷的上海，在數萬日本陸海空軍的圍困中，謝晉元和他率領的「八百壯士」不僅贏得了上海人民乃至全國人民的聲援，並且還贏得了租界裡各國領事和僑民的尊敬。

十月三十日凌晨，日軍以汽油澆灑到處縱火，使四行倉庫附近成為一片火海，日軍還公然不顧國際公法向中國守軍陣地發射毒瓦斯彈，致使我守軍數人中毒受傷，日軍攻不進四行倉庫便向租界當局施壓，如不將中國守軍撤入租界，將不顧一切後果採取極端手段對付中國守軍。

上海公共租界當局害怕戰事繼續下去會危及租界安全，於是各國使節團通過外交途徑正式提出照會，多次電請國民政府命令孤軍撤出戰鬥，以免日軍重炮射入公共租界，危及各國僑民。十月三十日，蔣委員長蔣介石在日記中寫到：為主帥者，愛惜所部與犧牲所部皆有一定程度，令謝晉元死守閘北一隅，任務與目的已達，故令其為榮譽之撤退，不必再作無謂犧牲矣。

美國《時代》周刊說，奉命撤出的官兵從四行倉庫進入公共租界的英國區域，歡迎他們的是守衛租界的英國海軍陸戰隊官兵，謝晉元最後一個撤離出來，他手持國旗，淚流滿面。

謝晉元率團撤離四行倉庫，原本想退到滬西歸隊，不料一進租界，立即被繳械，拘禁於當時位於昌平路八八八號的膠州公園內，時稱之為「孤軍營」，官兵蝸居在孤軍營裡，一待整整四年。

營地因陋就簡，以蘆席蓋起臨時營房。但營房四周卻被鐵絲網扎得嚴嚴實實，而且大門口由租界工部局的萬國商團派武裝人員日夜巡行看守，步步設防，層層戒備。謝團被困孤軍營旬日，南市亦告陷落。從此租界變成日軍包圍中的孤島。孤軍營在孤島，處境更為險惡。但是謝晉元壯心仍在，禦敵之志，從不稍懈。他曾作詩自勉：勇敢殺敵八百兵，百無聊賴以詩鳴。誰憐愛國千行淚，說到倭奴氣不平。

孤軍營在租界內，幾與「俘虜營」無異。八百壯士的自由受到限制，但謝團軍紀嚴整，堅持每天早操前的升國旗儀式。不久，租界當局橫加干涉，不准他們進行這個儀式。於是謝團就將此改為「精神升旗」儀式。即早操前由謝晉元帶領全體官兵昂首肅立，向天空行軍禮，以示大家熱愛祖國，抗戰到底的決心。

西元一九四〇年三月，漢奸汪精衛在南京成立偽國民政府，派員以陸軍總司令的高官誘降謝晉元，但遭到他嚴詞痛斥：爾等行為，良心盡喪。認賊作父，願作張邦昌，甘作亡國奴。我生為中國人，死為中國鬼，以保國衛民為天職，余志已絕，決非任何甜言利誘所能動。

西元一九四一年四月二十五日凌晨五時，謝晉元如往常一樣率士兵們早操。此時，已被汪偽收買的郝鼎誠、張文清、張國順、張福忠等四名士兵故意遲到。謝因此將這幾人叫到一旁詢問。早有準備的四個奸徒忽然拔出兇器，群刺謝晉元，中頭胸數處。謝晉元重傷倒地，流血至黃昏許，醫治無效，一代抗日英雄，就這樣悲憤以歿，時年僅三十七歲。四個兇手當場被擒。

謝晉元遇害的消息傳開，舉國震驚，全國民眾極為悲憤，各地唁電如雪片飛來。上海同胞往孤軍營弔唁者有三十多萬人，素車白馬，途為之塞。國民政府給予謝晉元以極高的評價。通電表彰，追贈其為陸軍步兵少將。當時全國各地的報紙都為追悼謝晉元將軍而出了特刊。

謝晉元留給父母的一封遺書，至今讀來仍讓人感慨萬千：「……為欲迫男屈節，視此為牛馬耳。大丈夫光明磊落而生，亦必光明磊落而死。男對死生之義，求仁得仁，泰山鴻毛之旨熟慮之矣。今日縱死，而男英靈必流芳千古。……」落款處謝晉元地址留的是「上海孤軍營」。

就在謝晉元被害後的十二月，太平洋戰爭爆發，日本向其他列強宣戰。他們突入租界，將謝團一營剩餘官兵全部拘禁。由於早就沒了武器，謝團一營也無法再來一次「保衛戰」。被抓的官兵有的被編入汪偽軍，有的被日軍送到紐幾內亞等地做苦工，大多慘死異鄉。

抗戰勝利後，孤軍倖存者從各地陸續返回上海，總計一百餘人。他們請回謝晉元的遺孀，在老團長陵墓四周搭棚居住，為老團長守靈。

在艱難的八年抗戰衛國歲月裡，四行孤軍是不屈的象徵，第二年，中國第一部抗戰影片搬上銀幕，這就是《八百壯士》。他們的事跡被譜寫成一曲《中國不會亡》（後改為《中國一定強》），由此傳遍大江南北。這首壯烈軍歌，一直傳唱至今：

中國不會亡，中國不會亡，你看那民族英雄謝團長；
中國不會亡，中國不會亡，你看那八百壯士孤軍奮守東戰場。
四方都是炮火，四面都是豺狼，
寧願死不退讓，寧願死不投降。
我們的國旗在重圍中飄蕩！飄蕩！飄蕩！飄蕩！
八百壯士，一條心，千萬強敵不敢擋。
我們的行動偉烈，我們的氣節豪壯。
同胞們，起來！同胞們，起來！
快快趕上戰場，拿八百壯士做榜樣！

國家圖書館出版品預行編目

將軍令：中國歷代名將及軍事領袖 / 黃正一著.
-- 臺北市：致出版, 2020.07
面； 公分
ISBN 978-986-98863-7-6(平裝)

1.軍人 2.傳記 3.中國

782.21 109008715

將軍令

——中國歷代名將及軍事領袖

作　者／黃正一
出版策劃／致出版
製作銷售／秀威資訊科技股份有限公司
114 台北市內湖區瑞光路76巷69號2樓
電話：+886-2-2796-3638
傳真：+886-2-2796-1377
網路訂購／秀威書店：https://store.showwe.tw
博客來網路書店：http://www.books.com.tw
三民網路書店：http://www.m.sanmin.com.tw
金石堂網路書店：http://www.kingstone.com.tw
讀冊生活：http://www.taaze.tw

出版日期／2020年7月　**定價**／490元

致 出 版　**向出版者致敬**